顾　问　徐宪平

中国居民收入分配年度报告
（2012）

主　编　张东生
副主编　纪　宁
　　　　哈增友

经济科学出版社

图书在版编目（CIP）数据

中国居民收入分配年度报告 . 2012/张东生主编 .
—北京：经济科学出版社，2013.1
ISBN 978 - 7 - 5141 - 2909 - 0

Ⅰ. ①中⋯　Ⅱ. ①张⋯　Ⅲ. ①国民收入分配 -
研究报告 - 中国 - 2012　Ⅳ. ①F126.2

中国版本图书馆 CIP 数据核字（2013）第 004898 号

责任编辑：周秀霞
责任校对：王肖楠
责任印制：李　鹏

中国居民收入分配年度报告　（2012）

主　编　张东生
副主编　纪　宁　哈增友

经济科学出版社出版、发行　新华书店经销
社址：北京市海淀区阜成路甲 28 号　邮编：100142
总编部电话：88191217　发行部电话：88191537
网址：www. esp. com. cn
电子邮件：esp@ esp. com. cn
北京欣舒印务有限公司印装
710 × 1000　16 开　16 印张　280000 字
2013 年 1 月第 1 版　2013 年 1 月第 1 次印刷
ISBN 978 - 7 - 5141 - 2909 - 0　定价：35.00 元
（图书出现印装问题，本社负责调换。电话：88191502）
（版权所有　翻印必究）

《中国居民收入分配年度报告（2012）》

编委会名单

前　　言

　　党的十八大报告明确提出，到 2020 年实现国内生产总值和城乡居民人均收入比 2010 年翻一番。这是我们党根据我国经济社会发展的新形势，着眼于全面建成小康社会确定的重要目标，也为收入分配工作提出了新的任务要求。为继续全面反映我国居民收入分配的年度变化状况，推动收入分配理论与政策研究，国家发改委就业和收入分配司组织编写了《中国居民收入分配年度报告（2012）》，这是我们连续九年出版中国居民收入分配的系列化报告，献给广大关心收入分配问题的读者。

　　《中国居民收入分配年度报告（2012）》共分十章。前六章是收入分配的年度统计报告，包括全国居民收入分配总体状况，按城乡、地区、行业、经济类型分组的收入分配状况以及居民金融资产状况。这部分与以前的年度报告具有连续性，其基本数据及变化情况可以互为参照和比较。第七章、第八章和第九章是与之有关的再分配内容，反映的是我国个人所得税、社会保险和社会救助等领域的工作进展和情况。此外，我们新增第十章，总结 2011 年收入分配主要工作和成效，分析面临的形势和存在的问题，并提出下一步工作建议。最后，我们整理了 2011 年出台的收入分配相关政策性文件以及主要统计资料作为附录，便于读者查阅。

　　国家发改委副主任徐宪平同志关心和指导了本书的编写，并担任本书的顾问。国家统计局国民经济核算司、住户调查办公室、人口和就业统计司，中国人民银行调查统计司，国家税务总局所得税管理司，人力资源和社会保障部社保中心以及民政部规划财务司等部门单位的领导与同仁，对本书的编写给予了大力支持，在此一并表示衷心感谢。

　　限于资料来源与我们的水平，本书在编写中难免会存在一些缺点和不足，欢迎广大读者给予批评指正。

编　者

2012 年 12 月

目　录

第一章

2011 年全国居民收入
分配总体状况

2011 年，面对复杂严峻的国内外经济形势，在党中央、国务院的正确和坚强领导下，各地区各部门认真贯彻党中央、国务院的决策部署，紧紧围绕科学发展主题和加快转变经济发展方式主线，顽强拼搏，努力工作，促进了经济平稳较快发展，为实现"十二五"良好开局做出了积极贡献。国民经济总体运行态势良好，继续朝着宏观调控的预期方向发展。伴随经济的快速增长，全国居民收入水平继续稳步提高。

一、居民收入及变化情况

2011 年，按城乡住户调查资料推算，我国居民可支配收入为194687.3 亿元，比上年增长 17.4%，增幅比上年提高 2.9 个百分点。如果扣除价格因素，2011 年我国居民可支配收入则为 33871.6 亿元（1978年价），比上年增长 11.2%，增幅比上年提高 0.5 个百分点。

（一）居民收入增长的特点

1. 居民收入实际增长明显快于经济增长。2011 年，按城乡住户调查资料推算，我国居民可支配收入实际增长 11.2%，比当年经济增长高 2.2个百分点，这是自 2003 年以来连续四年高于经济增长。2011 年农村居民人均纯收入实际增长率（11.4%）高于人均 GDP 实际增长率（8.7%）

2.7 个百分点，但由于城镇化缘故，使得农村居民纯收入实际增长率仅为 8.7%，比经济增长率低 0.5 个百分点；虽然城镇居民人均可支配收入实际增长率（8.4%）低于人均 GDP 实际增长率 0.3 个百分点，但由于城镇化缘故，使得城镇居民可支配收入实际增长率仍达到 12.2%，比经济增长率高出 3 个百分点，从而导致全国居民收入实际增长明显快于经济增长。

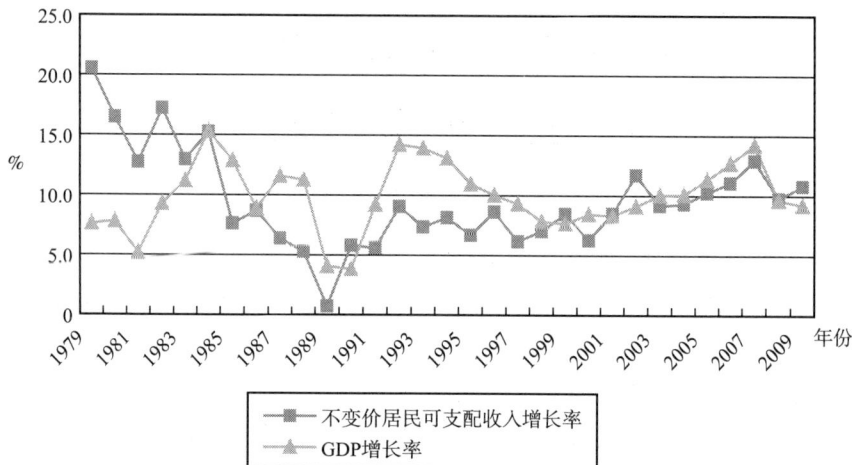

图 1-1　全国居民可支配收入实际增长与 GDP 增长的比较

2. 居民收入占国民可支配收入比重保持稳定。尽管按城乡住户收支调查推算的居民收入与资金流量表中的居民可支配收入存在一定的差异，但两者变动趋势基本一致。也就是说，如按城乡住户收支调查推算的居民收入占国民可支配收入比重较上年出现上升时，则资金流量表中的居民可支配收入占国民可支配收入比重也较上年上升，反之亦然。2011 年，按城乡住户收支调查推算的居民收入为 194687.3 亿元，占当年国民可支配收入（GDP+来自国外要素净收入+来自国外经常转移净收入 =472429.1 亿元）的比重为 41.2%，与上年基本持平。由此可断定，资金流量表中的居民可支配收入占国民可支配收入比重继续保持在上年的水平上。

3. 城镇居民收入快速增长仍是全国居民收入增长的主要驱动力。2011 年，城镇居民可支配收入实际增长 12.2%，对全国居民可支配收入增长的贡献率为 77.8%，比上年回落 0.3 个百分点，拉动全国居民可支配收入增长 8.7 个百分点；农村居民纯收入实际增长 8.7%，对全国居民可支配收入增长的贡献率为 22.2%，比上年上升 0.3 个百分点，拉动全国居民可支配收入增长 3.5 个百分点。可见，城镇居民可支配收入增长仍是全国居民收入增长的主要驱动力。

4. 分季看，全国居民收入实际增长逐季加快。首先，将季度农村居民人均现金收入按照当年农村居民人均现金收入与该年农村居民人均纯收入的比例调整为纯收入口径，同时通过线性内插法分别估计出年内各季末城镇和农村常住人口，然后利用相应 CPI（例如，2011 年一季度农村居民人均纯收入用同期农村 CPI 进行缩减，2011 年一季度城镇居民人均可支配收入用同期城市 CPI 进行缩减）缩减分别得到一季度、上半年、前三季度和全年的不变价城镇居民人均可支配收入和不变价农村居民人均纯收入，最后通过人口放大得到各季不变价城镇居民可支配收入和不变价农村居民纯收入。计算结果表明，2011 年一季度、二季度、三季度和四季度全国居民收入实际增长率分别为 12.7%、14.2%、14.4% 和 18.0%，其中，农村居民纯收入实际增长率分别为 10.3%、10.3%、11.3% 和 17.9%，城镇居民可支配收入实际增长率分别为 13.4%、15.1%、15.4% 和 18.1%。可见，2011 年，与 GDP 增长逐季走低的趋势完全相反，2011 年全国居民收入增长呈现逐季走高的趋势。

5. 城乡居民人均收入之间差距有所缩小，但其各自内部差距则表现迥异。2011 年，从现价看，城镇居民人均可支配收入为农村居民人均纯收入的 3.13 倍，比 2010 年缩小 0.01 倍；从不变价看，城镇居民人均可支配收入为农村居民人均纯收入的 2.53 倍，比 2010 年缩小 0.07 倍。2011 年，按住户调查资料测算，农村居民 20% 高收入组年均纯收入为 20% 低收入组的 8.39 倍，比 2010 年扩大 0.87 倍；城镇居民最高 20% 收入组人均收入为最低 20% 收入组的 5.35 倍，比 2010 年缩小 0.06 倍。

（二）居民收入增长上升的主要原因

2011 年，全国居民收入名义增长较上年有所上升，其主要原因是：

1. 工资性收入增长继续加快。2011 年，随着我国政府采取应对美国金融危机的一揽子刺激政策的逐步退出，我国经济名义增长 17.4%，虽比上年回落 0.4 个百分点，但仍处在近几年的高位水平。受经济增长仍处高位的影响，一是新创造的就业岗位继续增多，失业率保持平稳。2011 年，全社会新增就业人员 315 万人，比上年多增 38 万人；年末城镇登记失业率为 4.1%，与上年末持平。二是职工平均工资增幅有所回升。2011

年城镇非私营单位职工平均工资为 41799 元，名义增长 14.4%，增幅同比上升了 1.1 个百分点；2011 年全国城镇私营单位就业人员年平均工资为 24556 元，名义增长 18.3%，增幅同比上升了 4.2 个百分点。由于新增就业人数和就业人员平均工资增长加快，2011 年全国居民收入中工资性收入名义上涨 16.7%，比上年提高 1.9 个百分点。其中，城镇居民可支配收入中工资性收入名义上涨 16.3%，同比提高 1.6 个百分点；农村居民纯收入中工资性收入名义上涨 19.0%，同比提高 3.8 个百分点。

2. 经营性收入和转移性收入增长快速回升。2011 年，随着国际金融危机对我国经济影响的逐步减弱，财政支持"三农"力度的进一步加大，特别是"新农保"大范围推广，我国城乡住户经营性收入和转移性收入增长大幅回升。据城乡住户调查数据测算，2011 年全国居民经营性收入比上年增长 19.3%，同比上升 7.5 个百分点；转移性收入比上年增长 16.3%，同比上升 1 个百分点。其中，城镇居民经营性收入增长 33.4%，同比上升 16.7 个百分点；农村居民经营性收入增长 11.0%，同比上升 1.5 个百分点。城镇居民转移性收入增长 15.6%，同比回落 0.3 个百分点；农村居民转移性收入增长 21.4%，同比上升 10.3 个百分点。

3. 财产性收入增长继续强劲反弹。2011 年，针对国内通胀压力不断加大等新情况，央行及时调整了金融宏观调控措施，连续 3 次上调了金融机构人民币存贷款基准利率，从而导致居民利息收入大幅增加。由于 2011 年股市整体上处于弱势调整格局，股民从股市中获取的红利非常有限。由于利息和红利是目前我国居民财产性收入的主要来源，特别是利息收入占绝对大头，利息的大幅增加导致居民财产性收入增长快速反弹。据城乡住户调查数据测算，2011 年全国居民财产性收入比上年增长 23.7%，同比加快 0.9 个百分点。其中，城镇居民财产性收入增长 29.1%，同比加快 4.3 个百分点；农村居民财产性收入增长 10.3%，同比减慢 7.7 个百分点。

二、居民收入的来源构成及变化趋势

（一）2011 年居民收入的来源构成

根据城乡住户调查数据推算，2011 年我国居民可支配收入总额达到

194687.3 亿元，其中工资性收入达到 124517.2 亿元，占 64.0%，同比回落 0.3 个百分点；经营性净收入为 36421.3 亿元，占 18.7%，同比上升 0.3 个百分点；财产性收入为 5932.6 亿元，占 3.0%，同比上升 0.1 个百分点；转移性收入为 27816.1 亿元，占 14.3%，同比回落 0.1 个百分点。考虑到城镇居民经营性收入（这是一个混合收入，主要由劳动者报酬和营业盈余构成）中大部分应为营业盈余，农村居民经营性收入中大部分应为劳动者报酬，因此我们假定城镇居民经营性收入中 30% 为劳动者报酬，农村居民经营性收入中 75% 为劳动者报酬，则按人口放大推算，2011 年我国居民可支配收入中劳动者报酬达到 145068.7 亿元，占 74.5%，同比回落 0.5 个百分点。

需要指出的是，这种分析结果大体上反映了我国居民收入来源构成的现状，但由于住户调查样本的局限性，使得这种来源构成分析存在一定的偏差，主要表现为劳动者报酬比例偏低、财产收入所占比例比较低、转移性收入比例偏高，可能与实际情况有一定的偏差。造成这种偏差的主要原因是现行的住户调查样本没有充分涵盖高收入群体，而低收入者的样本比例相对多一些。我们根据国民经济核算中的《资金流量表》数据进行了测算，结果显示，2009 年，全部居民可支配收入中，劳动者报酬占 80.5%，财产性净收入占 3.8%，转移性净收入占 0.4%，营业盈余（相当于住户调查中经营性净收入扣除劳动者报酬后的剩余部分）占 15.3%。在一定的意义上，这种结果可能更接近实际的构成情况。

（二）居民收入来源构成的变化趋势

根据财政部提供的全口径财政收支详细数据、国家外汇管理局修订后的国际收支平衡表数据以及部分交易项目编制方法的调整，国家统计局对 2000 ~ 2009 年实物资金流量表进行了系统的修订。为了分析居民收入来源构成的变化情况，我们采用修订后的资金流量表数据，对 2000 年以来的变化情况进行分析（测算数据详见表 1 - 1）。

表 1 - 1　　　　2000 ~ 2009 年居民收入来源构成

年份	居民可支配收入		劳动者报酬		财产性净收入		转移性净收入		营业盈余	
	总额（亿元）	比重（%）	总额（亿元）	比重（%）	总额（亿元）	比重（%）	总额（亿元）	比重（%）	总额（亿元）	比重（%）
2000	66538.7	100	52242.9	78.5	1948.8	2.9	727.7	1.1	11619.3	17.5
2001	71865.3	100	57529.8	80.1	1919.3	2.7	616.6	0.9	11799.6	16.4

续表

年份	居民可支配收入		劳动者报酬		财产性净收入		转移性净收入		营业盈余	
	总额（亿元）	比重（%）	总额（亿元）	比重（%）	总额（亿元）	比重（%）	总额（亿元）	比重（%）	总额（亿元）	比重（%）
2002	77423.3	100	64501.5	83.3	2041.2	2.6	621.8	0.8	10258.9	13.3
2003	87268.4	100	71735.7	82.2	2245.0	2.6	756.0	0.9	12531.8	14.4
2004	98508.9	100	80950.7	82.2	2711.2	2.8	1019.2	1.0	13827.7	14.0
2005	112910.2	100	93148.0	82.5	3267.1	2.9	393.1	0.3	16102.0	14.3
2006	131426.4	100	106369.0	80.9	5231.6	4.0	311.5	0.2	19514.3	14.8
2007	158558.6	100	127918.9	80.7	7138.3	4.5	-246.6	-0.2	23748.1	15.0
2008	185926.3	100	150511.7	81.0	8130.0	4.4	530.9	0.3	26753.8	14.4
2009	207302.4	100	166957.9	80.5	7864.0	3.8	758.3	0.4	31722.1	15.3

资料来源：经修订的各年实物资金流量表。

1. 劳动者报酬仍是居民收入的主要来源，其所占比重总体上呈稳中趋降。从 2000 年到 2009 年，劳动者报酬在居民可支配收入中所占比重一直稳定在 80% 左右，2009 年，该比重为 80.5%，比 2000 年上升了 2 个百分点。从具体的变化过程来看，劳动者报酬比例出现了一个先上升、再下降的变化，围绕 80%，上升下降的范围没有超过 5 个百分点（详见图 1-2）。

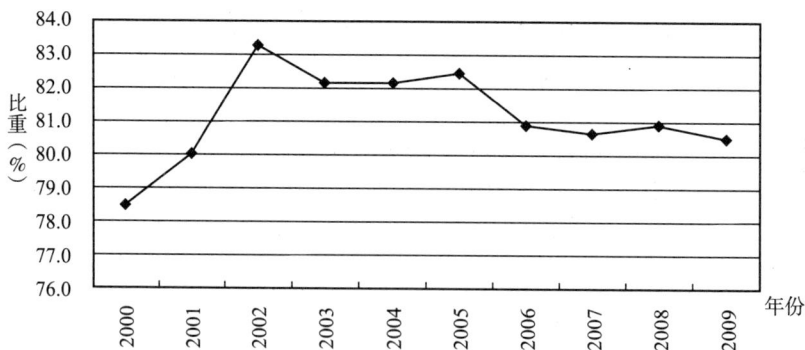

图 1-2　劳动者报酬在居民可支配收入中的比重

2. 财产性净收入已成为居民收入的重要来源，但所占比例并不太高，且呈先升后降的趋势。2009 年，居民的财产性净收入达到 7864 亿元，但占居民可支配收入的比重只有 3.8%，该比重比 2000 年上升了 0.9 个百分点，比最高的 2007 年的 4.5% 下降了 0.7 个百分点，从总体上看，财产性收入在居民可支配收入中所占的比重一直不高，对居民收入的影响还不太大。具体来说，从 2000 年到 2009 年，财产性收入比例呈先上升后下降趋势（详见图 1-3）。

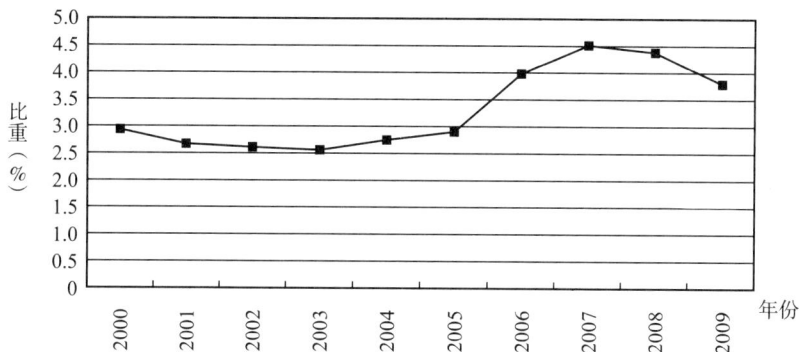

图 1-3   财产性收入在居民可支配收入中的比重

3. 转移性净收入所占比重还很低，且呈下降趋势。2009 年，转移性净收入占居民可支配收入比重仅为 0.4%，比 2000 年下降了 0.7 个百分点。这种情况表明政府对居民收入的转移支付程度有限。具体来看，2000～2004 年，转移性收入所占比重一直比较平稳，2004 年的比重为 1.0%，与 2000 年回落 0.1 个百分点；从 2005 年以后开始迅速下降，2007 年进一步下降为 -0.2%，从 2008 年开始又有所回升（详见图 1-4）。

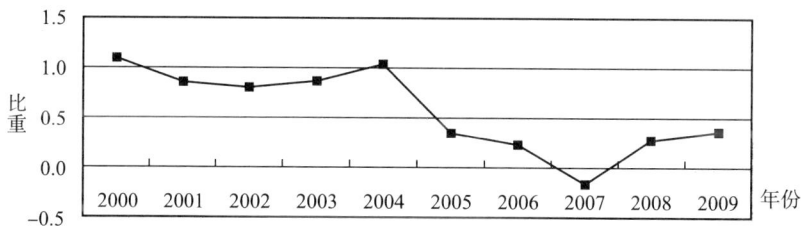

图 1-4   转移性收入在居民可支配收入中的比重

4. 营业盈余已成为居民可支配收入第二大来源，且所占比重基本稳定。2009 年，营业盈余（主要是农户和个体户的营业利润和固定资产折旧）占居民可支配收入比重为 15.3%，比 2000 年回落了 2.2 个百分点。

具体来看，从 2000 年到 2009 年，营业盈余所占比重一直围绕 14% 上下波动，上下波动范围不超过 5 个百分点（详见图 1-5）。

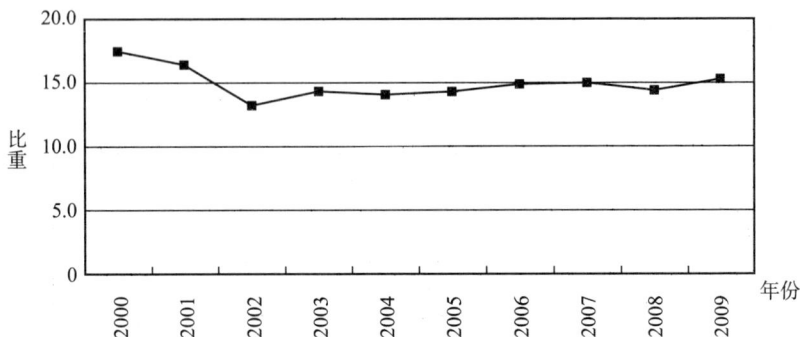

图 1-5　营业盈余在居民可支配收入中的比重

三、居民收入总量在城乡之间的分配

（一）居民收入总量在城乡间的分配比例及其变化

1. 名义结构。据测算，2011 年居民名义收入总量 194687.3 亿元中，城镇居民收入总量为 148368.8 亿元，占 76.2%；农民收入 46318.5 亿元，占 23.8%。与上年相比，城镇居民所占比例上升 0.5 个百分点，农村居民收入所占比例下降 0.5 个百分点。

从趋势来看，1978 年以来，居民收入总量在城乡间分配比例变化的总趋势，是城镇居民可支配收入在居民可支配收入中所占的比重持续上升，而农村居民可支配收入在居民可支配收入中所占的比重持续下降。2011 年与 1978 年相比，城镇居民比例从 1978 年的 35.7% 上升到 2011 年的 76.2%，上升 40.5 个百分点，年均上升 1.35 个百分点；农村居民收入比例则从 1978 年的 64.3% 下降到 2011 的 23.8%，下降 40.5 个百分点，年均下降 1.35 个百分点（详见表 1-2）。可见，城乡居民收入之间的差距基本上是呈逐年扩大趋势的。

表 1-2 　　　　　　居民名义收入的城乡构成比例　　　　　单位：%

年份	城镇居民可支配收入占居民可支配收入的比重	农村居民纯收入占居民可支配收入的比重	年份	城镇居民可支配收入占居民可支配收入的比重	农村居民纯收入占居民可支配收入的比重
1978	35.7	64.3	1995	52.3	47.7
1979	36.4	63.6	1996	48.5	51.5
1980	37.2	62.8	1997	52.8	47.2
1981	35.2	64.8	1998	54.9	45.1
1982	33.7	66.3	1999	57.8	42.2
1983	33.1	66.9	2000	60.5	39.5
1984	34.5	65.5	2001	62.9	37.1
1985	36.2	63.8	2002	66.0	34.0
1986	40.3	59.7	2003	68.1	31.9
1987	41.8	58.2	2004	69.2	30.8
1988	42.7	57.3	2005	70.3	29.7
1989	44.6	55.4	2006	71.8	28.2
1990	44.0	56.0	2007	73.2	26.8
1991	46.6	53.4	2008	74.2	25.8
1992	49.1	50.9	2009	75.2	24.8
1993	51.8	48.2	2010	75.7	24.3
1994	53.0	47.0	2011	76.2	23.8

资料来源：根据《中国统计摘要（2012）》中的有关数据整理得到。

2. 实际结构。如果剔除价格因素，2011 年居民实际收入总量 33871.6 亿元（按 1978 年价格计算）中，城镇居民实际收入总量为 24442.1 亿元，占 72.2%，同比上升 0.6 个百分点；农民实际收入总量为 9429.5 亿元，占 27.8%，同比下降 0.6 个百分点。

从趋势来看，1978 年以来，居民实际收入总量在城乡间分配比例变化的总趋势，是城镇居民实际可支配收入在居民实际可支配收入中所占的比重持续上升，而农村居民实际纯收入在居民实际可支配收入中所占的比重持续下降。2011 年与 1978 年相比，城镇居民比例从 1978 年的 35.7% 上升到 2011 年的 72.1%，上升 36.4 个百分点，年均上升 1.10 个百分点；农村居民收入比例则从 1978 年的 64.3% 下降到 2011 年的 27.9%，下降 36.4 个百分点，年均下降 1.10 个百分点（详见表 1-3）。可见，城乡居民实际收入之间的差距基本上也是呈逐年扩大趋势，但其扩大幅度要略小于现价扩大幅度。

表1-3　　　　　居民实际收入的城乡构成比例　　　　单位：%

年份	城镇居民实际可支配收入占居民实际可支配收入的比重	农村居民实际纯收入占居民实际可支配收入的比重	年份	城镇居民实际可支配收入占居民实际可支配收入的比重	农村居民实际纯收入占居民实际可支配收入的比重
1978	35.7	64.3	1995	44.0	56.0
1979	36.1	63.9	1996	44.0	56.0
1980	35.8	64.2	1997	45.4	54.6
1981	33.9	66.1	1998	47.4	52.6
1982	32.2	67.8	1999	50.3	49.7
1983	31.1	68.9	2000	52.9	47.1
1984	32.0	68.0	2001	55.4	44.6
1985	31.9	68.1	2002	58.9	41.1
1986	34.9	65.1	2003	61.4	38.6
1987	35.3	64.7	2004	62.9	37.1
1988	34.2	65.8	2005	64.8	35.2
1989	35.1	64.9	2006	66.6	33.4
1990	36.9	63.1	2007	68.4	31.6
1991	38.5	61.5	2008	69.6	30.4
1992	40.0	60.0	2009	70.9	29.1
1993	42.0	58.0	2010	71.5	28.5
1994	43.5	56.5	2011	72.1	27.9

资料来源：根据《中国统计摘要（2012）》中的有关数据整理得到。

（二）城乡居民收入结构变化的原因

造成在全国居民收入中城镇居民收入比重持续上升、农村居民收入比重持续下降的直接原因有：

1. 城市化进程加快是导致城镇居民收入在居民收入中所占比例上升的主要原因之一。随着城市化进程的加快，城市人口在总人口中的比重不断上升，必然使得居民收入中由城市居民所占有的比例也随之上升。据统计，我国城镇人口从1978年的17245万增加到2011年的69079万，其在总人口中的比重从1978年的17.9%上升到2011年的51.3%，增加了

33.4个百分点。相反，农村人口则从1978年的79014万下降到2011年的65656万，其比重也相应地从1978年的82.1%下降到2011年的48.7%，减少了33.4个百分点。

2. 城乡居民人均收入水平差距持续扩大是导致城镇居民收入在居民收入中比重上升的另一个重要原因。从统计数据来看，1979~1985年，由于农村实行家庭联产承包责任制，农民收入大幅度增加，农民人均纯收入的增长速度均明显快于城镇居民人均可支配收入的增长速度，城乡居民人均收入差距一度明显缩小。1985年以后，随着城市改革的逐步推开和不断深化，城市居民的收入增长明显加快，而农民收入增长遇到一些新的困难，收入增长相应的放慢，除少数几个年份外，大多是城镇居民的收入增长速度高于农民人均纯收入的增长速度。进入21世纪以来，城镇居民收入增长明显加快，而农民增收难的问题一直没有明显改善，城乡居民人均收入差距明显扩大，但自2008年开始随着国家对"三农"支持力度的不断扩大，农村居民人均纯收入增长开始快于城镇居民，城乡居民收入差距有所缩小。2011年，城镇居民人均收入为农村居民人均收入的3.13倍，比上年缩小了0.01倍，但比1978年扩大了0.56倍，仍为改革开放以来的较高水平（详见表1－4）。如剔除价格因素，则2011年城镇居民人均收入为农村居民人均收入的2.60倍，比2008年缩小0.07倍，但比1978年扩大0.03倍。

表1－4　　　　　城乡居民人均收入水平比较

年份	城镇居民人均可支配收入（元）	农村居民人均纯收入（元）	城镇居民人均收入相当于农村居民人均收入的倍数
1978	343.4	133.6	2.57
1979	405.0	160.2	2.53
1980	477.6	191.3	2.50
1981	491.9	223.4	2.20
1982	526.6	270.1	1.95
1983	564.0	309.8	1.82
1984	651.2	355.3	1.83
1985	739.1	397.6	1.86
1986	899.6	423.8	2.12
1987	1002.2	462.6	2.17
1988	1181.4	544.9	2.17

续表

年份	城镇居民人均可支配收入（元）	农村居民人均纯收入（元）	城镇居民人均收入相当于农村居民人均收入的倍数
1989	1375.7	601.5	2.29
1990	1510.2	686.3	2.20
1991	1700.6	708.6	2.40
1992	2026.6	784.0	2.58
1993	2577.4	921.6	2.80
1994	3496.2	1221.0	2.86
1995	4283.0	1577.7	2.71
1996	4283.0	1926.1	2.22
1997	5160.3	2090.1	2.47
1998	5425.1	2162.0	2.51
1999	5854.0	2210.3	2.65
2000	6280.0	2253.4	2.79
2001	6859.6	2366.4	2.90
2002	7702.8	2475.6	3.11
2003	8472.2	2622.2	3.23
2004	9421.6	2936.4	3.21
2005	10493.0	3254.9	3.22
2006	11759.5	3587.0	3.28
2007	13785.8	4140.4	3.33
2008	15780.8	4760.6	3.31
2009	17174.7	5153.2	3.33
2010	19109.4	5919.0	3.23
2011	21809.8	6977.3	3.13

四、对居民收入总量数据质量的基本判断

目前我国居民收入总量资料有两种来源：一种是直接来自资金流量表中的居民可支配收入；另一种是根据国家统计局城市司和农村司提供的城镇居民人均可支配收入和农村居民人均纯收入乘以相应年中人口进行推算得到的。由表1－5可知，由调查资料推算的居民可支配收入与资金流量表中的居民可支配收入之间存在一定的偏差，前者大约相当于

后者 70% 左右。

表 1 - 5　　　　根据调查资料推算的居民可支配收入与
资金流量表中居民可支配收入之间的差距

年份	由调查资料推算的居民可支配收入（亿元）	资金流量表中居民可支配收入（亿元）	前者占后者的比例（%）
2000	46502.4	66538.7	69.9
2001	51208.4	71865.3	71.3
2002	57383.0	77423.3	74.1
2003	63791.4	87268.4	73.1
2004	72643.2	98508.9	73.7
2005	82423.5	112910.2	73.0
2006	93813.8	131426.4	71.4
2007	111917.7	158558.6	70.6
2008	130855.6	185926.3	70.4
2009	144887.9	207302.4	69.9

目前我国城乡住户调查由于种种原因存在系统性低估是不争的事实，因此由此按人口放大推算出的我国居民收入也可能存在低估。此外，住户调查和资金流量核算中，某些收入指标的口径差异也是导致由调查资料推算的居民可支配收入与资金流量表中的居民可支配收入之间存在一定偏差的重要原因。归纳起来，主要有：（1）营业盈余总额的口径差异。在资金流量核算中，营业盈余总额为住户部门增加值扣除住户部门支付的劳动者报酬和交纳的生产税净额后的余额，营业盈余总额中包括固定资产折旧和自有住房服务价值。在住户调查中，经营净收入为混合收入（即营业盈余和劳动者报酬），不含固定资产折旧和自有住房服务价值。（2）劳动者报酬的口径差异。在资金流量核算中，劳动者报酬指劳动者因从事生产活动所获得的全部报酬，包括劳动者获得的各种形式的工资、奖金和津贴，既包括货币形式的，也包括实物形式的，还包括劳动者所享受的公费医疗和医药卫生费、上下班交通补贴、单位支付的社会保险、住房公积金等。在住户调查中，薪酬收入不包括单位为劳动者缴纳的社会保险费、个体经营者的劳动报酬等。（3）财产收入的口径差异。在资金流量核算中，财产收入指将金融资产和自然资源（如土地）等有形非生产资产提供给其他单位使用而获得的收入，包括利息、红利、地租、其他财产收入等。

住户调查的财产性收入指家庭拥有的动产和不动产所获得的收入，财产净收入等于财产性收入减财产性支出的差额。包括了资金流量核算中不包括的房屋租金、股票买卖所获得的净收益、产权收入、专利收入、出售艺术品和邮票等收藏品获得的增值收入、投资各种经营活动所获得的利润、财产转让溢价收入等。（4）经常转移收入的口径差异。在资金流量核算中，转移是一个单位向另一个单位提供货物、服务和资产，而没有获得任何货物、服务和资产作为回报的交易。转移分为经常转移和资本转移。经常转移收入包括收入税、社会保险缴款、社会保险福利、社会补助和其他经常转移收入。在住户调查中，转移性收入指国家、单位、社会团体对居民家庭的各种转移支付和居民家庭间的收入转移，转移净收入等于转移性收入减转移性支出的差额，包括了资金流量核算中不包括的住房公积金、住房补贴、政策性补贴等。

五、居民收入总量分配中存在的问题

2011 年，虽然我国居民收入仍保持了较快增长速度，但目前我国居民收入总量分配中仍存在不少的问题，主要表现为：

（一）全国居民可支配收入占国民可支配收入比重偏低

根据已公布的资金流量核算结果，2009 年全国居民可支配收入占国民可支配收入的比重，自 1999 年以来首次出现止跌回升。尽管 2010 年和 2011 年资金流量实物交易表尚未编制出来，但按城乡住户调查资料推断，2010 年该比重又掉头向下，从 2011 年住户调查数据看，按城乡住户收支调查推算的居民收入占当年国民可支配收入的比重为 41.2%，与上年基本持平。由此可断定，资金流量表中的居民可支配收入占国民可支配收入比重继续保持在上年的水平上，也就是说，按照资金流量核算口径，2011 年全国居民可支配收入占国民可支配收入的比重不会超过 2009 年 60.5% 的水平，该水平不仅远低于目前发达国家的平均水平（70% 左右），而且也低于许多发展中国家的现有水平。

（二）居民收入在城乡间分配不合理

2011 年，占全国总人口 48.7% 的农村人口所获得的收入仅占全部居民收入的 23.8%，而占全国总人口 51.3% 的城镇人口所获得的收入却占全部居民收入的 76.2%。这种城乡收入分配格局存在明显的不合理性，其原因主要是城乡"二元"结构的存在，国民收入分配存在向城镇居民倾斜的政策设计，从根本上影响了农民收入的增长，从而形成城镇居民收入比例的不合理过快上升。

（三）农村居民收入内部差距有所扩大

2011 年，按住户调查资料测算，农村居民 20% 高收入组为 20% 低收入组农户年均纯收入的 8.39 倍，比 2010 年扩大 0.87 倍；收入最高 20% 人口收入份额与收入最低 20% 人口收入份额之比（收入不良指数）为 6.01，比上年的 5.49 上升 0.52。从总体上看，如果考虑到统计调查样本误差等因素，实际的收入差距会更大一些。

（四）政府对居民收入调节力度不足

一方面，政府对高收入的税收调节力度还不够，2011 年，全国征收个人所得税虽然已经达到 6054 亿元，但其占当年居民可支配收入总量的比例也仅在 2% 左右，调节力度非常有限。另一方面，政府对低收入群体的转移支付规模也还比较小。2011 年，各级政府用于补助低收入居民的转移支出总额占居民可支配收入总量的比重仅为 3% 左右，占当年财政支出的比重也不过 8% 左右。因此，扩大财政支出中对低收入群体的转移支付规模仍有较大潜力。

六、政 策 建 议

宏观收入分配问题涉及社会利益格局的调整，既是综合性较强的经济问题，也是战略性突出事关全局的社会问题，需要采取综合对策。今后一个时期，要坚持科学发展观为指导，按照"提高两个比重"的要求，不断深化收入分配制度改革，加大收入分配调节力度，建立科学合理、公平公正的社会收入分配体系，努力增加城乡居民收入，逐步缩小城乡居民收入差距。

（一）加大收入初次分配的调节力度，逐步提高劳动报酬占国民总收入比重

近年来，居民可支配收入占国民可支配总收入比重不断下滑的一个重要原因是劳动报酬占国民总收入比重持续下降，而劳动报酬占居民可支配收入80%以上，因此要提高居民收入占比就必须扭转劳动报酬占国民总收入比重不断下滑的趋势。为此，一是要实施积极的就业政策，大力发展非公有制经济和第三产业，广开就业门路，进一步完善促进就业的各项政策，落实对就业困难人员的社会保险补贴、岗位补贴、培训补贴等，对符合条件参加职业培训的人员按规定给予职业培训补贴。二是完善劳动力市场机制，改革户籍制度，促进城乡劳动力合理有序流动。三是继续完善以最低工资和"三条指导线"为主的工资宏观调控体系。将劳动报酬增长纳入国民经济和社会发展中长期规划，通过规划引导和政策规定，进一步发挥工资指导线、劳动力市场工资指导价位和行业人工成本信息的调节作用。建立企业薪酬调查和信息发布制度。完善最低工资制度，努力实现最低工资标准的一年一调，逐步提高最低工资水平相当于社会平均工资的比重。四是以工资集体协商制度为重点，探索建立有中国特色的职工民主参与企业工资分配决策的机制。以职工工资、工作时间以及劳动定额、计件单价等劳动标准为重点，大力推动行业性、区域性工资集体协商。五是规范劳务派遣用工管理，逐步实现国有企业劳务派遣工同工同酬。六是加快推进规范公务员津贴补贴工作，统一同一地区同级政府不同部门的津贴补贴项目、标准、资金来源和发放办法，尽快实现同城同待遇。建立符合不同类型事业单位特点、体现岗位绩效和分级分类管理的事业单位收入分配制度，逐步实施绩效工资。七是国家应向国内中小企业提供更多的政策优惠和扶持。八是扩大居民投资渠道，促进股市平稳健康发展，完善促使流通股股东长期稳定投资的现金分红制度，强化细化上市公司现金分红的信息披露制度，同时控制新股发行节奏，逐步形成真正鼓励长期投资的环境，切实维护投资者特别是中小投资者的合法利益，逐步提高财产收入占

居民初次分配收入的比重。

（二）加大对收入再分配的调节力度，努力提高居民可支配收入占国民可支配收入比重

　　加快构建以税收、转移支付、社会保障为主要手段的再分配调节机制，加大对收入分配的调节力度，以弥补市场缺陷和提高居民可支配收入占国民可支配收入比重。为此，一是要改革和完善税制，建立调节存量财富的税收机制，健全房地产税、车船税等财产税制度，研究开征遗产赠与税，规范政府非税收入，清理整顿各项行政事业性收费和政府性基金。二是要进一步调整优化财政支出结构，继续加大财政资金用于促进就业、社会保障、教育、公共医疗卫生、保障性住房等民生领域的投入力度，严格控制财政供养人员增长，提高居民的转移性收入水平，特别是要逐年增加对农民、城镇困难群体、贫困地区贫困人口的直接补贴。三是要健全社会保险制度。完善城镇职工基本养老保险制度，建立城镇居民社会养老保险制度，加快推进基础养老金全国统筹。加快实现新型农村社会养老保险全覆盖，推进机关事业单位养老制度改革。加快完善以城镇职工基本医疗保险、城镇居民基本医疗保险、新型农村合作医疗为主体的基本医疗保障体系，在提高筹资水平和统筹层次基础上，最终实现医疗保障制度框架的基本统一。四是加强社会救助和社会福利体系建设。健全城乡居民最低生活保障标准动态调整，逐步提高低保标准和补助水平。加大对城乡困难群体的专项救助力度，健全临时救助机制。以扶老、助残、救孤、济困为重点，逐步拓宽社会福利的保障范围。五是大力发展慈善事业，积极培育慈善组织，支持社会力量兴办慈善机构，增强全社会慈善意识。六是合理控制物价上涨水平，确保居民可支配收入占国民可支配收入比重上升。即使"十二五"期间城乡居民人均收入实际增长与经济增长保持同步，如果物价水平上涨过高，也难以确保居民可支配收入占国民可支配收入比重上升（如 GDP 缩减指数上涨率与 CPI 上涨率之差大于人口增长率与城镇化年变化率之和，则居民收入占国民收入分配中的比重将稳中趋降）。因此要想切实提高两个比重就必须采取得力措施合理控制物价上涨水平。

（三）健全农民增收长效机制，逐步缩小城乡居民收入之间差距

加快农业科技进步，调整优化农村经济结构，推进现代农业建设，发展农业产业化经营，提高农业综合生产能力；加大财政资金用于农村基础设施特别是水利设施建设的力度，提高抵御自然灾害能力；逐步加大对粮食主产区和种粮农民的直接补贴力度，严格控制农业生产资料价格过快上涨；加大金融支农力度；完善财政扶贫政策，创新扶贫机制，加大农村扶贫开发力度，安排财政专项资金通过以工代赈等方式扶持农村贫困地区改善生产生活条件；推进城镇化建设，发展壮大县域经济。实现农村剩余劳动力的有序转移，优化农村外出务工环境，继续清理对农民进城就业的歧视性政策。对农民工比较集中、工资比较低的行业，推动各地相关部门发布行业工资指导线，切实预防和解决工资拖欠问题，在农民工工资拖欠问题突出的行业建立和落实好工资保证金制度。实行最严格的耕地保护制度，从严控制征地规模，加快征地制度改革，提高对农民的补偿标准，解决好被征地农民的就业和社会保障。另外，要统筹推进城乡改革，消除体制性障碍，从各方面消除对农民工的歧视。要逐步建立城乡统一的劳动就业制度、户籍管理制度、义务教育制度和税收制度等，为农村流动劳动力异地就业、子女入学、住房等创造良好的环境，逐步形成有利于城乡相互促进、共同发展的体制和机制，实现以城带乡、以工促农、城乡互动、协调发展，逐步缩小城乡居民收入之间差距。

附：

新世纪以来我国三者收入分配格局的变化及成因分析

收入分配包括初次分配和再分配两个层次。初次分配是对生产要素的分配，再分配则是生产环节之后通过经常转移的形式对收入的分配。生产活动形成的原始收入，是整个收入分配的起点，经过初次分配，形成了一

国的初次分配总收入；经过收入的再分配，最终形成了一国的可支配总收入。政府、企业和居民收入分配是最重要的宏观收入分配关系，准确把握三者收入分配格局变化趋势，是制定各项有针对性的收入分配政策的前提和基础。根据财政部提供的全口径财政收支详细数据、国家外汇管理局修订后的国际收支平衡表数据以及部分交易项目编制方法的调整，国家统计局对2000~2009年实物资金流量表进行了系统的修订。本附录通过对历年资金流量表的最新数据，深入分析了新世纪以来政府、企业和居民三者分配格局的变化情况及其成因。

一、政府、企业和居民三者收入初次分配

收入初次分配是按照各生产要素对生产贡献程度，对生产成果所进行的直接分配。一国的初次分配总收入，过去称为国民生产总值（GNP），联合国1993年SNA已改称为国民总收入（GNI）。

新世纪以来，随着国家收入分配政策的调整，政府、企业和居民三者收入初次分配关系发生了显著变化。2000年，政府、企业和居民三者收入初次分配比例为13.1%、19.7%和67.2%，到2009年，这一比例变为14.6%、24.7%和60.7%。10年间，政府收入比重上升了1.5个百分点，企业收入比重上升了5个百分点，而居民收入比重则下降了6.5个百分点。这表明收入初次分配出现向政府和企业倾斜的趋势，但从总体上看，居民拿大头的收入分配格局没有改变（详见表1）。

表1　　　　　　　　　　**收入初次分配结构**　　　　单位：%

年份	政府	企业	居民
2000	13.1	19.7	67.2
2001	12.7	21.4	65.9
2002	13.9	21.6	64.5
2003	13.6	22.3	64.1
2004	13.8	25.1	61.1
2005	14.2	24.5	61.3
2006	14.5	24.8	60.7
2007	14.7	25.7	59.6
2008	14.7	26.6	58.7
2009	14.6	24.7	60.7

（一）政府初次分配收入变化及成因分析

政府初次分配收入由生产税净额、营业盈余总额和财产净收入构成，其中生产税净额占政府初次分配收入的 60% 以上。从 2000 年到 2009 年，政府初次分配收入从 12865 亿元增加到 49606 亿元，年均增长 16.2%，比同期国民总收入增长快 1.4 个百分点，这导致政府初次分配收入占国民总收入的比重由 2000 年的 13.1% 上升到 2009 年的 14.6%。政府初次分配收入比重上升的主要原因是，2002 年以后，我国经济增长率连续 5 年保持在两位数以上，政府生产税增长则年年超过 GNI，导致政府初次分配收入比重逐步攀升。

表 2　　　　　　　**2000～2009 年政府初次分配收入**　　　　单位：亿元

年份	生产税净额	营业盈余总额	财产净收入	利息	红利	地租	其他	初次分配总收入
2000	11975.3	1264.7	-374.8	-458.5	20.6	84.2	-21.1	12865.2
2001	12968.2	937.1	-208.0	-543.6	263.1	92.8	-20.4	13697.3
2002	14761.8	1525.8	312.4	-420.3	618.9	110.5	3.2	16600.0
2003	17516.2	1270.0	-398.6	-639.3	78.1	126.2	36.5	18387.5
2004	20608.8	1362.1	-58.2	-327.7	99.8	175.1	-5.5	21912.7
2005	23685.7	2224.2	164.0	-331.4	191.9	306.1	-2.6	26073.9
2006	27656.7	2777.7	938.7	-332.8	329.7	579.9	361.9	31373.0
2007	35304.9	3068.9	893.0	-726.6	271.0	965.7	382.9	39266.9
2008	39556.3	5301.0	1691.8	-1693.7	1598.6	1337.1	449.8	46549.1
2009	41962.8	5522.0	2121.6	-2107.1	2064.9	1733.8	430.1	49606.3

表 3　　　　　**政府生产税净额、初次分配收入和**

GNI 增长率　　　　单位：%

年份	生产税净额	政府初次分配收入	GNI
2000	15.2	11.1	10.8
2001	8.3	6.5	10.3
2002	13.8	21.2	10.2
2003	18.7	10.8	13.3
2004	17.7	19.2	18.1
2005	14.9	19.0	15.2
2006	16.8	20.3	17.6

年份	生产税净额	政府初次分配收入	GNI
2007	27.7	25.2	23.4
2008	12.0	18.5	18.6
2009	6.1	6.6	7.7

（二）企业初次分配收入变化及成因分析

企业初次分配收入由营业盈余总额和财产净收入构成。从 2000 年到 2009 年，企业初次分配收入从 19324 亿元增加到 84170 亿元，年均增长 17.8%，比同期国民总收入增长快 3 个百分点，导致企业初次分配收入占国民总收入的比重由 2000 年的 11.1% 快速上升到 2009 年的 24.7%，平均每年上升 0.56 个百分点。出现这种变化的主要原因是：

1. 企业经济效益提高。2000～2009 年，随着以扩大内需为重点的一系列政策的贯彻落实，特别是自 2001 年年底加入世界贸易组织后，我国出口增长连续 6 年保持在 20% 以上，在投资和出口强劲带动下，我国经济增长率连续 5 年保持在两位数以上，使得这一时期企业经济效益不断改善，企业初次分配收入增长较快。企业营业盈余总额由 2000 年的 22073 亿元迅速提高到 2009 年的 95227 亿元，年均增长 16.3%，高于同期国民总收入增长率 1.9 个百分点。

2. 企业利息支出增长放缓促进了企业初次分配收入的快速提高。1999～2004 年，为了扩大内需，中国人民银行数次下调存贷款利率，尽管 2004 年后央行又多次上调存贷款利率，但目前贷款利率水平仍低于 20 世纪 90 年代的平均水平，再加上企业获得资金渠道增多（主要是直接融资和自有资金），对银行贷款依赖程度下降，企业利息支出增长大大放缓，从某种程度上促进了企业初次分配收入的快速提高。2000～2008 年，企业财产净支出年均增长 10.5%，比企业初次分配总收入增长率低 6.9 个百分点。2009 年，企业财产净支出占其初次分配收入的比重为 13.1%，比 2000 年回落了 1.1 个百分点，其中企业利息净支出占比为 4.1%，比 2000 年回落了 2.7 个百分点。

表 4　　　　　**2000～2009 年企业初次分配收入**　　　单位：亿元

年份	营业盈余总额	财产净收入	利息	红利	地租	其他	初次分配总收入
2000	22072.9	-2748.6	-1315.6	-1321.9	-80.7	-30.3	19324.3

年份	营业盈余总额	财产净收入	利息	红利	地租	其他	初次分配总收入
2001	26374.6	-3252.4	-1112.9	-2023.6	-89.1	-26.7	23122.2
2002	29261.8	-3567.7	-1248.6	-2173.6	-104.8	-40.6	25694.2
2003	32782.6	-2705.6	-1315.2	-1186.6	-115.7	-88.0	30077.0
2004	43181.3	-3130.0	-1893.2	-979.5	-164.7	-92.7	40051.2
2005	49902.0	-4875.6	-2247.8	-2077.1	-292.3	-258.4	45026.4
2006	60155.3	-6738.9	-3824.1	-1372.5	-560.5	-981.7	53416.4
2007	76099.5	-7749.6	-3864.1	-801.8	-941.2	-2142.6	68349.9
2008	92367.2	-8281.4	-4388.1	-868.9	-1312.6	-1711.8	84085.8
2009	95227.0	-11057.4	-3492.1	-3929.3	-1707.2	-1928.7	84169.6

（三）居民初次分配收入变化及成因分析

居民初次分配收入主要由劳动者报酬、营业盈余总额和财产净收入构成，其中劳动者报酬占80%以上。宏观收入分配向居民倾斜是20世纪80年代收入分配领域的突出现象，但从90年代以来，收入分配向居民快速倾斜的现象发生了变化。2000～2009年，居民初次分配收入从65811亿元上升到206544亿元，年均增长13.6%，比同期GNI慢1.2个百分点，导致居民初次分配收入占GNI的比重由67.2%下降至60.7%，年均下降0.72个百分点。出现这种变化的主要原因是：

1. 劳动者报酬增长持续慢于国民总收入增长。2000年以来，除了2002年和2009年劳动者报酬增速快于GNI外，其余8年劳动者报酬增速都慢于GNI。

2. 居民财产净收入增长慢于国民总收入增长。此阶段，居民财产净收入年均增长10%，低于同期GNI增长4.4个百分点。居民财产净收入增长较慢导致其占居民初次分配收入的比重由1999年的5%下降至2009年的3.8%。居民财产收入增长较慢的主要原因：一是居民投资渠道狭窄和不畅。银行储蓄仍然是居民的主要金融投资渠道，以股市和债券市场为主要形式的直接投资渠道不畅且投资风险较大，制约了居民投资的选择。二是银行储蓄利息率不断下调。1996～2004年，中央银行八次下调存款利率，居民储蓄利息收入增长速度大大放慢。尽管2004年后央行又多次上调存款利率，使居民利息收入增长有所加快，但因上调幅度不大，居民利息收入增长有限。

表5 **2000~2009 年居民初次分配收入** 单位：亿元

年份	劳动者报酬	营业盈余总额	财产净收入	利息	红利	地租	其他	初次分配总收入
2000	52242.9	11619.3	1948.8	1774.0	126.8	-3.4	51.4	65811.0
2001	57529.8	11799.6	1919.3	1656.5	219.4	-3.7	47.2	71248.7
2002	64501.5	10258.9	2041.2	1668.9	340.6	-5.7	37.4	76801.6
2003	71735.7	12531.8	2245.0	1954.5	249.3	-10.4	51.5	86512.5
2004	80950.7	13827.7	2711.2	2220.9	402.6	-10.4	98.1	97489.7
2005	93148.0	16102.0	3267.1	2579.1	440.7	-13.7	261.0	112517.1
2006	106369.0	19514.3	5231.6	4156.9	474.2	-19.4	619.9	131114.9
2007	127918.9	23748.1	7138.3	4590.7	812.4	-24.4	1759.7	158805.3
2008	150511.7	26753.8	8130.0	6160.9	731.5	-24.4	1261.9	185395.4
2009	166957.9	31722.1	7864.0	5599.3	792.7	-26.6	1498.6	206544.0

表6 **居民劳动者报酬、财产净收入、初次分配收入和 GNI 增长率** 单位：%

年份	劳动者报酬	财产净收入	初次分配收入	GNI
2000	7.5	-35.9	9.7	10.8
2001	10.1	-1.5	8.3	10.3
2002	12.1	6.3	7.8	10.2
2003	11.2	10.0	12.6	13.3
2004	12.8	20.8	12.7	18.1
2005	15.1	20.5	15.4	15.2
2006	14.2	60.1	16.5	17.6
2007	20.3	36.4	21.1	23.4
2008	17.7	13.9	16.7	18.6
2009	10.9	-3.3	11.4	7.7

表7 **居民初次分配收入的构成** 单位：%

年份	劳动者报酬	财产净收入
2000	78.5	2.9
2001	80.1	2.7
2002	83.3	2.6
2003	82.2	2.6
2004	82.2	2.8

续表

年份	劳动者报酬	财产净收入
2005	82.5	2.9
2006	80.9	4.0
2007	80.7	4.5
2008	81.0	4.4
2009	80.5	3.8

虽然自 2000 年以来居民初次分配收入占国民总收入的比重逐年下降，但若剔除价格因素，则该比重变化趋势与现价比重变化趋势有较大不同。剔除价格因素的方法是，用 GDP 缩减指数来缩减国民总收入得到可比价国民总收入，用 CPI 指数缩减劳动者报酬和居民初次分配收入得到可比价劳动者报酬和居民初次分配收入。由表 8 可知，按不变价计算，劳动者报酬占 GNI 比重自 21 世纪以来呈现稳中趋升的态势。同样，居民初次分配收入占 GNI 比重自 2000 年开始除在 2001 年、2002 年和 2004 年三年略有回落外，其他年份都在持续小幅回升，这与现价比重逐步走低趋势有很大不同。2009 年，按可比价格计算，劳动者报酬占 GNI 比重为 57.5%，比 2000 年上升了 4.2 个百分点；居民初次分配收入占 GNI 比重为 71.1%，比 2000 年上升了 3.9 个百分点。

表 8　2000～2009 年可比价劳动者报酬和可比价居民初次分配收入占可比价 GNI 比重（按 2000 年价格计算）

年份	劳动者报酬（亿元）	居民初次分配收入（亿元）	国民总收入（亿元）	劳动者报酬占GNI比重（%）	居民初次分配收入占GNI比重（%）
2000	52242.9	65811.0	98000.5	53.3	67.2
2001	57129.9	70753.4	105894.7	53.9	66.8
2002	64569.7	76882.8	116003.5	55.7	66.3
2003	70960.1	85577.0	128155.9	55.4	66.8
2004	77069.7	92815.7	141587.3	54.4	65.6
2005	87114.1	105228.5	156893.1	55.5	67.1
2006	98008.6	120809.5	177715.0	55.1	68.0
2007	112466.3	139621.6	203736.8	55.2	68.5
2008	124957.4	153918.5	224261.9	55.7	68.6
2009	139588.5	172685.2	242971.4	57.5	71.1

二、政府、企业和居民三者收入再分配

收入再分配是在收入初次分配的基础上，通过经常转移的形式对收入进行分配。经常转移是指一个机构单位向另一个机构单位提供货物、服务或资产但不从对方获得回报的一种单方面交易。经常转移的主要形式有收入税、社会保险付款、社会补助和其他经常转移。一个国家的初次分配总收入经过经常转移，最终形成了它的可支配总收入，即国民可支配总收入。

表 9　　　　　　　　　国民可支配总收入结构　　　　　　单位：%

年份	政府	企业	居民
2000	14.5	17.9	67.6
2001	15.0	18.9	66.1
2002	16.2	19.4	64.4
2003	16.1	19.9	64.0
2004	16.4	22.5	61.1
2005	17.6	21.6	60.8
2006	18.2	21.5	60.3
2007	19.0	22.1	58.9
2008	19.0	22.7	58.3
2009	18.3	21.2	60.5

自新世纪以来，三者收入分配关系发生了新的变化。随着国有企业改革的深化和非国有企业的迅猛发展，企业盈利能力明显增强，企业经济效益显著改善，企业可支配收入比重进一步上升，从 2000 年的低点 17.9% 逐年攀升到 2009 年的 21.2%。政府可支配收入比重逐步稳步上升，从 2000 年的 14.5% 上升到 2009 年的 18.3%。政府可支配收入比重上升，与这一时期财税体制改革，提高部分税种税率水平以及加大税收征管力度有直接关系。相应地，这一时期的居民收入可支配比重则由 2000 年的 67.6% 快速下降至 2009 年的 60.5%，下降了 7.1 个百分点，平均每年下滑 0.72 个百分点。

与收入初次分配相比，1978 年以来，政府在收入再分配中总体上处于净得益地位，具体表现为政府初次分配收入占国民总收入的比重小于政府可支配收入占国民可支配总收入的比重；企业在再分配过程中一直处于

净损失地位；居民在 2001 年以前处于净得益地位，并在 1992 年达到顶点，此后净得益逐渐缩小，2002 年以后居民已由再分配中的净得益方变为净损失方。收入再分配过程存在着向企业和政府倾斜的现象，这主要是由于 1994 年开始推行的税改和 1998 年开始全面推进养老、医疗和教育体制等多项改革的综合结果。

表 10　　　　　可支配总收入与初次分配总收入
结构之差　　　　　单位：%

年份	政府	企业	居民
2000	1.40	-1.78	0.38
2001	2.33	-2.47	0.14
2002	2.29	-2.23	-0.06
2003	2.46	-2.34	-0.12
2004	2.69	-2.61	-0.09
2005	3.35	-2.92	-0.43
2006	3.68	-3.20	-0.48
2007	4.27	-3.56	-0.72
2008	4.25	-3.86	-0.38
2009	3.70	-3.54	-0.16

（一）政府可支配收入变化及成因分析

政府可支配收入是由政府初次分配收入与经常转移净收入两部分构成的。由于政府部门的经常转移是收大于支，因此，政府经过再分配增加了收入。1992～2009 年，政府初次分配收入占可支配收入比重在 75% 以上，经常转移净收入占可支配收入比重在 25% 以下。政府的经常转移收入的主要来源是所得税收入和社会保险缴款收入，其中所得税收入的 60% 以上来自企业，其余部分来自居民。2001～2009 年，政府可支配收入年均增长 17.8%，比同期国民可支配总收入增长快 3 个百分点，其占国民可支配总收入的比重由 2000 年的 14.5% 上升到 2009 年的 18.3%（见表 11）。其中，政府初次分配收入和政府经常转移净收入分别增长 16.2% 和 27.6%，两者占国民可支配总收入的比重分别由 2000 年的 13.06% 和 1.47% 上升到 2009 年的 14.48% 和 3.79%（见表 12）。可见，政府可支配收入比重的上升是政府初次分配收入比重和政府经常转移净收入比重双回升的结果，而政府经常转移净收入比重的回升主要得益于企业所得税和个人所得税的快速增长。在此时期，政府收入税年均增长 24.7% ，其中来自企业和个人的所得税年均分别增长 25.8% 和 22.0% 。企业所得税的快速增长主要源于企业经营效益的不断提高；个人所得税的快速增长主要得益于居民收入水平的提高和税务部门加强个人所得税的征管。

表 11　　　　　　2000～2009 年政府可支配收入　　　单位：亿元

年份	初次分配总收入	经常转移净收入	收入税	社会保险缴款	社会保险福利	社会补助	其他	可支配总收入
2000	12865. 2	1448. 9	2118. 9	2321. 5	− 2385. 6	− 949. 5	343. 5	14314. 1
2001	13697. 3	2626. 9	3363. 0	2741. 3	− 2748. 0	− 1124. 8	395. 4	16324. 2
2002	16600. 0	2906. 0	3542. 9	3483. 6	− 3471. 5	− 1123. 6	474. 6	19505. 9
2003	18387. 5	3559. 3	4195. 9	4324. 9	− 4016. 4	− 1472. 5	527. 5	21946. 8
2004	21912. 7	4604. 9	5408. 8	5167. 7	− 4627. 4	− 1966. 3	622. 1	26517. 6
2005	26073. 9	6499. 8	6949. 3	6307. 1	− 5400. 8	− 2179. 4	823. 5	32573. 7
2006	31373. 0	8351. 9	8814. 9	7682. 8	− 6477. 4	− 2735. 8	1067. 4	39724. 9
2007	39266. 9	11925. 2	11964. 8	9593. 4	− 7887. 9	− 3269. 4	1524. 3	51192. 1
2008	46549. 1	13994. 9	14897. 9	12135. 3	− 9925. 1	− 5061. 7	1948. 5	60544. 1
2009	49606. 3	12997. 0	15486. 2	14420. 9	− 12302. 6	− 6136. 6	1529. 1	62603. 3

表 12　　　　政府初次分配收入、政府经常转移净收入和政府
可支配总收入占国民可支配总收入的比重　　　单位：%

年份	初次分配收入	经常转移净收入	可支配收入
2000	13. 06	1. 47	14. 53
2001	12. 59	2. 42	15. 01
2002	13. 81	2. 42	16. 23
2003	13. 48	2. 61	16. 09
2004	13. 58	2. 85	16. 43
2005	14. 05	3. 50	17. 55
2006	14. 38	3. 83	18. 21
2007	14. 58	4. 43	19. 01
2008	14. 59	4. 39	18. 98
2009	14. 48	3. 79	18. 28

（二）企业可支配收入变化及成因分析

企业可支配收入由企业初次分配收入与企业经常转移净收入两项构

成。由于企业部门的经常转移是支大于收，因此企业部门经过再分配减少了收入。从2001年到2009年，企业可支配收入年均增长17.0%，比同期国民可支配总收入增长快2.2个百分点，其占国民可支配总收入的比重由2000年的17.9%上升到2009年的21.2%。其中，企业初次分配收入和企业经常转移净支出分别增长17.8%和24.2%，前者占国民可支配总收入的比重由2000年的19.61%上升到2009年的24.58%，后者占国民可支配总收入的比重则由2000年的1.68%上升到2009年的3.38%（见表13）。

表13　　　　　　　2000～2009年企业可支配收入　　　　单位：亿元

年份	初次分配总收入	经常转移净收入	收入税	社会补助	其他	可支配总收入
2000	19324.3	-1654.1	-1459.2	-31.1	-163.7	17670.3
2001	23122.2	-2540.6	-2367.7	-35.8	-137.1	20581.6
2002	25694.2	-2453.0	-2331.1	-41.1	-80.8	23241.2
2003	30077.0	-2871.0	-2777.8	-47.3	-45.9	27206.0
2004	40051.2	-3728.9	-3671.8	-54.4	-2.8	36322.3
2005	45026.4	-4937.9	-4854.4	-62.6	-21.0	40088.5
2006	53416.4	-6425.9	-6361.1	-71.9	7.2	46990.5
2007	68349.9	-8857.4	-8779.3	-95.1	17.0	59492.5
2008	84085.8	-11528.6	-11175.6	-95.1	-257.9	72557.1
2009	84169.6	-11592.8	-11536.8	-109.4	53.5	72576.8

表14　　　企业初次分配收入、企业经常转移净收入和企业
可支配收入占国民可支配总收入的比重　　　单位：%

年份	初次分配收入	经常转移净收入	可支配收入
2000	19.61	-1.68	17.94
2001	21.26	-2.34	18.92
2002	21.38	-2.04	19.34
2003	22.05	-2.10	19.94
2004	24.82	-2.31	22.51
2005	24.26	-2.66	21.60
2006	24.49	-2.95	21.54
2007	25.39	-3.29	22.10
2008	26.36	-3.61	22.74
2009	24.58	-3.38	21.19

（三）居民可支配收入变化及成因分析

同政府部门一样，居民部门的经常转移收入大于支出，因此，居民是收入再分配的受益者。统计数据显示，居民在再分配环节增加的收入占其可支配收入比重通常不足 5%。居民再分配收入的主要来源是社会补助收入和其他收入（保险索赔、来自国外的汇款等）。2001～2009 年，居民可支配收入年均增长 13.5%，比同期国民可支配总收入增长慢 1.3 个百分点。其中，居民初次分配收入和居民经常转移净收入分别增长 13.6% 和0.4%，两者占国民可支配总收入的比重分别由 2000 年的 66.80% 和0.74% 快速回落到 2009 年的 60.31% 和 0.22%（见表 15）。可见，居民可支配收入比重的下降，一方面是因为居民初次分配收入比重下降，另一方面是因为居民经常转移净收入比重快速下降。居民经常转移净收入增长缓慢甚至有此年份出现负增长，主要是因为随着居民收入水平的快速提高，居民交纳的个人所得税和社会保险大幅增长，并超过其获得的社会保险福利、社会补助和其他收入的增幅。在此期间，居民上交的收入税和社会保险年均增长 22.3%，比居民同期获得的社会保险福利、社会补助和其他收入增长高出 2.6 个百分点。

表 15　　　　　　　　2000～2009 年居民可支配收入　　　　单位：亿元

年份	初次分配总收入	经常转移净收入	收入税	社会保险缴款	社会保险福利	社会补助	其他	可支配总收入
2000	65811.0	727.7	−659.6	−2321.5	2385.6	980.6	342.7	66538.7
2001	71248.7	616.6	−995.3	−2741.3	2748.0	1160.6	444.6	71865.3
2002	76801.6	621.8	−1211.8	−3483.6	3471.5	1164.8	680.9	77423.3
2003	86512.5	756.0	−1418.0	−4324.9	4016.6	1519.9	962.7	87268.4
2004	97489.7	1019.2	−1737.1	−5167.7	4627.4	2020.7	1275.9	98508.9
2005	112517.1	393.1	−2094.9	−6307.1	5400.8	2241.9	1152.0	112910.2
2006	131114.9	311.5	−2453.7	−7682.8	6477.4	2807.8	1162.8	131426.4
2007	158805.3	−246.6	−3185.6	−9593.4	7887.9	3364.6	1279.9	158558.6
2008	185395.4	530.9	−3722.3	−12135.3	9925.1	5156.0	1306.5	185926.3
2009	206544.0	758.3	−3949.3	−14420.9	12302.6	6246.0	579.9	207302.4

表 16　　居民初次分配收入、居民经常转移净收入和居民

可支配收入占国民可支配总收入的比重　　单位：%

年份	初次分配收入	经常转移净收入	可支配收入
2000	66.80	0.74	67.54
2001	65.50	0.57	66.07
2002	63.91	0.52	64.43
2003	63.42	0.55	63.97
2004	60.42	0.63	61.05
2005	60.63	0.21	60.84
2006	60.11	0.14	60.25
2007	58.98	-0.09	58.89
2008	58.11	0.17	58.28
2009	60.31	0.22	60.53

同样，若剔除价格因素，即用 GDP 缩减指数来缩减国民可支配总收入得到可比价国民可支配总收入，用 CPI 指数缩减居民可支配收入得到可比价居民可支配收入，则可比价居民可支配收入占可比价国民可支配总收入比重也发生了一些变化。由表 17 可知，与初次分配相似，可比价居民可支配收入占可比价国民可支配总收入比重自 21 世纪以来呈现稳中趋升的态势，除在 2002 年和 2004 年两年略有回落外，在其他年份都持续小幅上升，这与现价比重逐步走低趋势正好相反。2009 年，按可比价格计算，居民可支配收入占比为 70.9%，比 2000 年上升了 3.4 个百分点。

表 17　　2000~2009 年可比价居民可支配收入占可比价

国民可支配收入比重（按 2000 年价格计算）

年份	居民可支配收入（亿元）	国民可支配收入（亿元）	居民可支配收入占比（%）
2000	66538.7	98523.0	67.5
2001	71365.8	106583.4	67.0
2002	77505.2	117050.3	66.2
2003	86324.8	129527.2	66.6
2004	93786.1	143270.2	65.5
2005	105596.1	158563.5	66.6
2006	121096.5	179556.7	67.4
2007	139404.8	205894.2	67.7
2008	154359.2	226388.7	68.2
2009	173319.2	244515.4	70.9

（国家统计局核算司　施发启）

第二章

2011 年城镇居民
收入分配状况

2011 年是"十二五"规划的开局之年，各级政府继续坚持民生优先，通过加快推进收入分配改革、加强社会保障体系建设、加大扶贫工作力度、实施更加积极的就业政策、积极落实各项增收措施等，进一步改善了人民生活，使发展成果惠及全体人民。2011 年全国城镇居民收入保持稳定增长，收入分配状况有所好转。

一、城镇居民收入状况

据对全国 6.6 万户城镇居民家庭的抽样调查，2011 年城镇居民人均总收入 23979 元，比上年增长 14.0%，剔除物价因素影响，实际增长 8.3%，其中，人均可支配收入 21810 元，比上年增长 14.1%，剔除物价因素影响，实际增长 8.4%；城镇居民人均可支配收入中位数 19118 元，比上年增长① 13.5%。

从各省（区、市）城镇居民人均可支配收入增长情况看，人均可支配收入名义增速排在前十位的分别是海南、安徽、贵州、陕西、山西、四川、云南、辽宁、重庆、吉林；排在后十位的分别是黑龙江、浙江、北京、江西、青海、广东、河北、天津、广西、西藏（见表 2-1）。

---

① 如无特殊说明，本章以下分析中的增长速度均为未剔除物价因素影响的名义增长速度。

表 2 - 1　　　2011 年各省（区、市）城镇居民人均可

支配收入和名义增长率

地区	人均可支配收入（元）	比上年名义增长（%）	地区	人均可支配收入（元）	比上年名义增长（%）
合计	21810	14.1	河南	18195	14.2
北京	32903	13.2	湖北	18374	14.4
天津	26921	10.8	湖南	18844	13.8
河北	18292	12.5	广东	26897	12.6
山西	18124	15.8	广西	18854	10.5
内蒙古	20408	15.3	海南	18369	17.9
辽宁	20467	15.5	重庆	20250	15.5
吉林	17797	15.5	四川	17899	15.8
黑龙江	15696	13.3	贵州	16495	16.6
上海	36230	13.8	云南	18576	15.6
江苏	26341	14.8	西藏	16196	8.1
浙江	30971	13.2	陕西	18245	16.2
安徽	18606	17.8	甘肃	14989	13.6
福建	24907	14.4	青海	15603	12.6
江西	17495	13.0	宁夏	17579	14.6
山东	22792	14.3	新疆	15514	13.7

资料来源：《中国统计摘要 2012》。

二、城镇居民收入增长特点

（一）工资性收入和转移性收入稳步增长

城镇居民人均工资性收入 15412 元，增长 12.4%，增速高于上年 1.7 个百分点，拉动总收入增长 8.1 个百分点。工资性收入增长的主要原因：一是绝大多数地区提高最低工资标准；二是部分地区继续规范落实津补贴制度；三是部分企业提高了职工工资及奖金。

城镇居民人均转移性收入 5709 元，增长 12.1%，拉动总收入增长 2.9 个百分点。其中，2011 年国家继续提高企业退休人员基本养老金水平，使得占转移性收入82.1%的养老金或离退休金收入增长10.4%；多数地区上调了最低生活保障标准，带动人均最低生活保障收入增长15.3%。

（二） 经营净收入和财产性收入增幅较大

城镇居民人均经营净收入2210元，增长29.0%，城镇居民人均财产性收入649元，增长24.7%，两项收入共计拉动总收入增长3.0个百分点。经营净收入增长的主要原因有：全年经济运行总体良好，个体经营者人数增加；个体工商户增值税和营业税起征点提高，税赋降低。财产性收入的增长主要是受出租房屋收入和利息收入的增加所致，其中，人均出租房屋收入333元，增长20.8%；人均利息收入85元，增长29.8%。

（三） 调高个税起征点使人均可支配收入增加

城镇居民可支配收入是总收入（包括工资性收入、经营净收入、财产性收入和转移性收入）扣除个人所得税和社会保障支出等项后的收入，2011年个税起征点的调高使得居民可支配收入有所增加。调查数据显示，2008～2010年城镇居民个人所得税支出增速分别为14.2%、17.8%和32.0%，涨幅呈逐年快速上升趋势。但是2011年城镇居民个人所得税支出仅上升5.2%，特别是第四季度城镇居民个人所得税支出下降22.4%。城镇居民从调高个税起征点中受益增加。

（四） 低收入组居民收入增速超过平均水平

从收入五等份组看，2011年城镇低收入组居民人均可支配收入为8789元，增长15.6%；中低收入组居民人均可支配收入为14498元，增长14.1%；中等收入组居民人均可支配收入为19545元，增长13.5%；中高收入组居民人均可支配收入为26420元，增长13.9%；高收入组居民人均可支配收入为47021元，增长14.2%。在五等份组中，低收入组居民人均可支配收入增速最快，超过全国平均水平1.5个百分点。

（五）中、西部及东北地区居民收入增速快于东部

2011 年东部、中部、西部和东北地区①城镇居民人均可支配收入分别为 26406 元、18323 元、18159 元和 18301 元，分别增长 13.5%、14.8%、14.9% 和 14.8%。中部、西部和东北地区收入增速快于东部地区，其中，西部地区增速最快，快于东部地区 1.4 个百分点。

三、城镇居民总收入来源构成

（一）城镇居民总收入来源构成

与上年相比，2011 年城镇居民人均总收入中工资性收入的比重下降明显，经营净收入的比重上升显著，转移性收入的比重略有下降，财产性收入的比重略有上升。抽样调查数据显示，2011 年城镇居民人均总收入中，工资性收入占 64.3%，比上年下降 0.9 个百分点；转移性收入占 23.8%，比上年下降 0.4 个百分点；经营净收入占 9.2%，比上年上升 1.1 个百分点；财产性收入占 2.7%，比上年上升 0.2 个百分点。

（二）城镇居民总收入来源构成的变化

从近年来总收入构成的变化来看，工资性收入的比重不断下降，财产性收入和转移性收入的比重不断上升，经营净收入的比重明显上升。抽样调查数据显示，从 2000 年到 2011 年，工资性收入所占比重从 71.2% 下降至 64.3%，经营净收入的比重从 3.9% 上升至 9.2%，财产性收入的比重从 2.0% 上升至 2.7%，转移性收入所占比重从 22.9% 上升至 23.8%（见图 2 -1）。

---

① 东部地区包括北京、天津、河北、上海、江苏、浙江、福建、山东、广东、海南，中部地区包括山西、安徽、江西、河南、湖北、湖南，西部地区包括内蒙古、广西、重庆、四川、贵州、云南、西藏、陕西、甘肃、青海、宁夏、新疆，东北地区包括辽宁、吉林、黑龙江。

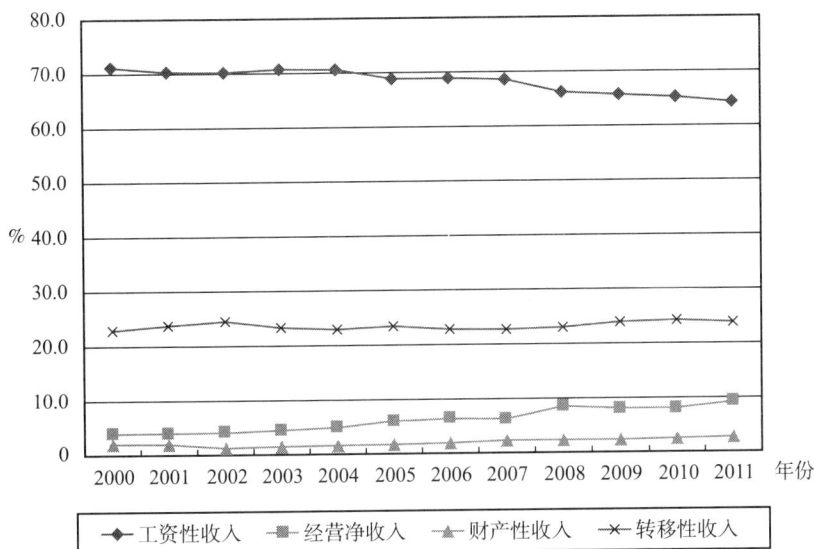

图 2 - 1 2000 ~ 2011 年城镇居民人均总收入构成变化

资料来源：根据中国城镇住户抽样调查资料整理。

（三）不同地区城镇居民总收入来源构成

将全国 31 个省（区、市）按东部、中部、西部、东北地区进行分类，2011 年各地区城镇居民总收入来源构成情况如表 2 - 2 所示。

表 2 - 2　　　　　**2011 年东部、中部、西部、东北地区**
城镇居民人均总收入构成　　　　单位：%

收入项目	全国	东部地区	中部地区	西部地区	东北地区
家庭总收入	100.0	100.0	100.0	100.0	100.0
工资性收入	64.3	65.6	61.8	65.5	59.3
经营净收入	9.2	9.2	10.0	8.0	9.6
财产性收入	2.7	3.2	2.3	2.6	1.2
转移性收入	23.8	22.0	25.9	23.9	29.8

资料来源：根据中国城镇住户调查资料整理，下同。

1. 从四地区城镇居民总收入的构成看，东部地区工资性收入和财产性收入的比重相对最高，而转移性收入的比重则相对最低；中部地区经营净收入的比重相对最高，转移性收入的比重也很高，但是工资性收入的比重偏低；西部地区经营净收入的比重相对最低，工资性收入的比重相对较高；东北地区的转移性收入的比重相对最高，而工资性收入和财产性收入的比重则相对最低。抽样调查数据显示，在城镇居民总收入中，工资性收入比重最高的东部地区比最低的东北地区高出 6.3 个百分点，经营净收入比重最高的中部地区比最低的西部地区高出 2.0 个百分点，财产性收入比重最高的东部地区比最低的东北地区高出 2.0 个百分点，转移性收入比重最高的东北地区比最低的东部地区高出 7.8 个百分点。

2. 与上年相比，四地区工资性收入和转移性收入的比重均有所下降，而经营净收入和财产性收入的比重则均有所上升。其中，东部地区工资性收入的比重下降最为明显，经营净收入的比重上升最为明显，东北地区的财产性收入的比重上升最为明显，东部地区转移性收入的比重下降最为明显。

（四）不同收入组城镇居民总收入来源构成

按城镇居民家庭人均可支配收入从低到高排队，将全部调查户等分为五组，各收入组的总收入来源构成如表 2 - 3 所示。

表 2 - 3　　　　2011 年不同收入组城镇居民总收入构成　　　单位：%

收入项目	全国	低收入组（20%）	中低收入组（20%）	中等收入组（20%）	中高收入组（20%）	高收入组（20%）
家庭总收入	100.0	100.0	100.0	100.0	100.0	100.0
工资性收入	64.3	65.9	65.3	65.6	64.5	62.7
经营净收入	9.2	10.0	9.0	7.5	7.4	11.0
财产性收入	2.7	1.2	1.3	1.8	2.2	4.4
转移性收入	23.8	22.9	24.4	25.1	25.8	21.9

1. 总收入中，工资性收入比重相对较高的是中、低收入组，而财产性收入比重收入相对较高的则是高收入组，经营净收入比重相对较高的是低收入组和高收入组，而转移性收入比重相对较高的则是中高、中等和中低收入组。抽样调查数据显示，工资性收入比重最高的低收入组比最低的高收入组高出 3.2 个百分点，财产性收入最高的高收入组比最低的低收入组高出 3.2 个百分点，经营净收入最高的高收入组比最低的中高收入组高

出 3.7 个百分点，转移性收入比重最高的中高收入组比最低的高收入组高出 4.0 个百分点。

2. 与上年相比，中低收入组工资性收入的比重明显下降，经营净收入的比重明显上升。抽样调查数据显示，2011 年中低收入组工资性收入的比重为 65.3%，比上年下降 1.7 个百分点；经营净收入的比重为 9.0%，比上年上升 1.6 个百分点。

四、城镇居民收入分配差距

（一）高低收入组间收入差距有所缩小

从收入分组数据看，2011 年高低收入组间的收入差距有所缩小，但是收入差距依然明显。抽样调查数据显示，2011 年高收入组（最高 20%）人均可支配收入 47021 元，低收入组（最低 20%）人均可支配收入 8789 元，高收入组与低收入组的收入之比为 5.35，比上年的 5.41 有所缩小。其中，最高收入组（最高 10%）人均可支配收入 58842 元，最低收入组（最低 10%）人均可支配收入 6876 元，最高收入组与最低收入组的收入之比为 8.56，比上年的 8.65 有所缩小。近年来高低收入组间收入差距情况见表 2-4。

表 2-4　　　不同收入组间城镇居民人均可支配收入差距　　　单位：元

年份	全国	最低收入户（10%）	低收入户（10%）	中低收入户（20%）	中等收入户（20%）	中高收入户（20%）	高收入户（10%）	最高收入户（10%）	最高与最低收入组之比
2000	6280	2653	3634	4624	5898	7487	9434	13311	5.02
2001	6860	2803	3856	4947	6366	8164	10375	15115	5.39
2002	7703	2409	3649	4932	6657	8870	11773	18996	7.89
2003	8472	2590	3970	5377	7279	9763	13123	21837	8.43
2004	9422	2862	4429	6024	8167	11051	14971	25377	8.87
2005	10493	3134	4885	6711	9190	12603	17203	28773	9.18
2006	11759	3569	5541	7554	10270	14049	19069	31967	8.96

年份	全国	最低收入户（10%）	低收入户（10%）	中低收入户（20%）	中等收入户（20%）	中高收入户（20%）	高收入户（10%）	最高收入户（10%）	最高与最低收入组之比
2007	13786	4210	6505	8901	12042	16386	22233	36785	8.74
2008	15781	4754	7363	10196	13984	19254	26250	43614	9.17
2009	17175	5253	8162	11244	15400	21018	28386	46826	8.91
2010	19109	5948	9285	12702	17224	23189	31044	51432	8.65
2011	21810	6876	10672	14498	19545	26420	35579	58842	8.56

2011 年最低收入组居民的人均可支配收入比上年增长 15.6%，增速快于全国平均水平 1.5 个百分点，快于最高收入组 1.2 个百分点，从而使得高低收入组间的差距有所缩小。

（二）省间收入差距依然明显

1. 各省（区、市）间收入差距依然明显。抽样调查数据显示，2011 年收入最高与最低省份的人均可支配收入相差 21242 元，收入之比为 2.42:1，收入差额继续扩大，收入比值与上年基本持平。近年来的省间收入差距情况见表 2-5。

表 2-5　　　省（区、市）间城镇居民人均可支配收入差距

年份	收入最高省份	收入最低省份	收入最高与最低省份收入差额（元）	收入最高与最低省份收入之比
1990	广东	内蒙古	1085	2.03
1995	广东	内蒙古	4576	2.60
2000	上海	山西	6994	2.48
2001	上海	河南	7616	2.45
2002	上海	贵州	7306	2.23
2003	上海	宁夏	8337	2.28
2004	上海	宁夏	9465	2.31
2005	上海	新疆	10655	2.33
2006	上海	新疆	11797	2.33
2007	上海	甘肃	13610	2.36
2008	上海	甘肃	15705	2.43

年份	收入最高省份	收入最低省份	收入最高与最低省份收入差额（元）	收入最高与最低省份收入之比
2009	上海	甘肃	16908	2.42
2010	上海	甘肃	18650	2.41
2011	上海	甘肃	21242	2.42

注：1990 年和 1995 年西藏数据缺。

2. 收入高的省份主要集中在东部地区，收入低的省份主要集中在西部地区。2011 年城镇居民人均可支配收入最高的前八个省（区、市）全部集中在东部地区，分别是上海、北京、浙江、天津、广东、江苏、福建、山东。收入最低的后六个省（区、市）全部集中在西部地区，分别是贵州、西藏、黑龙江、青海、新疆、甘肃。

（三）地区间收入差距略有缩小

1. 东西部间的收入差距有所缩小。抽样调查数据显示，2011 年东部、中部、西部和东北地区城镇居民人均可支配收入分别为 26406 元、18323 元、18159 元和 18301 元，东部与西部地区城镇居民人均可支配收入之比为 1.45，比上年的 1.47 有所缩小。近几年各地区间收入差距情况见表 2 - 6。

表 2 - 6   地区间城镇居民人均可支配收入差距

年份	东部地区（元）	中部地区（元）	西部地区（元）	东北地区（元）	东西部地区收入之比
2005	13375	8809	8783	8730	1.52
2006	14967	9902	9728	9830	1.54
2007	16974	11634	11309	11463	1.50
2008	19203	13226	12971	13120	1.48
2009	20953	14367	14213	14324	1.47
2010	23273	15962	15806	15941	1.47
2011	26406	18323	18159	18301	1.45

2. 中部、西部、东北与东部地区的收入差距有所缩小。2011 年中部、

西部和东北地区的城镇居民人均可支配收入分别是东部地区的 69.4%、68.8% 和 69.3%，与东部差距比上年有所缩小。

3. 地区内的各省间收入差距比上年稍有变化。2011 年东部地区收入最高的上海市与收入最低的河北省收入比为 1.98∶1，比上年略有缩小；中部地区收入最高的湖南省与最低的江西省收入比为 1.08∶1，与上年基本持平；西部地区收入最高的内蒙古自治区与最低的甘肃省收入比为 1.36∶1，比上年略有扩大；东北地区收入最高的辽宁省与最低的黑龙江省收入比为 1.30∶1，比上年略有扩大。

五、十六大以来城镇居民收入分配状况

党的十六大以来，我国继续坚持改革开放，推动科学发展，各级党委和政府始终坚持民生优先，始终把保障和改善民生作为一切工作的出发点和落脚点，积极制定并落实各项惠民政策，使全体人民共享改革发展成果。十年来，城镇居民收入持续较快增长，生活水平不断提高。

（一）十六大以来城镇居民收入状况

1. 城镇居民收入快速增长。

（1）近十年城镇居民收入年均实际增长 9.2%。2011 年城镇居民人均可支配收入达到 21810 元，比 2002 年增长 1.8 倍，年均增长 12.3%，剔除物价因素影响，年均实际增长 9.2%。其中：2003～2007 年，城镇居民人均可支配收入年均实际增长 9.8%；2008～2011 年，城镇居民人均可支配收入年均实际增长 8.6%。

（2）近十年城镇居民收入增长处于改革开放以来较快期。1978～2011 年，城镇居民人均可支配收入由 343 元增加到 21810 元，增加了 21467 元。其中，2002 年至 2011 年增加 14107 元，近十年城镇居民人均可支配收入增加额占 1978 年以来城镇居民人均可支配收入增加额比重的 65.7%，对实际收入增长的贡献率为 60.7%。

2. 城镇居民收入结构不断改善。2011 年城镇居民人均全年总收入 23979 元，比 2002 年增长 1.9 倍，年均增长 12.7%。

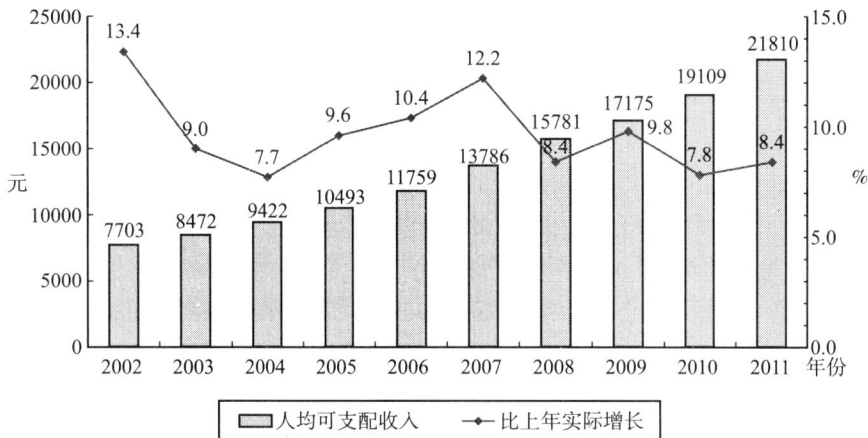

图 2 - 2　2002～2011 年城镇居民收入变化情况

资料来源：根据中国城镇住户抽样调查资料整理。

（1）工资性收入持续增长。2011 年城镇居民人均工资性收入 15412 元，比 2002 年增长 1.7 倍，年均增长 11.6%。城镇居民工资性收入较快增长，主要是各地不断提高最低工资标准，各类企业陆续建立工资集体协商制度，形成职工工资的正常增长机制，事业单位陆续实行绩效工资，各地不断规范公务员津补贴等一系列工资制度改革措施，使得企业、事业和机关单位职工的工资水平均有明显提高，带动了城镇居民工资性收入的稳步增长。

（2）转移性收入较快增长。2011 年城镇居民人均转移性收入 5709 元，比 2002 年增长 1.9 倍，年均增长 12.3%。党的十六大以来，国家不断完善城镇基本养老保险、基本医疗保险、失业保险、工伤保险、生育保险和城市居民最低生活保障制度，通过逐年提高企业退休人员基本养老金水平和不断提高最低生活保障标准等具体措施，切实解决离退休人员和低收入家庭的生活困难问题。2011 年城镇居民养老金或离退休金及社会救济收入比 2002 年分别增长 2.0 倍和 3.5 倍，年均分别增长 13.0% 和 18.2%。

（3）经营净收入和财产性收入快速增长。2011 年城镇居民人均经营净收入 2210 元，比 2002 年增长 5.7 倍，年均增长 23.4%。党的十六大以来，我国大力发展个体、私营经济，鼓励和支持下岗、失业人员及大学毕业生自主创业，带动了城镇居民经营净收入的快速增长。2011 年城镇居民人均财产性收入 649 元，比 2002 年增长 5.4 倍，年均增长 22.8%。主要是随着城镇居民财产拥有量的增加和投资理财意识的增强，城镇居民的利息收入、股息与红利收入、其他投资收入以及出租房屋收入均有较大幅度的增长，促进了城镇居民财产性收入的大幅增长。

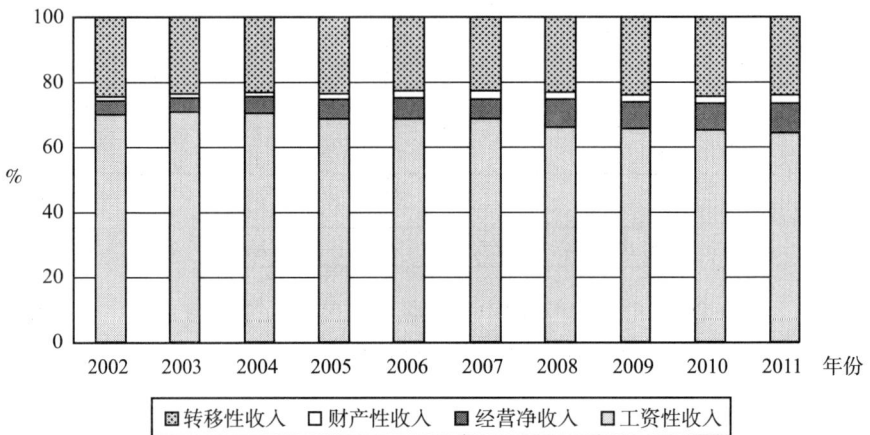

图 2-3　2002～2011 年城镇居民收入结构变化情况

资料来源：根据中国城镇住户抽样调查资料整理。

（4）收入构成继续优化。党的十六大以来，在城镇居民总收入的四项构成中，工资性收入和转移性收入的比重逐年下降；而经营净收入和财产性收入的比重则不断上升，成为城镇居民收入增长的亮点。2011 年城镇居民工资性收入和转移性收入占总收入的比重分别为 64.3% 和 23.8%，比 2002 年分别下降 5.9 和 0.7 个百分点；经营净收入和财产性收入占总收入的比重分别为 9.2% 和 2.7%，比 2002 年分别上升 5.1 和 1.5 个百分点。

（二）十六大以来城镇居民收入分配差距

1. 高低收入组间收入差距扭增为减，呈缩小趋势。改革开放以来，伴随着我国社会经济的快速发展，城镇居民各收入组的收入都保持了较快速度的增长，与此同时高低收入组间的收入差距呈现先升后降态势。从近十年我国城镇居民高低收入组间收入比的变化情况（见图 2-4）来看，收入差距在经历了连续几年的持续扩大之后，随着一系列"提低、扩中、限高"政策措施陆续出台，高低收入组间收入差距扩大的趋势得到扭转，开始呈现出不断缩小趋势。

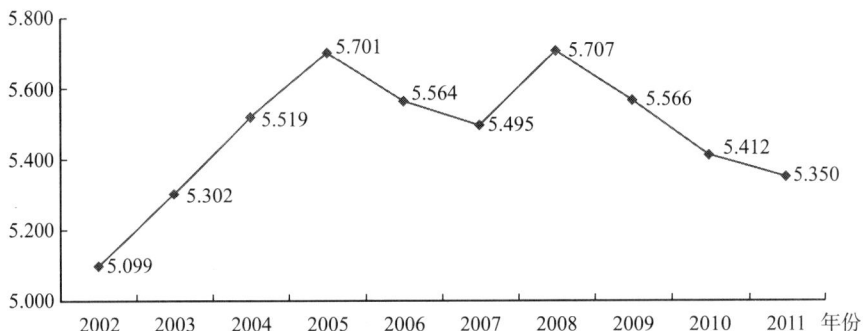

图 2 - 4　2002 ~ 2011 年城镇居民高低收入组间收入比

资料来源：根据中国城镇住户抽样调查资料整理。

特别是最近几年，随着各级政府不断加大对中低收入居民的转移支付和帮扶力度，通过不断调高最低工资标准、上调个税起征点、提高最低生活保障标准、适时发放物价补贴等措施，使得中低收入群体的收入得以快速增长，与高收入组的差距逐渐缩小。抽样调查数据显示，2009年、2010 年和 2011 年低收入组居民的收入增速分别快于高收入组 2.7、3.1 和 1.3 个百分点，带动 2011 年高低收入组间收入比较 2008 年缩小 0.357。

2. 地区间收入差距先升后降，呈倒 V 形走势。十六大以来，国家坚持实施推进西部大开发，振兴东北地区老工业基地，促进中部地区崛起，鼓励东部地区率先发展的区域发展总体战略，有效带动了各地区城镇居民收入的普遍增长，一定程度上缩小了地区间的收入差距。但是由于受地理、资源和历史条件所限，地区间的经济发展的不平衡性仍然存在，从而导致地区间居民收入差距也依然明显。

从东部与西部以及收入排名前三省与后三省（三省人均收入的简单平均）的城镇居民收入差距的变化趋势（见图 2 - 5）来看，从 2002 年开始的前五年东西部间和省间收入差距均呈不断扩大之势，其后的五年随着区域协调发展战略的推向深入，地区间收入差距开始逐年回落，整个十年的地区间收入差距总体表现成倒 V 字形走势。

3. 当前收入分配差距问题依然突出。尽管高低收入组间和地区间城镇居民的收入差距在近年呈现出不断缩小的趋势，但是当前我国城镇居民

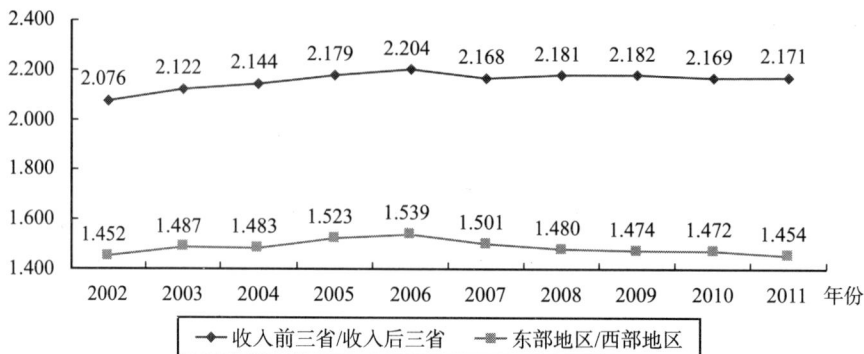

图 2 - 5　2002 ~ 2011 年城镇居民地区间收入比

资料来源：根据中国城镇住户抽样调查资料整理。

收入差距依然较大，收入分配问题仍需格外关注。从数据上看，无论是高低收入组间收入比，还是地区间收入比，2011 年的比值都比 2002 年要大。可以说，现在我国城镇居民的收入差距问题依然突出。

六、政 策 建 议

（一）积极推进收入分配体制改革

在我国经济快速增长同时，收入分配问题逐渐凸显，引起社会各界的广泛关注，当然也受到了各级政府的高度重视。事实上，近年来各级政府都在不断加快收入分配改革步伐，出台了一系列"提低、扩中"的政策措施。比如：不断提高最低工资标准，不断提高退休人员养老金标准、最低生活保障标准等各项社会保障标准，不断加大扶贫工作力度，不断加大对小微企业和自主创业的扶持力度，积极创造条件让更多居民拥有财产性收入，提高个税起征点以及加大对中西部地区的开发力度等。这些措施都有效增加了居民，特别是中低收入群体的收入。抽样调查数据也显示出，近年来农村居民、中西部居民和中低收入居民的收入增速都相对较快，城乡间、地区间、不同收入组间的收入差距呈现出缩小的趋势。

尽管如此，当前我国收入分配差距过大的状况依然存在，一定程度上影响着社会的稳定、和谐与发展，制约着经济的持续健康增长。因此，希望各级政府继续推进和深化收入分配改革，特别是在国家收入分配体制改革总体方案出台后，各级政府都要以此为指导和引领，抓紧制定和出台各项有利于调整国民收入分配格局和缩小居民收入差距的细化政策。通过不断发展和深化改革，努力使全体人民能够更多地分享改革开放和经济增长的成果，使各层次居民间的收入分配更具公平性。

（二）努力提高低收入者的收入

提高低收入者收入是缩小收入差距，扩大消费需求，实现社会和谐的重要途径。我国低收入群体的一个基本特点是量大且收入绝对水平低，需要通过多种途径提高低收入者收入。

一是健全工资正常增长机制。当前，城镇居民低收入人群最主要的收入来源还是工资性收入。建议各级政府在努力增加低收入人群就业岗位的同时，进一步提高劳动报酬在初次分配中的比重；完善最低工资制度、工资支付保障制度，建立健全职工工资增长机制，积极推动工资集体协商制度建设。

二是加大对低收入者的转移支付力度。数据显示，2011 年低收入组城镇居民转移性收入占总收入的比重低于全国平均水平，且近几年来呈现不断下降趋势。因此，各级政府要继续加大对低收入者的转移支付力度，通过不断提高最低生活保障标准、进一步完善社会救助体系和各种补贴机制、继续提高养老金和离退休金水平等措施，切实保障低收入者的基本生活。

三是提升低收入者自身增收能力。各级政府及社会组织要加大对低收入者的帮扶力度，从加大职业教育和技术培训力度、增加就业岗位、提升工资协商组织谈判能力、监督雇主改善工作环境等方面下功夫，使低收入者的自身增收能力不断提升。

（三）增加中等收入者的经营和财产性收入

尽管我国城镇居民的经营净收入和财产性收入在总收入中的比重近年来在不断提高，但占比仍较低，尤其对中等收入群体更是如此。因此，增加中等收入者的经营净收入和财产性收入是提高中等收入者比重和收入水平的有效途径。

一是加大对微型企业的扶持力度。继续出台和落实各项促进中小企业发展的政策措施，为中小企业发展创造更加有利的环境。

二是鼓励和帮扶个人创业。要进一步完善和拓展鼓励个人创业的政策措施，不断降低创业门槛，减少创业成本和风险，为更多社会成员提供创业的机会和平台。

三是拓宽居民投资渠道。继续深化借贷、租赁和证券市场的改革力度，规范和拓展各种投资理财产品，为居民提供规范和多样化的投资理财渠道。

四是完善相关法制建设。通过不断完善法律制度来加强对公民财产权的保护力度，为居民增加财产性收入提供公开、公平、公正的法制环境。

（四）严格控制高收入者的收入

当前我国的高收入人群主要集中在少数垄断行业和国有企业，因此必须通过深化体制改革、加大税收调节和加强收入监管等措施来有效控制这些行业和企业的过高收入，进而达到控制高收入者收入的目的。

一是引入竞争，打破垄断。要切实放松对铁路、电信、电力等基础产业和金融、出版等服务业的管制，推进非公有资本的公平准入，通过市场竞争来改善供给、打破垄断，进而从根本上解决垄断行业收入过高的问题。

二是建立健全国有企业经营利润和国有股权转让收入上缴制度，提高经营利润上缴比例，将上缴收入纳入财政预算，主要用于社会保障体系建设和财政转移支付。

三是考虑对垄断行业征收垄断税。由于我国的垄断行业是凭借行政权力形成的，凭借国家赋予的特有垄断地位获得的高额垄断利润不应该归企业所有，而应该通过税收的方式上缴国家。

四是加强对垄断行业的工资调控和收入监管。对垄断行业，国家要制定收入分配指导线，即收入不能超过最高标准。同时加强对垄断行业收入分配的监管，使垄断行业的收入分配透明化并且接受社会的监督。

（国家统计局住户调查办公室　丁　胜）

第三章

2011 年农村居民收入分配状况

近十年，各级党委和政府坚持民生优先，通过深化收入分配制度改革、加强社会保障体系建设、加大扶贫工作力度，积极推进各种惠民政策，农村居民收入增长较快，收入分配改革取得了一定成效。

一、农村居民收入分配特征

（一）2011 年农村居民收入分配特征

2011 年全国农村居民人均纯收入 6977 元，比 2010 年增加 1058 元，增长 17.9%。扣除价格因素影响，实际增长 11.4%，增速比 2010 年提高 0.5 个百分点，实际增速为 1985 年以来最高的一年。

1. 工资性收入增速提高。2011 年农村居民工资性收入人均 2963 元，比 2010 年增加 532 元，增长 21.9%，增速同比提高 4.0 个百分点。工资性收入快速增长主要是由于农民工工资水平上涨较多。据全国农民工监测调查显示，2011 年外出农民工月均收入增长 21.2%。

2. 家庭经营第一产业纯收入较快增长。2011 年农村居民家庭经营第一产业纯收入人均 2520 元，比 2010 年增加 289 元，增长 12.9%，增速同比提高 0.7 个百分点。主要特点是：农业纯收入继续较快增长，牧业纯收入大幅度回升。

　　农业纯收入人均 1897 元，增加 173 元，增长 10.0%。收成好、价格高是农业收入保持较快增长的主要原因。据测算，2011 年农村居民出售农产品增加的收入中，六成来自价格上涨因素，四成来自出售数量增加因素。

　　牧业纯收入人均 463 元，增加 107 元，牧业收入在 2009 年和 2010 年出现连续下降后，增速大幅度回升至 30.1%，这主要是牧业产品价格上涨，尤其是生猪价格大幅上涨所致。

　　3. 家庭经营二三产业纯收入稳定增长。2011 年农村居民家庭经营二三产业纯收入人均 702 元，增加 101 元，增长 16.7%。其中：第二产业纯收入人均 193 元，增加 11 元，增长 5.8%；第三产业纯收入人均 509 元，增加 90 元，增长 21.4%。

　　4. 财产性和转移性收入继续增长。2011 年农村居民财产性收入人均 229 元，增加 26 元，增长 13.0%。随着农村养老保险等政策的全面推进，转移性收入快速增长，人均 563 元，增加 110 元，增长 24.4%，增速比 2010 年提高 10.6 个百分点。其中：离退休金养老金收入人均 190 元，增加 77 元，增长 68.6%。

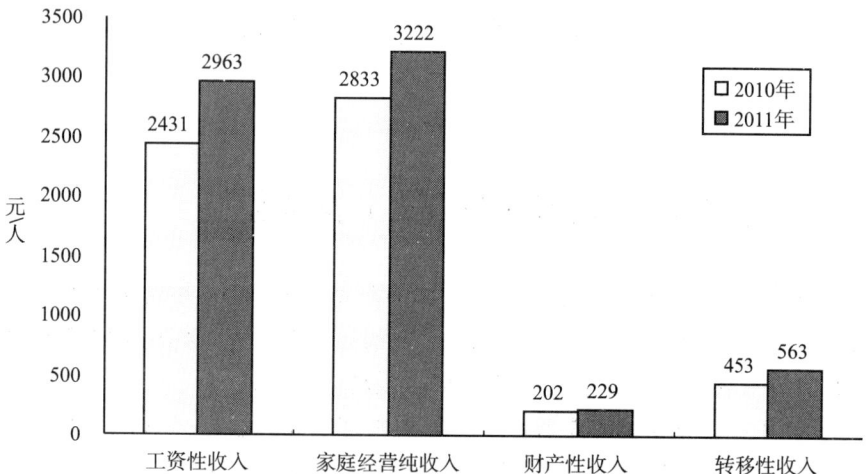

图 3-1　2011 年和 2010 年农村居民纯收入比较

（二）2011 年工资性收入和转移性收入的贡献率提高

　　农村居民纯收入按来源可分为工资性收入、家庭经营纯收入、财产性收入和转移性收入。2011 年全国农村居民人均纯收入来源结构的变化特点主要是：工资性收入和转移性收入的贡献率提高，家庭经营纯收入和财产性收入对增收的贡献率有不同程度下降。

1. 工资性收入的贡献率提高。2011 年农村居民工资性收入人均 2963 元，对全年农村居民增收的贡献率为 50.3%，比 2010 年提高 2.0 个百分点；工资性收入占全年农村居民纯收入比重的 42.5%，比 2010 年提高 1.4 个百分点。

2. 家庭经营纯收入的增收贡献率继续减少。2011 年农村居民家庭生产经营纯收入人均 3222 元，对全年农村居民增收的贡献率为 36.8%，比 2010 年减少 3.2 个百分点；家庭经营纯收入占全年农村居民纯收入比重的 46.2%，比 2010 年下降 1.7 个百分点。

3. 转移性收入的增收贡献率提高。2011 年农村居民人均转移性收入为 563 元，对全年农村居民增收的贡献率为 10.4%，比 2010 年提高 3.3 个百分点；转移性收入占全年农村居民纯收入的比重为 8.1%，比 2010 年提高 0.4 个百分点。

4. 财产性收入稳定增长。2011 年农村居民的财产性收入人均 229 元，对全年农村居民增收的贡献率为 2.5%；财产性收入占全年农村居民纯收入的比重为 3.3%，比 2010 年略降。

表 3 - 1 　　　　2011 年农村居民收入来源及构成

	2011 年收入（元/人）	比 2010 年增加（元/人）	收入增加贡献率（%）	2011 年收入构成（%）	2011 年比2010 年增长（%）
纯收入	6977	1058	100.0	100.0	17.9
一、工资性收入	2963	532	50.3	42.5	21.9
二、家庭经营纯收入	3222	389	36.8	46.2	13.7
三、财产性收入	229	26	2.5	3.3	13.0
四、转移性收入	563	110	10.4	8.1	24.4

（三） 近 10 年农村居民收入分配特征

1. 近 10 年农村居民收入年均实际增长 8% 以上。2011 年农村居民人均纯收入达到 6977 元，比 2002 年增长 1.8 倍，年均收入增长 12.2%，剔除价格因素，年均收入实际增长 8.1%。其中：2003~2007 年，农村居民人均纯收入年均实际增长 6.8%；2008~2011 年，农村居民人均纯收入年均实际增长 9.7%。

2. 近 10 年农村居民收入增长处于改革开放以来较快期。1978~2011 年，农村居民人均纯收入由 134 元增加到 6977 元，增加 6843 元。其中，2002~2011 年增加 4501 元，近 10 年农村居民收入增加较多，农村居民人均纯收入增加额占 1978 年以来农村居民人均纯收入增加额比重的 65.8%，对实际收入增长的贡献率为 55.6%。

3. 近 10 年农村居民收入结构不断改善。主要特点如下：

（1）工资性收入。2011 年农村居民的工资性收入人均 2963 元，比 2002 年增加 2123 元，增长 2.5 倍，年均增长 15.0%，对农村居民人均纯收入增加的贡献率为 47.2%。其中，2003~2007 年农村居民人均工资性收入年均增长 13.7%；2008~2011 年农村居民人均工资性收入年均增长 16.7%。2011 年农村居民工资性收入占纯收入的比重为 42.5%，比 2002 年提高 8.5 个百分点。

工资性收入中，农村居民在本乡地域内劳动得到的收入 2011 年人均 1513 元，比 2002 年增加 1111 元，增长 2.8 倍，年均增长 15.9%；外出务工收入 2011 年人均 1237 元，比 2002 年增加 899 元，增长 2.7 倍，年均增长 15.5%。其中，省内务工收入人均 747 元，比 2002 年增长 3.0 倍，年均增长 16.6%；省外务工收入人均 490 元，比 2002 年增长 2.3 倍，年均增长 14.1%，省内务工收入年均增速高于省外 2.5 个百分点。

（2）家庭经营纯收入。2011 年农村居民家庭经营纯收入人均 3222 元，比 2002 年增加 1735 元，增长 1.2 倍，年均增长 9.0%；其中，2003~2007 年年均增长 8.1%，2008~2011 年年均增长 10.1%。2011 年农村居民家庭经营纯收入占纯收入的比重为 46.2%；比 2002 年下降 13.9 个百分点。

在农村居民家庭经营纯收入中，从事第一产业纯收入 2011 年人均 2520 元，比 2002 年增加 1372 元，增长 1.2 倍，年均增长 9.1%。其中，农业纯收入人均 1897 元，增长 1.2 倍；牧业纯收入人均 463 元，增长 99.8%；林业纯收入人均 99 元，增长 2.9 倍；渔业纯收入人均 61 元，增长 72.4%。

农村居民家庭从事第二、三产业生产经营纯收入 2011 年人均 702 元，比 2002 年增加 362 元，增长 1.1 倍，年均增长 8.4%。其中，从事第二产业生产经营的纯收入人均 193 元，增长 82.1%；从事第三产业生产经营的纯收入人均 509 元，增长 1.2 倍。

（3）转移性收入。2011 年农村居民转移性收入人均 563 元，比 2002 年增加 465 元，增长 4.7 倍，年均增长 21.4%，对收入增加的贡献率为 10.3%。2011 年农村居民转移性收入占纯收入的比重为 8.0%，比 2002 年提高 4.0 个百分点。转移性收入特别是政策性惠农收入的较快增长，促进了农村居民增收。其中，农村居民领取的离退休金、养老金收入 2011 年人均 190 元，比 2002 年增长 8.6 倍；农村居民报销医疗费 2011 年人均 33 元，比 2007 年增长 3.1 倍；农村居民领取最低生活保障收入 2011 年人均 19 元，比 2008 年增长 2.9 倍。

（4）财产性收入。2011 年农村居民的财产性收入人均 229 元，比 2002 年增加 178 元，增长 3.5 倍，年均增长 18.2%。2011 年农村居民财产性收入占纯收入的比重为 3.3%，比 2002 年提高 1.2 个百分点。农村居民的财产性收入中，租金收入（包括出租农业机械）2011 年人均 67 元，比 2002 年增长 4.5 倍，年均增长 20.8%；各种利息、股息及红利收入 2011 年人均 57 元，比 2002 年增长 5.7 倍，年均增长 23.6%。

表 3 - 2　　　　2002～2011 年农村居民纯收入及增长情况

年份	纯收入（元/人）	比上年增加（元/人）	比上年名义增长（%）	扣除价格因素比上年实际增长（%）
2002	2476			
2003	2622	147	5.9	4.3
2004	2936	314	12.0	6.8
2005	3255	319	10.8	6.2
2006	3587	332	10.2	7.4
2007	4140	553	15.4	9.5
2008	4761	620	15.0	8.0
2009	5153	393	8.2	8.5
2010	5919	766	14.9	10.9
2011	6977	1058	17.9	11.4

二、农村居民收入分配差异特征

（一）2011 年农村居民收入分配差异特征

1. 农村居民收入的基尼系数①回升。2011 年，农村居民人均纯收入的基尼系数为 0.3897，与 2010 年相比，上升 0.0114。这一变化与 2010 年的趋势相反，但延续了 2009 年的变化趋势。

2. 高、低收入组农户收入差距扩大。按人均纯收入高低对农村居民进行五等份分组，2011 年低收入组、中等偏下收入组、中等收入组、中等偏上收入组和高收入组农户人均纯收入分别为 2001 元、4256 元、6208 元、8894 元和 16783 元，比 2010 年分别增长 7.0%、17.5%、18.9%、19.5% 和 19.5%。低收入组农户收入增速明显低于其他各组，高、低收入组农户的收入比由 2010 年的 7.51∶1 扩大为 2011 年的 8.39∶1。

2011 年高、低收入组农户收入差距扩大主要受棉花、土豆等农产品价格急跌和化肥等生产资料价格上涨的双重影响，部分农户出现农业减收甚至亏损所致。

3. 中西部省份农村居民收入增长保持了较高态势。2011 年东、中、西、东北地区农村居民人均纯收入分别为 9585 元、6530 元、5247 元和 7791 元，收入增速分别为 17.7%、18.5%、18.8% 和 21.1%。西部地区收入增速比东部地区高 1.1 个百分点，中部地区收入增速比东部地区高 0.8 个百分点。

（二）近 10 年农村居民收入分配差异特征

1. 基尼系数扩大幅度比前 10 年有所放缓。2002～2011 年，农村居民人均纯收入的基尼系数由 0.3646 扩大到 0.3897，扩大了 0.0251；由于这

---

① 基尼系数是意大利经济学家 1922 年提出的定量测定收入分配差异程度的指标。它的经济含义是：在全部居民收入中用于不平均分配的百分比。基尼系数最小等于 0，最大等于 1。在这个区间内，数值越小，表示收入分配差距越小；数值越大，表示收入分配差距越大。

10 年国家各种收入分配政策的给力，反映农村居民收入分配状况的基尼系数扩大趋势比前 10 年有所放缓，前 10 年的 1992～2002 年，农村居民的基尼系数扩大了 0.0512。

2. 高、低收入组农户收入比值扩大，消费比值缩小。按人均纯收入高低对农户进行 5 等份分组，2011 年低收入户、次低收入户、中等收入户、次高收入户和高收入户人均纯收入分别为 2001 元、4256 元、6208 元、8894 元、16783 元，高收入组农户和低收入组农户人均纯收入的比值从 2002 年的 6.9∶1 提高到 2011 年的 8.4∶1。2002～2011 年间，农户收入差距扩大中有近 60% 的影响因素源于 2011 年。

消费是持久性收入的表现。2002～2011 年，高、低收入组农户的收入比值尽管有所扩大，但高、低收入组农户的消费比值在此期间稳定性缩小，其中的 2011 年，一方面得益于多数低收入组农户消费水平增加，另一方面由于部分农产品价格下跌导致一些曾有较高收入消费水平的农户因亏损因素落入了低收入组，影响到 2011 年低收入组农户整体消费水平增速较高，使得高、低收入组农户的消费比值 2011 年缩小为 2.8∶1，比 2010 年的消费比值缩小 0.4；比 2002 年的消费比值缩小 0.7。

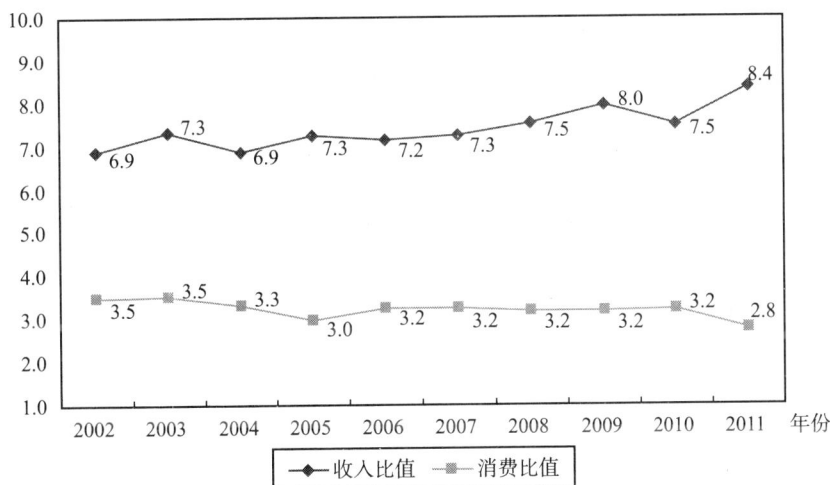

图 3 - 2　2002～2011 年按纯收入分组农户的高、
低收入组收入、消费比值

三、近10年农村居民收入差异影响因素分析

（一）农村居民收入分配差距形成的原因

1. 家庭经营收入差异的主体影响作用明显弱化。采用基尼系数分析模型，根据收入来源对农村居民收入分配的基尼系数进行分解①。结果表明，近10年家庭经营收入差异的主体影响作用明显弱化。2011年，家庭经营收入对基尼系数（收入差异，下同）形成的贡献率占42.4%，比2010下降3.1个百分点，比2002年下降7.4个百分点。

2. 工资性收入对收入差异的影响扩大。工资性收入是农村居民收入差异形成的重要因素之一。2011年，工资性收入对收入差异的贡献率为44.6%，比2010年提高1.7个百分点，比2002年提高3.1个百分点。

3. 转移性收入和财产性收入对收入差异的影响稳定提高。2011年转移性收入对收入差异的贡献率为8.0%，比2010年提高1.0个百分点，比2002年提高2.9个百分点。2011年财产性收入对收入差异的贡献率为5.0%，比2010年提高0.5个百分点，比2002年提高1.8个百分点。

表3-3　　收入来源对农村居民内部总体收入分配差距的贡献率　　单位：%

指标＼年份	2002	2010	2011
纯收入	100.0	100.0	100.0
1. 工资性收入	41.5	42.9	44.6
2. 家庭经营纯收入	49.8	45.5	42.4
3. 财产性收入	3.2	4.5	5.0
4. 转移性收入	5.1	7.0	8.0

① 对基尼系数的分解可以考察不同收入来源对总基尼系数的贡献度，以此分析影响收入差异程度的主要来源是结构性效应还是收入集中效应。本章应用费·兰尼斯（Fei-Rains）的基尼系数分解法，分析收入来源对收入差距的影响。

4. 2011 年省内差异对总体收入差异的影响下降。用泰尔指数①将农村居民内部总体收入分配差距分解为省内差距和省间差距，结果显示，省内差异对总体差异形成的影响在 2002 ~ 2010 年逐年上升，但 2011 年下降；省间差异对总体差异形成的影响较小且在 2002 ~ 2010 年逐年下降，但 2011 年提高。2011 年省内差异对总体差异形成的贡献率为 79.4%，比 2010 年缩小 2.8 个百分点，但比 2002 年仍提高了 1.8 个百分点；2011 年省间差异对总体差异形成的贡献率为 20.6%，比 2010 年提高 2.8 个百分点，但比 2002 年缩小了 1.8 个百分点。

表 3 – 4　　　　农村居民收入差距的地区间和地区内分解

年份	农村个人收入差距分解			对总体收入差距的贡献率（%）	
	农村内部总体收入差距	省间差异	省内差异	省间差异贡献率（%）	省内差异贡献率（%）
2002	0.2347	0.0525	0.1821	22.4	77.6
2010	0.2431	0.0433	0.1998	17.8	82.2
2011	0.2470	0.0509	0.1961	20.6	79.4

5. 2011 年东、中、西②区域内差异对总体收入差异的影响下降。用泰尔指数将农村居民内部总体收入分配差距分解为区域之间的收入差距和区域内部的收入差距。结果显示，农村居民收入分配差距的 80% 以上来自区域内差异的影响，区域内收入差距在 2002 ~ 2010 年间有所扩大，但在 2011 年有所下降；区域间收入差距在 2002 ~ 2010 年间有所缩小，但在 2011 年则有所扩大。2011 年农村东、中、西部区域内部收入差距对总体收入差距的贡献率为 86.6%，比 2010 年缩小 1.7 个百分点，比 2002 年扩大 3.2 个百分点；与此相反，2011 年农村东、中、西部区域间收入差距对总体收入差距的贡献率为 13.4%，比 2010 年扩大 1.7 个百分点，比 2002 年缩小 3.2 个百分点。

①　泰尔（Theil）指数是与基尼系数类似的另一个常用来衡量收入差距程度的指标。泰尔指数又称泰尔熵，最早是由泰尔于 1967 年首先提出。泰尔指数的含义有三方面：一是泰尔指数越大，差距越大。二是比较组间差距和组内差距占总差距的比重，分析差距构成。三是比较不同年份的组间差距和组内差距，观察差距的变化情况。

②　这里的东中西部地区划分标准为：东部地区包括北京、天津、河北、辽宁、上海、江苏、浙江、福建、山东、广东、海南；中部地区包括山西、吉林、黑龙江、安徽、江西、河南、湖北、湖南；西部地区包括内蒙古、广西、重庆、四川、贵州、云南、西藏、陕西、甘肃、青海、宁夏、新疆。

　　从区域内收入差距的东、中、西部地区看，2002～2011 年，东部地区和西部地区农村居民内部收入分配差距值在 2002～2011 年间均有不同程度缩小；中部地区农村居民内部收入分配差距在 2002～2010 年间有所扩大，但在 2011 年则有所缩小。

　　2011 年东部地区农村居民内部收入分配差距对总体收入分配差距的贡献率为 32.9%，比 2010 年扩大 0.1 个百分点，比 2002 年缩小 0.6 个百分点；中部地区 2011 年为 25.6%，比 2010 年缩小 1.5 个百分点，比 2002 年扩大 3.1 个百分点；西部地区 2011 年为 28.2%，比 2010 年缩小 0.2 个百分点，比 2002 年扩大 0.8 个百分点。

表 3 - 5　　　　　农村居民收入分配区域差距泰尔指数分解结果

年份	总体收入分配差距	区域间收入差距	区域内收入差距	其中		
				东部地区	中部地区	西部地区
2002	0.2347	0.0390	0.1957	0.0786	0.0528	0.0643
2010	0.2431	0.0283	0.2148	0.0798	0.0660	0.0691
2011	0.2470	0.0330	0.2140	0.0812	0.0631	0.0696
对总体差距的贡献率（%）						
2002	100.0	16.6	83.4	33.5	22.5	27.4
2010	100.0	11.6	88.4	32.8	27.1	28.4
2011	100.0	13.4	86.6	32.9	25.6	28.2

（二）农村居民收入差距扩大的原因

　　1. 家庭经营收入的均衡收入作用明显弱化。对基尼集中度①的测算表明，2002～2011 年，农村居民家庭经营收入的均衡收入作用明显弱化，工资性收入和转移性收入的扩大差距的作用下降。一方面，农村居民家庭经营收入的基尼集中度 2011 年为 0.98，比 2010 年提高 0.02，比 2002 年提高 0.13，说明家庭经营收入在均衡收入方面的作用弱化，这主要是由于农户家庭经营收入的来源结构差异扩大，经营收入水平的差异扩大所致。另一方面，工资性收入的基尼集中度 2011 年为 1，比 2010 年下降 0.03，比 2002 年下降 0.16；转移性收入的基尼集中度 2011 年为 0.94，

_____

　　① 基尼集中度（率）的计算方法类似于基尼系数分解，只是排序的基础不同，基尼集中度按总的收入高低排序，基尼系数分解则按分项收入本身的大小排序，基尼集中度主要用来测算分项收入对总差距的贡献，基尼系数分解用于表示分项收入本身的差距。

比2010年下降0.01，比2002年下降0.38，说明工资性收入和转移性收入来源已经由2002年的扩大差距作用下降到基本不起作用，对农村居民内部总体收入分配差距的影响明显下降。

2. 财产性收入对收入差距扩大的影响仍然比较明显。由表3－6可见，财产性收入对农村居民收入分配仍然起着扩大差异、拉大差距的作用，仍是2002～2011年农村居民收入分配差距扩大的重要影响因素。2011年财产性收入的基尼集中度为1.36，比2002年缩小了0.25，虽然在扩大分配差距方面的影响作用在下降，但仍然是目前农村居民收入分配差距扩大的最大影响因素。

表3－6　　　　　收入来源对农村居民内部总体收入分配差距的影响

年份	2002	2010	2011
纯收入	1.00	1.00	1.00
1. 工资性收入	1.16	1.03	1.00
2. 家庭经营纯收入	0.85	0.96	0.98
3. 财产性收入	1.61	1.35	1.36
4. 转移性收入	1.32	0.93	0.94

3. 近10年缩小地区差距的政策影响因素有利于区域间收入差距缩小。从地区差距看，近10年，区域内收入差距在2002～2010年间有所扩大，主要是长期以来历史发展的影响作用；区域间收入差距在2002～2010年间缩小，主要有这些年缩小地区差距的政策因素作用。但2011年区域内收入差距和区域间收入差距与2002～2010年比较的反向变化，主要是2011年因部分农产品价格急跌和化肥等生产资料价格上涨等特殊原因影响所致。

四、政策建议

（一）高度重视农村居民收入分配差距扩大问题，确保农村社会的稳定与和谐

近10年，反映农村居民收入分配状况的基尼系数扩大趋势比前10年

有所放缓，高、低收入组农户消费比值有所缩小，农业户与非农业户收入差距也在缩小，反映出收入分配改革取得了一定成效，但农村居民收入分配差距仍在扩大且存在各种不确定因素，如农村居民收入的基尼系数在2011年比2010年有所回升；高、低收入组农户的收入2011年也比2010年有所扩大，尽管导致这种状况的出现有特殊原因，但整体看收入分配不合理差距大的格局并未根本改变，因此应继续高度关注农村居民收入分配差距扩大问题，不断推进收入分配制度改革，以确保农村社会乃至全社会的稳定与和谐。

（二）继续加大再分配相关手段调节收入分配差距

近10年，由于农户家庭经营收入的来源结构差异扩大，经营收入水平的差异扩大，家庭经营收入对农村居民收入差距形成主体影响因素的作用在明显降低；工资性收入、财产性收入对收入差距形成的影响较为平稳；转移性收入对收入差距的影响略有提高。因此，继续加大再分配手段的相关调控力度来调节收入分配差距是非常必要的。

（三）关注影响农村居民收入的地区内部均衡发展

从农村居民收入的区域差距构成看，近10年省内差异对总体差异形成的影响逐年上升，省间差异对总体差异形成的影响则逐年下降。分东、中、西部地区看，近10年，东部地区农村居民内部收入分配差距有所缩小，中西部地区农村居民内部收入分配差距则有所扩大。因此，在采取有效措施缩小地区间差距的同时，也应关注地区内的均衡发展。[①]

（国家统计局住户调查办公室　唐　平）

---

① 本章分析数据来源于中国国家统计局对全国31个省（自治区、直辖市）7.4万户（2011年前为6.8万户）农村住户抽样调查（2002～2011年）。所采用的基尼系数和泰尔指数定量分析是基于分户数据测算的。

若非特别说明，本章收入增长数据均未考虑价格因素影响。部分数据因四舍五入，存在与增长率有一定误差的情况。

附：

2011 年农民工监测报告

当前，农民工队伍不断壮大，已成为支撑我国工业化、城镇化发展的重要力量，为我国经济社会发展做出了重大贡献。与农民工有关的一系列问题也已成为社会各界关注的重点，各地各部门高度重视。本文利用 2011 年国家统计局对全国 31 个省（自治区、直辖市）7500 多个村和近 20 万农村劳动力的监测调查资料，对农民工总体规模、分布状况、就业、收入、居住、权益保障等基本情况做简要分析。

一、农民工总体规模

（一）农民工数量继续增长，总量达 25278 万人

据调查结果推算，2011 年全国农民工总量①达到 25278 万人，比上年增加 1055 万人，增长 4.4%。其中，外出农民工 15863 万人，增加 528 万人，增长 3.4%，住户中外出农民工 12584 万人，比上年增加 320 万人，增长 2.6%；举家外出农民工 3279 万人，增加 208 万人，增长 6.8%。本地农民工 9415 万人，增加 527 万人，增长 5.9%。

表 1	农民工数量			单位：万人
年份	2008	2009	2010	2011
农民工总量	22542	22978	24223	25278
1. 外出农民工	14041	14533	15335	15863
（1）住户中外出农民工	11182	11567	12264	12584
（2）举家外出农民工	2859	2966	3071	3279
2. 本地农民工	8501	8445	8888	9415

① 农民工数量包括年内外出从业 6 个月以上的外出农民工和本地非农从业 6 个月以上的本地农民工两部分。

（二）中西部地区农民工人数增长快于东部地区

从输出地看，东部地区农民工 10790 万人，比上年增加 323 万人，增长 3.1%，东部地区农民工占农民工总量的 42.7%；中部地区农民工 7942 万人，比上年增加 323 万人，增长 4.2%，中部地区农民工占农民工总量的 31.4%；西部地区农民工 6546 万人，比上年增加 409 万人，增长 6.7%，西部地区农民工占农民工总量的 25.9%。

表 2　　　　　按输出地分的农民工地区构成　　　　单位：%

	2010 年			2011 年		
	东部	中部	西部	东部	中部	西部
农民工	43.2	31.5	25.3	42.7	31.4	25.9
1. 外出农民工	31.8	36.6	31.6	31.6	36.6	31.8
2. 本地农民工	62.9	22.5	14.6	61.4	22.7	15.9

二、农民工流向及就业地域分布

（一）在中西部地区务工的农民工增长较快，中西部地区对农民工的吸纳能力进一步增强

从农民工的就业地区[①]来看，2011 年在东部地区务工的农民工 16537 万人，比上年增加 324 万人，增长 2%，占农民工总量的 65.4%，比上年降低 1.5 个百分点；在中部地区务工的农民工 4438 万人，比上年增加 334 万人，增长 8.1%，占农民工总量的 17.6%，比上年提高 0.7 个百分点；在西部地区务工的农民工 4215 万人，比上年增加 370 万人，增长 9.6%，占农民工总量的 16.7%，比上年提高 0.8 个百分点。分省看，就业地区主要分布在广东、浙江、江苏、山东等省，这 4 个省吸纳的农民工占全国农民工总数的近一半。

---

① 农民工的就业地区分布，除东部、中部和西部地区外，另有 0.3% 的外出农民工在港澳台地区及国外从业。

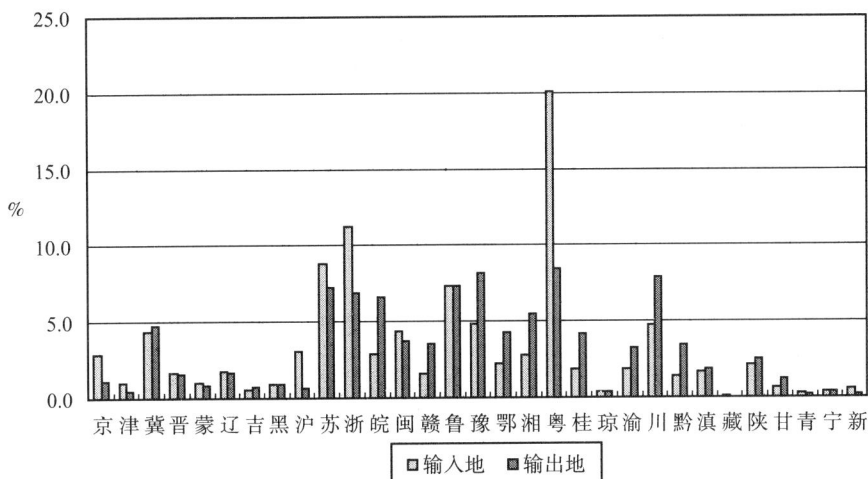

图1 2011 年农民工在输入地与输出地的分布

（二）在长三角和珠三角地区务工的农民工比重继续下降

在长三角地区务工的农民工为 5828 万人，比上年增加 18 万人，增长 0.3%，在珠三角地区务工的农民工为 5072 万人，比上年增加 7.4 万人，增长 0.1%，在长三角和珠三角地区务工的农民工增加数量和增幅均明显低于上年水平。在长三角和珠三角地区务工的农民工分别占全国农民工的 23.1% 和 20.1%，分别比上年下降 0.9 和 0.8 个百分点。随着中西部地区的快速发展，东中西部地区农民工工资水平趋同，长三角和珠三角地区对农民工的就业吸引力在逐步下降。

（三）跨省外出的农民工数量减少，农民工以跨省外出为主的格局改变

在外出农民工中，在省内务工的农民工 8390 万人，比上年增加 772 万人，增长 10.1%，占外出农民工总量的 52.9%；在省外务工的农民工 7473 万人，比上年减少 244 万人，下降 3.2%，占外出农民工总量的 47.1%。在省内务工的比重比上年上升 3.2 个百分点。2011 年，去省外务工人数减少，改变了多年来跨省外出农民工比重大于省内务工比重的格局。

表3　　　不同地区外出农民工在省内外务工的分布　　　单位：%

地区	2011 年		2010 年	
	省内	省外	省内	省外
全国	52.9	47.1	49.7	50.3

地区	2011 年		2010 年	
	省内	省外	省内	省外
东部地区	83.4	16.6	80.3	19.7
中部地区	32.8	67.2	30.9	69.1
西部地区	43.0	57.0	43.1	56.9

（四）外出农民工仍主要流向地级以上大中城市

从外出农民工就业的地点看，在直辖市务工的占 10.3%，在省会城市务工的占 20.5%，在地级市务工的占 33.9%，在地级以上大中城市务工的农民工比上年提高 1.7 个百分点。

三、农民工个人基本情况

（一）农民工以男性为主，年长农民工比重逐年增加

分性别看，男性农民工占 65.9%，女性占 34.1%；分年龄段看，农民工以青壮年为主，16～20 岁占 6.3%，21～30 岁占 32.7%，31～40 岁占 22.7%，41～50 岁占 24%，50 岁以上的农民工占 14.3%。调查资料显示，40 岁以上农民工所占比重逐年上升，由 2008 年的 30% 上升到 2011 年的 38.3%，三年中农民工平均年龄也由 34 岁上升到 36 岁。尽管每年农村新增劳动力主要会加入到农民工的行列中，但农民工年龄结构的变化，也说明农民工的"无限供给"状况在改变。

（二）年龄和家庭对农民工的空间流动有很大的影响

农民工中已婚者占 73.4%，其中，本地农民工已婚者占 90.2%，远高于外出农民工已婚者 58.2% 的比例，这主要是由于本地农民工平均年龄高出外出农民工 12 岁，本地农民工中 40 岁以上的占 60.4%，而外出农民工 40 岁以上仅占 18.2%。这反映了已婚、年纪较大的农民工更倾向于就近就地转移，大龄农民工不仅外出缺少竞争力，而且需要照顾家庭，这使得他们的外出积极性减弱。

（三）农民工以初中文化程度为主，青年农民工和外出农民工文化程度相对较高

在农民工中，文盲占 1.5%，小学文化程度占 14.4%，初中文化程度

占61.1%，高中文化程度占13.2%，中专及以上文化程度占9.8%。外出农民工和年轻农民工中初中及以上文化程度分别占88.4%和93.8%。外出农民工的受教育水平明显高于本地农民工，青年农民工的受教育水平最高，也是最具潜力的农民工群体。

表4　　　　　2011年农民工的文化程度构成　　　　单位：%

	全部农民工	本地农民工	外出农民工	30岁以下青年农民工
不识字或识字很少	1.5	2.1	0.9	0.3
小学	14.4	18.4	10.7	5.9
初中	61.1	59.0	62.9	59.8
高中	13.2	13.9	12.7	14.5
中专	4.5	3.2	5.8	8.6
大专及以上	5.3	3.4	7.0	10.9

（四）没有参加过任何技能培训的农民工占多数，青年农民工更倾向参加非农职业技能培训

在农民工中，接受过农业技术培训的占10.5%，接受过非农职业技能培训的占26.2%，既没有参加农业技术培训也没有参加非农职业技能培训的农民工占68.8%。青年农民工接受非农职业技能培训的比例要高于年长的农民工；与此相反，年长的农民工接受农业技术培训的比例要高于青年农民工，年龄层次越低，接受农业技术培训的比例也越低，这说明青年农民工正逐渐丧失从事农业生产的技能。

四、农民工就业情况

（一）农民工从业仍以制造业、建筑业和服务业为主，从事建筑业的比重明显提高

在农民工中，从事制造业的比重最大，占36%，其次是建筑业占17.7%，服务业占12.2%，批发零售业占10.1%，交通运输仓储和邮政业占6.6%，住宿餐饮业占5.3%。从近几年调查数据看，变化较明显的是建筑业，农民工从事建筑业的比重在逐年递增，从2008年的13.8%上升到17.7%，从事制造业的比重则趋于下降。

表5　　　　　　　　农民工从事的主要行业分布　　　　　单位：%

年份	2008	2009	2010	2011
制造业	37.2	36.1	36.7	36
建筑业	13.8	15.2	16.1	17.7
交通运输、仓储和邮政业	6.4	6.8	6.9	6.6
批发零售业	9.0	10.0	10.0	10.1
住宿餐饮业	5.5	6.0	6.0	5.3
居民服务和其他服务业	12.2	12.7	12.7	12.2

（二）在东部地区务工的农民工以制造业为主，但比重下降

从农民工的从业地区看，在东部地区务工的农民工以从事制造业为主，占44.8%，比上年下降1.4个百分点，中、西部地区制造业比重分别为23%和15.4%，比上年上升0.6和0.4个百分点。随着我国产业结构升级、劳动密集产业从东部向中西部转移，农民工在不同地区就业结构将继续发生变化。

表6　　　　　　农民工在不同地区从事的主要行业分布　　　　　单位：%

	全国	东部地区	中部地区	西部地区
制造业	36.0	44.8	23.0	15.4
建筑业	17.7	13.4	24.7	27.4
交通运输、仓储和邮政业	6.6	5.5	8.1	9.3
批发零售业	10.1	8.7	13.1	12.5
住宿餐饮业	5.3	4.5	5.9	7.3
居民服务和其他服务业	12.2	12.3	11.4	12.2

（三）受雇人员的增长快于自营人员的增长，自营比重下降

在外出农民工中，受雇人员占94.8%，自营人员占5.2%；在本地农民工中，受雇人员占71.9%，自营人员占28.1%。自营人员主要从事批发零售业，占39.2%；其次是从事交通运输业仓储和邮政业，占17.8%。近几年，外出农民工和本地农民工中自营人员所占比重均呈下降趋势，

2011 年，本地受雇人员和外出受雇人员分别比上年增长 9.4% 和 4.4%，本地自营和外出自营分别比上年减少 2.1% 和 11.8%。

（四）农民工就业稳定性随年龄增长逐步显现

在外出农民工中，初次外出的平均年龄为 26.7 岁。从事现职的平均时间为 2.7 年，从事现职累计不满 1 年的占 22.7%，1～2 年的占 43.1%，3～5 年的占 20.9%，5 年以上的占 13.3%。从不同年龄组来看，16～20 岁年龄组中从事现职 5 年以上的占 1.3%，21～30 岁的占 7.6%，31～40 岁的占 22.3%，41～50 岁的占 24.5%，50 岁以上的占 21.9%，说明随着年龄的增长，就业的稳定性也提高。从从事的工作种类看，企业管理人员、个体经营人员、专业技术人员现职累计时间在 5 年以上的比重要明显高于服务业人员和生产、运输设备操作人员。

五、农民工收入情况

（一）农民工收入显著增长，东部地区和中、西部地区农民工收入差距缩小

2011 年，外出农民工月均收入 2049 元，比上年增加 359 元，增长 21.2%。分地区看，在东部地区务工的农民工月均收入 2053 元，比上年增加 357 元，增长 21%；在中部地区务工的农民工月均收入 2006 元，比上年增加 374 元，增长 22.9%；在西部地区务工的农民工月均收入 1990 元，比上年增加 347 元，增长 21.1%。近两年外出农民工的收入增速加快，中、西部地区的增幅高于东部地区，东部和中、西部地区的收入差距缩小。

（二）本地农民工与外出农民工、受雇人员和自营人员的收入差异明显

在外出农民工中，受雇人员月均收入 2015 元，比上年增加 360 元，增长 21.8%；自营人员月均收入 2684 元，比上年增加 458 元，增长 20.6%，受雇人员比自营人员收入低 669 元。对比本地务工与外出务工的收入情况，在本地受雇的农民工月均收入比外出受雇的低 261 元。调查数据显示，外出农民工收入高于本地农民工的收入，自营人员的收入高于受

雇人员的收入。

（三）在大中城市务工的农民工收入水平相对较高

从外出农民工的从业地点看，在直辖市务工的农民工月均收入 2302 元，在省会城市务工的农民工月均收入 2041 元，在地级市、县级市和建制镇务工的农民工月均收入分别为 2011 元、1982 元和 1961 元。从不同地区务工收入的增幅来看，在直辖市务工的收入增幅要快于平均水平。

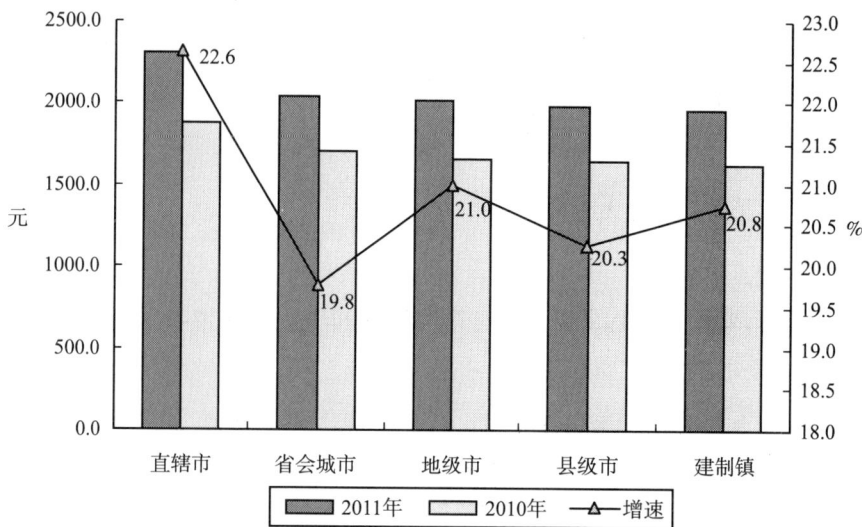

图2　不同务工地区收入水平及收入增长情况

（四）不同行业收入水平差别较大，交通运输仓储和邮政业、建筑业和制造业收入增幅高于平均水平

从农民工从事的主要行业看，收入水平较高的是交通运输仓储邮政业和建筑业的农民工，月均收入分别为 2485 元和 2382 元；收入较低的分别是住宿餐饮业、服务业和制造业的农民工，月均收入分别为 1807 元、1826 元和 1920 元。从收入增幅看，增幅高于各行业平均水平的是交通运输仓储邮政业、建筑业和制造业，住宿餐饮业、服务业和批发零售业收入增幅低于平均水平。

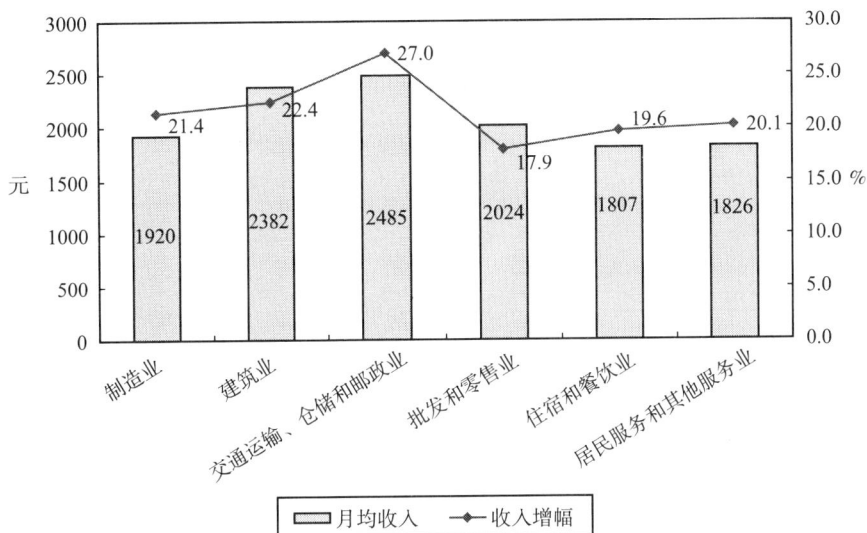

图3　不同行业月均收入水平及增幅

六、外出农民工居住情况

（一）外出农民工是以雇主或单位提供住宿为主

以受雇形式从业的农民工，由雇主或单位提供宿舍的占32.4%，在工地或工棚居住的占10.2%，在生产经营场所居住的占5.9%，与他人合租住房的占19.3%，独立租赁住房的占14.3%，有13.2%的外出农民工在乡镇以外从业但每天回家居住，仅有0.7%的外出农民工在务工地自购房。分地区看，在东部地区务工的农民工居住条件要好于中西部地区，在工地、工棚及生产经营场所居住的比例要明显低于中西部地区。从近几年农民工居住情况的变化看，在单位宿舍和生产经营场所居住的比例呈下降趋势，而与他人合租住房、乡外从业回家居住的比例呈上升态势。

表7　　　　　外出农民工在不同地区务工的住宿情况　　　单位：%

	全国	东部地区	中部地区	西部地区
单位宿舍	32.4	35.2	28.9	24.0
工地工棚	10.2	7.4	15.6	16.8

续表

	全国	东部地区	中部地区	西部地区
生产经营场所	5.9	5.2	7.3	7.5
与他人合租住房	19.3	20.9	14.5	16.8
独立租赁住房	14.3	14.2	12.4	16.3
务工地自购房	0.7	0.6	0.8	1.0
乡外从业回家居住	13.2	13.2	15.2	11.5
其他	4.0	3.3	5.3	6.1

（二）四成外出农民工的雇主或单位不提供住宿也没有住房补贴

从外出受雇农民工的居住负担看，49.9%的农民工由雇主或单位提供免费住宿；8.8%的农民工雇主或单位不提供住宿，但有住房补贴；41.3%的农民工雇主或单位不提供住宿也没有住房补贴。雇主或单位不提供住宿的农民工每人月均居住支出335元，占其月均收入的16%。

七、外出农民工权益保障情况

（一）拖欠工资状况继续改善

外出受雇农民工，被雇主或单位拖欠工资的占0.8%，比上年下降了0.6个百分点。被拖欠工资的外出农民工主要还是集中在建筑业和制造业，建筑业农民工被拖欠工资的占1.9%。从近几年调查数据看，被雇主或单位拖欠工资的农民工比例逐年下降，2008～2011年分别为4.1%、1.8%、1.4%和0.8%，解决和遏制农民工工资拖欠的一系列政策措施，取得明显成效。

（二）外出农民工劳动时间偏长的情况有所改善

2011年外出农民工平均在外从业时间是9.8个月，平均每个月工作25.4天，每天工作8.8小时。每周工作超过5天的占83.5%，每天工作超过8小时的占42.4%，32.2%的农民工每天工作10小时以上，与上年相比，尽管外出农民工劳动时间偏长的情况略有改善，但是每周工作时间超过劳动法规定的44小时的农民工仍高达84.5%。

表 8　　　　　　　　　　外出农民工劳动时间

年份	2011	2010
全年外出从业时间（月）	9.8	9.8
平均每月工作时间（天）	25.4	26.2
平均每天工作时间（小时）	8.8	9.0
每周工作时间超过 5 天比重（%）	83.5	86.4
每天工作时间超过 8 小时的比重（%）	42.4	49.3
每周工作时间超过 44 小时的比重（%）	84.5	90.7

（三）农民工签订劳动合同的比例略有提高，仍有一半以上农民工没有签订劳动合同

外出受雇农民工与雇主或单位签订劳动合同的占 43.8%，比上年提高 1.8 个百分点。分行业看，从事建筑业的农民工没有签订劳动合同的比例最高，占 73.6%，从事制造业的占 49.6%，从事服务业的占 61.4%，从事住宿餐饮业和批发零售业的分别占 64.6% 和 60.9%。总体看，外出农民工与雇主或单位签订劳动合同的比例与上年相比略有提高，但是建筑业农民工没有签订劳动合同的比例仍居高不下。

（四）外出农民工参加社会保险的水平有所提高，但总体仍然较低，中西部地区农民工参保比例明显低于东部地区

雇主或单位为农民工缴纳养老保险、工伤保险、医疗保险、失业保险和生育保险的比例分别为 13.9%、23.6%、16.7%、8% 和 5.6%，除工伤保险比上年略减外，养老保险、医疗保险、失业保险和生育保险的比例分别比上年提高 4.4、2.4、3.1 和 2.7 个百分点。从输入地看，不同地区的农民工社会保障状况差异仍较大，中西部地区的农民工参保比例比较接近，落后于在东部地区务工的农民工，2011 年东部地区各项保险参保率进展明显，与中西部地区差距扩大。东部地区养老保险、医疗保险、失业保险和生育保险的比例分别比上年提高 5.5、3.2、3.8 和 3.2 个百分点。

（五）不同行业农民工的社会保障水平差异较大，建筑业、住宿餐饮业农民工的社会保障状况仍需重点关注

从主要行业看，制造业、批发零售业、交通运输仓储和邮政业的参保情况相对较好，交通运输仓储和邮政业、批发零售业、服务业参保率进展

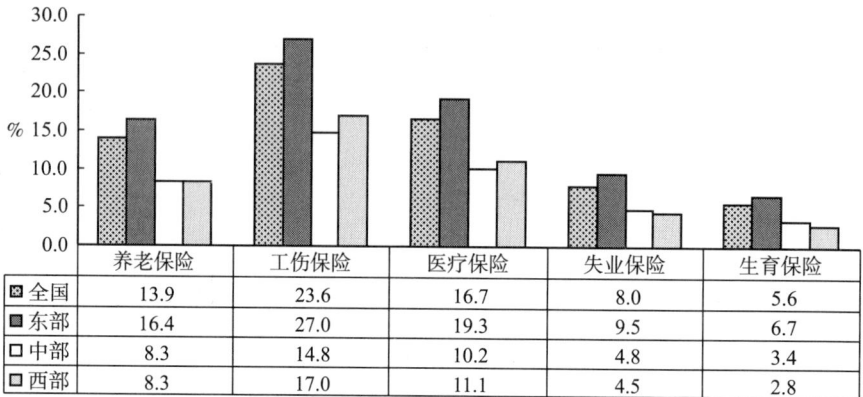

	养老保险	工伤保险	医疗保险	失业保险	生育保险
全国	13.9	23.6	16.7	8.0	5.6
东部	16.4	27.0	19.3	9.5	6.7
中部	8.3	14.8	10.2	4.8	3.4
西部	8.3	17.0	11.1	4.5	2.8

图4　农民工在不同地区务工参加社会保障的比例

明显。需重点关注的仍是建筑行业、住宿餐饮业的农民工，雇主或单位为其缴纳各项保险的比例显著低于其他行业。

表9　　　　　　不同行业农民工参加社会保障的比例　　　　单位：%

行业	养老保险	工伤保险	医疗保险	失业保险	生育保险
制造业	14.1	28.0	17.8	7.5	4.8
建筑业	4.3	14.1	6.4	2.2	1.6
交通运输、仓储和邮政业	24.4	32.6	27.7	15.1	10.4
批发和零售业	15.1	17.7	16.3	9.6	7.7
住宿和餐饮业	7.3	11.8	9.0	3.8	2.5
居民服务和其他服务业	12.4	16.4	13.7	6.4	4.5

八、小结

综上所述，对2011年农民工总体规模、基本特征、流向分布、就业情况、收入和居住情况、权益及社会保障等方面的调查分析结果小结如下：

（1）农民工总量继续扩大，中西部地区农村劳动力将是今后劳动力转移的主体。中西部地区农民工数量增长快于东部地区，这是近两年农民工增长变化的一个特点。从调查数据看，东部地区农村劳动力中农民工已占52.8%，中部和西部地区分别为35.6%和27.3%，这说明中西部地区农村劳动力转移的潜力要大于东部地区。应针对不同区域的转移潜力，确定农村劳动力转移就业的工作重点，做出相应的政策调整。

（2）在中西部地区务工的农民工增长快于东部地区，农民工的流动格局发生了显著变化。近几年，由于中西部地区的经济快速发展，劳动密集型产业从东部向中西部转移，为劳动力提供了越来越多的就业机会，中西部地区的农民工在本乡和省内务工的人数均增加较快，农民工流动呈现出就近就地转移加快的趋势。2011 年跨省外出的农民工数量减少，改变了多年来跨省外出农民工比重大于省内务工比重的格局。

（3）农民工的平均年龄逐年上升，农民工年龄结构向"高龄化"转变，说明农民工"无限供给"的情况已在改变。本地农民工平均年龄高出外出农民工 12 岁，这反映了年龄和家庭对农民工的空间流动有很大的影响，年纪较大的已婚农民工更倾向于就近就地转移，大龄农民工外出缺少竞争力，而且需要照顾家庭，他们的外出积极性减弱。

（4）没有参加过任何技能培训的农民工仍占多数，青年农民工更倾向参加非农职业技能培训。年长的农民工接受过农业技术培训的比例要高于青年农民工，年龄层次越低，接受农业技术培训的比例也越低，这说明青年农民工正逐渐丧失从事农业生产的技能。

（5）农民工仍以从事制造业、建筑业和服务业为主。从近几年看，农民工从事建筑业的比重在逐年递增，而从事制造业的比重则趋于下降。分地区看，在东部地区务工的农民工以从事制造业为主，中、西部地区务工的农民工以从事建筑业为主。但东部地区的制造业比重下降，中、西部地区制造业比重上升。随着我国产业结构升级、劳动密集产业从东部向中西部转移，农民工在不同地域的就业结构将继续发生变化。

（6）农民工收入显著增长，东部地区和中、西部地区农民工收入差距缩小。外出农民工的收入高于本地农民工的收入，自营人员的收入高于受雇人员的收入。在大中城市务工的农民工收入水平相对较高，直辖市收入增幅较快。不同行业收入水平差别较大，交通运输仓储邮政业、建筑业和制造业收入增幅高于平均水平，而住宿餐饮业和服务业及批发零售业收入增幅低于平均水平。

（7）外出农民工的住宿是以雇主或单位提供住宿为主。从近几年农民工居住情况的变化看，在单位宿舍和生产经营场所居住的比例呈下降趋势，而与他人合租住房、乡外从业回家居住的比例呈上升态势。

（8）农民工的权益保障正逐渐改进。维护农民工劳动报酬权益已取得明显成效，拖欠工资状况有所改善。农民工劳动时间偏长的问题有所改观，但每周工作时间超过劳动法规定的 44 小时的外出农民工仍高达 84.5%。农民工签订劳动合同的比例略有提高，但仍有一半以上农民工没有签订劳动合同，建筑业农民工没有签订劳动合同的比例仍居高不下。

（9）外出农民工参加社会保险的水平有所提高，但总体仍然较低。中西部地区农民工参保比例明显低于东部地区，差距继续扩大。不同行业农民工的社会保障水平差异较大，制造业、批发零售业、交通运输仓储和邮政业的参保情况相对较好，交通运输仓储和邮政业、批发零售业、服务业参保率进展明显。建筑业、住宿餐饮业农民工的社会保障状况仍需重点关注。

（10）东部地区用工紧张将成常态化。首先，东部地区缺少劳动力供给，东部地区农村劳动力中农民工已超过半数，而没有非农转移的劳动力中 70% 年龄在 40 岁以上，继续转移的潜力已不大；其次，随着农民工在不同区域务工收入的趋同，东部地区对中西部地区农民工的吸引力正在逐渐丧失，在中西部就业机会增加的情况下，农民工更倾向选择就地就近就业。

（国家统计局住户调查办公室　彭丽荃）

第四章

2011 年地区间居民收入分配状况

　　2011 年，面对复杂严峻的国内外环境，中国政府坚持以科学发展为主题、以加快转变经济发展方式为主线，全面贯彻落实加强和改善宏观调控的各项政策措施，国民经济保持平稳较快发展，各项社会事业取得新的进步，区域协调发展呈现出前所未有的崭新格局。各地区居民收入大幅度增加，地区间居民收入差距扩大的趋势出现缓解迹象。

一、各地区居民收入分配状况

（一）各地区城镇居民收入差距状况

　　1. 绝对差距及其变化。2011 年，各地区城镇居民人均可支配收入绝对差距和相对差距都有所扩大。城镇居民人均可支配收入最高的是上海，人均可支配收入为 36230.5 元，比 2010 年增加 4392.4 元，增长 13.8%；最低的是甘肃，人均可支配收入为 14988.7 元，比 2010 年增加 1800.2 元，增长 13.6%。2011 年，最高的和最低的收入绝对差距为 21241.8 元，比 2010 年增加 2592.3 元。从最高的和最低的收入之比看，2011 年为 2.42，比 2010 年的 2.41 增加了 0.01。从各地区的增长速度看，增长都在一成以上，增速最快的由天津变为海南，增速为 17.9%，天津增速仅快于广西，居倒数第二位。增速最慢的广西为 10.5%，增速快慢之比为 1.7∶1，比

2010 年的 1.55：1 又有所扩大。从各地区的增加额看，最高的上海为 4392.4 元，最低的青海为 1748.3 元，增加额高低相差 2644.1 元，比 2010 年增加 806.9 元（见表 4-1）。

表 4-1　　　　2011 年城镇居民人均可支配收入及排序

地区	2010 年（元）	2011 年（元）	增加额（元）	增长速度（%）	2009 年位次	2010 年位次	位次趋势
上海	31838.1	36230.5	4392.4	13.8	1	1	→
北京	29072.9	32903.0	3830.1	13.2	2	2	→
浙江	27359.0	30970.7	3611.7	13.2	3	3	→
天津	24292.6	26920.9	2628.3	10.8	4	4	→
广东	23897.8	26897.5	2999.7	12.6	5	5	→
江苏	22944.3	26340.7	3396.4	14.8	6	6	→
福建	21781.3	24907.4	3126.1	14.4	7	7	→
山东	19945.8	22791.8	2846.0	14.3	8	8	→
辽宁	17712.6	20466.8	2754.2	15.5	9	9	→
内蒙古	17698.2	20407.6	2709.5	15.3	10	10	→
重庆	17532.4	20249.7	2717.3	15.5	11	11	→
广西	17063.9	18854.1	1790.2	10.5	12	12	→
湖南	16565.7	18844.1	2278.4	13.8	13	13	→
安徽	15788.2	18606.1	2817.9	17.8	18	14	↑4
云南	16064.5	18575.6	2511.1	15.6	15	15	→
湖北	16058.4	18373.9	2315.5	14.4	16	16	→
海南	15581.1	18369.0	2788.0	17.9	21	17	↑4
河北	16263.4	18292.2	2028.8	12.5	14	18	↓4
陕西	15695.2	18245.1	2550.0	16.2	19	19	→
河南	15930.3	18194.8	2264.5	14.2	17	20	↓3
山西	15647.7	18123.9	2476.2	15.8	20	21	↓1
四川	15461.2	17899.1	2437.9	15.8	23	22	↑1
吉林	15411.5	17796.6	2385.1	15.5	24	23	↑1
宁夏	15344.5	17578.9	2234.4	14.6	25	24	↑1
江西	15481.1	17494.9	2013.8	13.0	22	25	↓3
贵州	14142.7	16495.0	2352.3	16.6	26	26	→
黑龙江	13856.5	15696.2	1839.7	13.3	27	27	→
青海	13855.0	15603.3	1748.3	12.6	28	28	→
新疆	13643.8	15513.6	1869.8	13.7	29	29	→
甘肃	13188.6	14988.7	1800.2	13.6	30	30	→

注：本表不含西藏，下同。箭头后的数字表示上升或下降的位次。

资料来源：《中国统计年鉴》2011 年、2012 年，中国统计出版社。

2. 相对差距及其变化。通过各地区收入的离散系数①变化（见图4－1）可以看出，地区间城镇居民人均可支配收入的离散系数在经历了2002～2005年不断攀升的阶段后，近年来呈逐步下降趋势，特别是2011年的离散系数出现陡降，达到近10年的最低点。表明最近几年，在城镇居民人均可支配收入快速增长的同时，地区间的相对差异程度不断缩小。

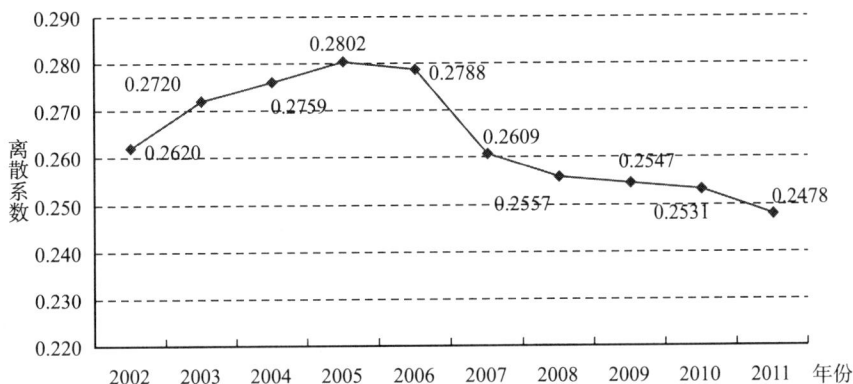

图4－1 地区间城镇居民人均可支配收入的
离散系数变化状况

3. 各地区城镇居民收入位次及其变化（见表4－1）。与2010年相比，2011年各地区城镇居民人均可支配收入的位次变化不大，21个地区位次没有变化，只有9个地区的位次发生变化，但9个地区中有三个地区位次变化了四位，如安徽由2010年的18位上升到14位，海南由21位上升到17位，显示了跨越式发展的趋势。位次提升一位的有四川、吉林、宁夏；位次下降最多的是河北，由2010年的14位下降到18位，河南和江西均下降了3位，山西下降了1位。

（二） 各地区农村居民收入差距状况

1. 绝对差距及其变化。2011年，各地区农村居民人均纯收入绝对差距进一步扩大。农村居民人均纯收入最高的是上海，人均纯收入为16053.8元，

---

① 离散系数描述了各地区相对于全国平均水平的分散程度，是标准差与平均数之比，离散系数越高，说明地区间的收入差距越大，反之，说明地区间的收入差距越小。

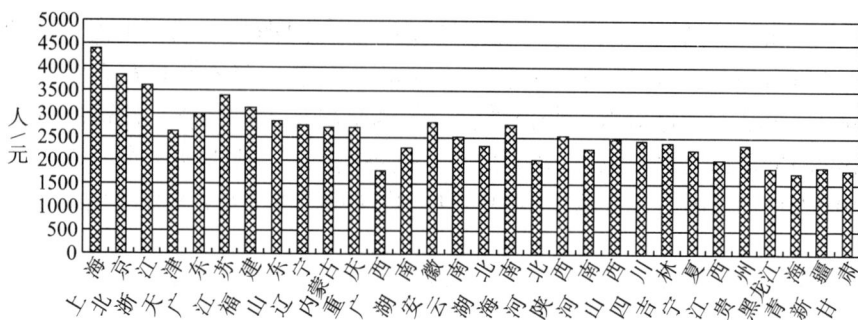

图 4 - 2　城镇居民人均可支配收入 2011 年比 2010 年的增加额

比 2010 年增加 2075.8 元，增长 14.9%，增速比上年加快 2.9 个百分点；最低的是甘肃，人均纯收入为 3909.4 元，比 2010 年增加 484.8 元，增长 14.2%，增速减缓 0.7 个百分点。2011 年，最高的和最低的收入绝对差距为 12144.4 元，比 2010 年增加 1591.1 元，增加额大于 2010 年的 1050.5 元，显示差距进一步扩大。从各地区的增长速度看，2011 年所有地区增速均超过 10%，有 9 个地区在 20% 以上。重庆增速居于首位，增速为 22.8%，最慢的北京为 11.1%，增速快慢之比为 2.05∶1。从各地区的增加额看，最高的上海为 2075.8 元，最低的甘肃为 484.8 元，增加额高低相差 975.8 元，比 2010 年减少 173.3 元（见表 4 - 2），表明地区间收入差距扩大的势头出现减缓迹象。

表 4 - 2　　　　　　　2011 年农村居民人均纯收入及排序

地区	2010 年（元）	2011 年（元）	增加额（元）	增长速度（%）	2010 年位次	2011 年位次	位次趋势
上海	13978.0	16053.8	2075.8	14.9	1	1	→
北京	13262.3	14735.7	1473.4	11.1	2	2	→
浙江	11302.6	13070.7	1768.2	15.6	3	3	→
天津	10074.9	12321.2	2246.3	22.3	4	4	→
江苏	9118.2	10805.0	1686.8	18.5	5	5	→
广东	7890.3	9371.7	1481.5	18.8	6	6	→
福建	7426.9	8778.6	1351.7	18.2	7	7	↗
山东	6990.3	8342.1	1351.8	19.3	8	8	→
辽宁	6907.9	8296.5	1388.6	20.1	9	9	→

续表

地区	2010 年（元）	2011 年（元）	增加额（元）	增长速度（%）	2010 年位次	2011 年位次	位次趋势
黑龙江	6210.7	7590.7	1380.0	22.2	11	10	↑1
吉林	6237.4	7510.0	1272.6	20.4	10	11	↓1
河北	5958.0	7119.7	1161.7	19.5	12	12	→
湖北	5832.3	6897.9	1065.6	18.3	13	13	→
江西	5788.6	6891.6	1103.0	19.1	14	14	→
内蒙古	5529.6	6641.6	1112.0	20.1	16	15	↑1
河南	5523.7	6604.0	1080.3	19.6	17	16	↑2
湖南	5622.0	6567.1	945.1	16.8	15	17	↓2
重庆	5276.7	6480.4	1203.7	22.8	19	18	↑1
海南	5275.4	6446.0	1170.6	22.2	20	19	↑2
安徽	5285.2	6232.2	947.0	17.9	18	20	↓2
四川	5086.9	6128.6	1041.7	20.5	21	21	→
山西	4736.3	5601.4	865.2	18.3	22	22	→
新疆	4642.7	5442.2	799.5	17.2	24	23	↑1
宁夏	4674.9	5410.0	735.1	15.7	23	24	↓1
广西	4543.4	5231.3	687.9	15.1	25	25	→
陕西	4105.0	5027.9	922.9	22.5	26	26	→
云南	3952.0	4722.0	770.0	19.5	27	27	→
青海	3862.7	4608.5	745.8	19.3	28	28	→
贵州	3471.9	4145.4	673.5	19.4	29	29	→
甘肃	3424.7	3909.4	484.8	14.2	30	30	→

资料来源：《中国统计年鉴》2012 年、2011 年，中国统计出版社。

2. 相对差距及其变化。从地区间农村居民人均纯收入的离散系数看，近年来地区间农村居民人均纯收入的分散程度在波动中呈下降趋势，2006年的离散系数达到近年的最高值，经过 2009 年的小幅波动后，2011 年达到近年来的最低值，说明 2011 年农村居民人均纯收入的相对差距呈缩小趋势（见图 4 - 3）。

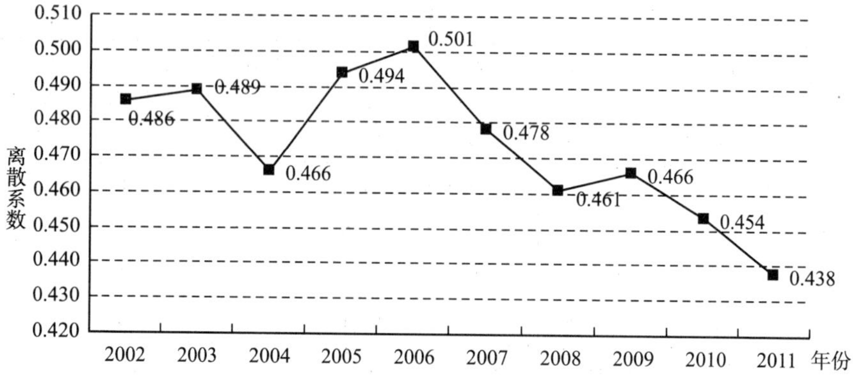

图4－3　地区间农村居民人均纯收入的离散系数变化状况

3. 各地区农村居民收入位次及其变化。2011 年 10 个地区农村居民人均纯收入的位次发生了变化，其余地区的位次未变化（见表4－2）。其中河南、海南位次分别上升两位，黑龙江、内蒙古、重庆、新建各上升一位，湖南、安徽分别下降两位，吉林、宁夏各下降一位。

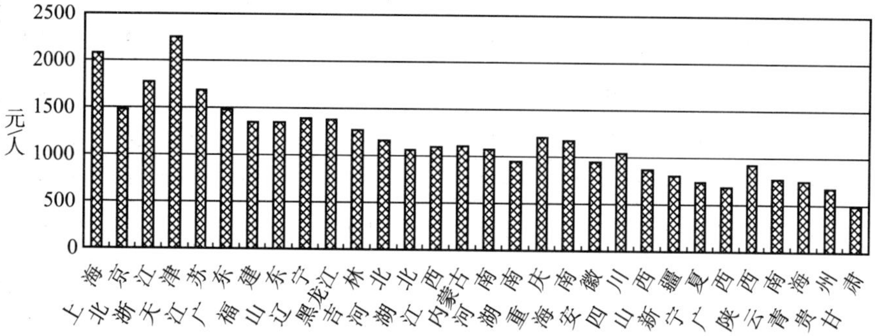

图4－4　农村居民人均纯收入 2011 年比 2010 年的增加额

（三）各地区城乡收入差距比较

1. 绝对差距继续扩大。2011 年只有 6 个地区"城乡收入差"在万元以下，其余 29 个地区差距都超过 1 万元，比 2009 年增加 5 个地区。最高的上海达 20176.7 元；收入差距最小的是黑龙江，为 8105.5 元。二者之间的绝对差距为 12071.2 元，比 2010 年扩大了 1856.9 元（见图4－5）。

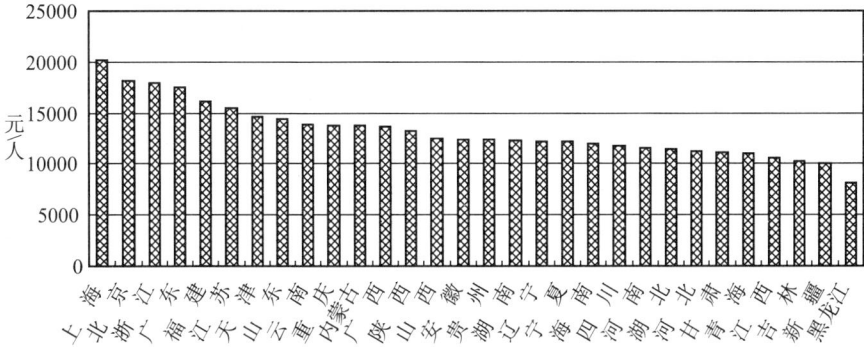

图 4 - 5　2011 年各地区城乡居民收入差距

2. 相对差距与收入水平负相关。与 2010 年相比，2011 年的城镇居民人均可支配收入与农村居民人均纯收入的比率，除北京和安徽外，其余 28 个地区均有所降低，表明各地区城乡收入差距有缩小趋势（见图 4 - 6）。城乡之间收入比率最高的贵州为 3.98，比率最低的黑龙江为 2.07。与 2010 年相同，2011 年该比率最高的 5 个地区依旧为广西、云南、贵州、陕西、甘肃；比率最低的 5 个地区依旧是北京、天津、黑龙江、上海、浙江。城乡之间收入比率的状况表明：越是收入较低的地区，城乡收入差距越大；收入较高的地区，城乡收入差距较小。

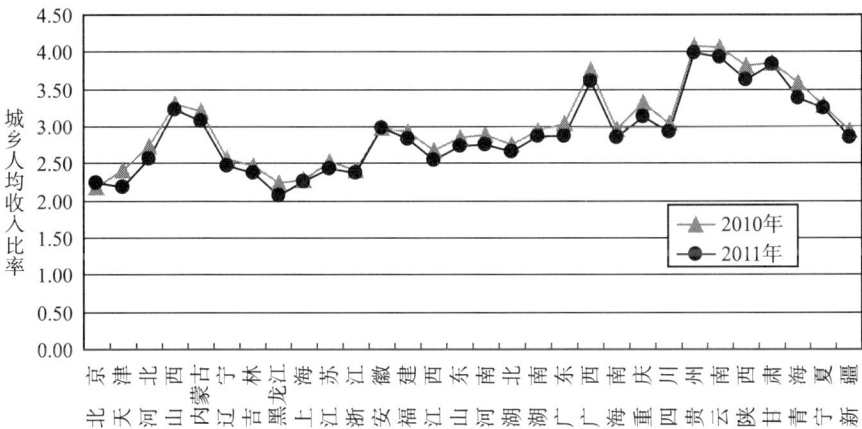

图 4 - 6　2010 ~ 2011 年城镇居民人均可支配收入与
农村居民人均纯收入的比率

　　比较分析城乡人均收入差距与城镇居民人均可支配收入和农村居民人均纯收入的关系，如图4－7、图4－8所示。分析结果显示，各地区城镇居民人均可支配收入与城乡收入差距之间的曲线相关关系不明显，但从散点图中也可看出，城镇收入高的地区，城乡居民收入差距较小。而各地区农村居民人均纯收入与城乡收入差距之间则存在较显著的曲线负相关关系，曲线拟合程度好于城镇居民。这表明，农村居民收入越低的地区，城乡收入差距越大。

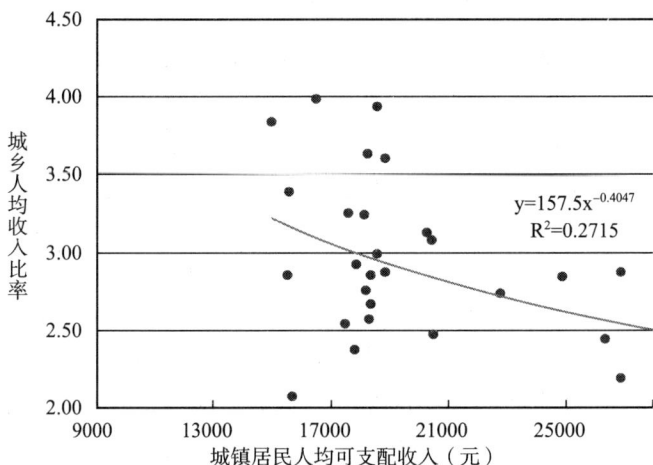

图4－7　2011 年城乡收入差距与城镇居民人均可支配收入的关系

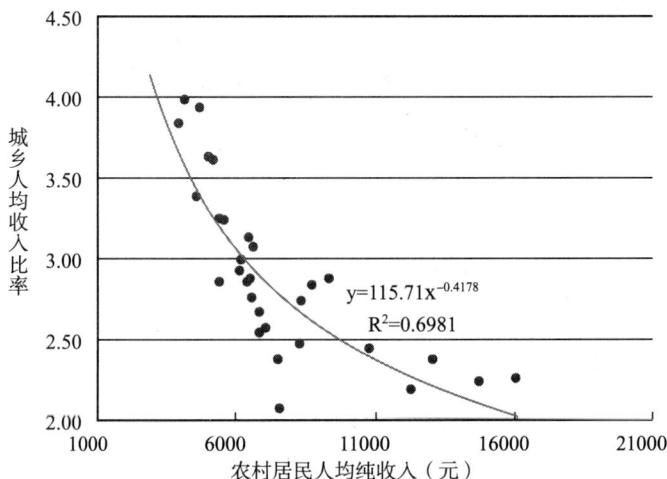

图4－8　2011 年城乡收入差距与农村居民人均纯收入的关系

　　图 4 - 1 显示近年来地区间城镇居民人均可支配收入的离散系数在
0.24 ~ 0.28 之间，图 4 - 3 显示近年来地区间农村居民人均纯收入的离散
系数在 0.43 ~ 0.48 之间，这表明地区间城镇居民人均可支配收入的差距
明显小于地区间农村居民人均纯收入的差距。

　　3. 城乡排位差异与上年相比有所改善。比较各地区城镇和农村收入
水平的排序情况，可以看出，大部分地区的城镇和农村居民收入排位存在
差异。其中，高收入地区的位次差别较小，中低收入地区的位次差别较大
（见表 4 - 3）。城镇和农村居民收入排位均相同的地区有 10 个，分别是上
海、北京、浙江、天津、福建、山东、辽宁、宁夏、青海和甘肃，比上年
减少 1 个地区。城镇和农村居民收入排位差距超过 10 个位次的地区有 4
个，分别是广西（城镇比农村排位超前 13 位）、云南（城镇比农村排位
超前 12 位）、吉林（农村比城镇排位超前 12 位）、江西（农村比城镇排
位超前 11 位）和黑龙江（农村比城镇排位超前 17 位），与 2010 年基本
相同；其余 16 个地区的排位变化均在 1 ~ 7 个位次。总体上看，2011 年
城镇和农村居民收入排位差异与上年相比有所改善。

表 4 - 3　　　　　　　2011 年城乡居民收入水平排序比较

地区	城镇居民收入水平排序	农村居民收入水平排序	城乡收入排位差
上海	1	1	0
北京	2	2	0
浙江	3	3	0
天津	4	4	0
广东	5	6	- 1
江苏	6	5	1
福建	7	7	0
山东	8	8	0
辽宁	9	9	0
内蒙古	10	15	- 5
重庆	11	18	- 7
广西	12	25	- 13
湖南	13	17	- 4
安徽	14	20	- 6
云南	15	27	- 12
湖北	16	13	3
海南	17	19	- 2

地区	城镇居民收入水平排序	农村居民收入水平排序	城乡收入排位差
河北	18	12	6
陕西	19	26	-7
河南	20	16	4
山西	21	22	-1
四川	22	21	1
吉林	23	11	12
宁夏	24	24	0
江西	25	14	11
贵州	26	29	-3
黑龙江	27	10	17
青海	28	28	0
新疆	29	23	6
甘肃	30	30	0

　　比较分析各地区城镇居民人均可支配收入与农村居民人均纯收入的关系，如图4-9所示。分析结果显示，各地区城乡之间的收入高度相关，近年来的相关系数稳定在0.95~0.96之间，在2007年和2008年连续两年各地区城乡收入的相关系数达到0.958，为近年的最高值，2009年基本上与前两年持平，2010年和2011年有所下降。表明各地区城镇居民人均可支配收入与农村居民人均纯收入的密切程度较高，地区因素对居民收入的影响较明显。

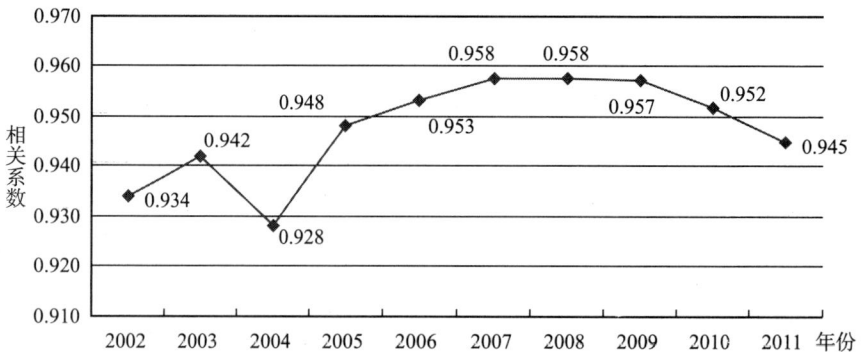

图4-9　地区间城乡居民收入相关系数的变化状况

二、东、中、西部及东北地区四大区域之间的居民收入比较

(一) 四大区域间城镇居民收入差距

2011 年，东部地区城镇居民人均可支配收入为 26406 元，比 2010 年增加 3133.2 元，增长 13.5%；中部地区城镇居民人均可支配收入为 18323.2 元，比 2010 年增加 2361.1 元，增长 14.8%；西部地区城镇居民人均可支配收入为 18159.4 元，比 2010 年增加 2352.9 元，增长 14.9%；东北地区城镇居民人均可支配收入为 18301.3 元，比 2010 年增加 2360.3 元，增长 14.8% (见表 4－4)。从绝对差距看，东部地区与中部地区的收入差距为 8082.9 元，比 2010 年扩大了 772.1 元；东部地区与西部地区的收入差距为 8246.6 元，比 2010 年扩大了 780.3 元；东部地区与东北地区的收入差距为 8104.7 元，比 2010 年扩大了 772.9 元。从相对差距看，2011 年东部、中部、东北部和西部地区城镇居民可支配收入的比值为 1.45：1.01：1.01：1 (以西部地区为 1，下同)，与 2010 年的比值基本相同。数据表明，2011 年东部地区城镇居民收入远高于其他三个区域，中部、西部和东北地区收入水平相仿。从增长速度看，东部地区比其他三大区域慢 1 个百分点左右，显示出东部地区与其他三个区域的收入绝对差距扩大的趋势有缓解迹象。

表 4－4　　　　四大区域城镇居民人均可支配收入比较

地区	2011 年 (元)	2010 年 (元)	增加额 (元)	2011 年增速 (%)
东部地区	26406.0	23272.8	3133.2	13.5
中部地区	18323.2	15962.0	2361.1	14.8
西部地区	18159.4	15806.5	2352.9	14.9
东北地区	18301.3	15941.0	2360.3	14.8

资料来源：《中国统计年鉴》2012 年、2011 年，中国统计出版社。

（二）四大区域间农村居民收入差距

2011 年，东部地区农村居民人均纯收入为 9585 元，比 2010 年增加 1442.2 元，增长 17.7%；中部地区农村居民人均纯收入为 6529.9 元，比 2010 年增加 1020.3 元，增长 18.5%；西部地区农村居民人均纯收入为 5246.8 元，比 2010 年增加 828.8 元，增长 18.8%；东北地区农村居民人均纯收入为 7790.6 元，比 2010 年增加 1356.1 元，增长 21.1%（见表 4 - 5）。从绝对差距看，东部地区与中部地区的收入差距为 3055.1 元，比 2010 年扩大了 421.9 元；东部地区与西部地区的收入差距为 4338.3 元，比 2010 年扩大了 613.4 元；东部地区与东北地区的收入差距最小，为 1794.4 元，比上年只扩大了 86.1 元。从相对差距看，2011 年东部、中部、东北和西部地区农村居民人均收入的比值为 1.83∶1.24∶1.48∶1（以西部地区为 1），与 2010 年的比值 1.84∶1.25∶1.46∶1 和 2009 年的比值 1.87∶1.26∶1.43∶1 相比，可以看出东部与其他三大地带农村收入差距有缩小迹象。

表 4 - 5　　　　　　四大区域农村居民人均纯收入比较

地区	2011 年（元）	2010 年（元）	增加额（元）	2011 年增速（%）
东部地区	9585.0	8142.8	1442.2	17.7
中部地区	6529.9	5509.6	1020.3	18.5
西部地区	5246.8	4417.9	828.8	18.8
东北地区	7790.6	6434.5	1356.1	21.1

资料来源：《中国统计年鉴》2012 年、2011 年，中国统计出版社。

数据显示，2011 年东部地区农村居民收入仍然大大高于其他三个区域。从增长速度看，农村居民收入增长最快的仍然是东北地区，最慢的是东部地区，二者增速相差 3.4 个百分点，表明欠发达和落后地区农民收入追赶发达地区的脚步正逐步加快。

三、按产业结构分组的城乡居民收入[①]比较

为分析产业结构对地区居民收入的影响，按产业结构的近似性进行地

---

① 分组的居民收入按各地区居民收入及人口数加权平均测算。

区分组，并测算和比较各组的城乡居民收入及其差距。

（一）　按产业结构分组的结果

首先，选取各地区第一、二、三产业增加值绝对量和三次产业比重六个指标，其中，第一、二、三产业增加值及比重为 2000～2011 年的平均值。然后，根据上述六个指标，采用统计聚类分析方法，把全国 30 个地区按产业结构特征划分为五组。分组结果与 2010 年相同（见表 4 – 6）。

表 4 – 6　　　　　　2011 年各地区按产业结构分组的结果

分组	地区	地区生产总值（亿元）			比重（%）		
		第一产业	第二产业	第三产业	第一产业	第二产业	第三产业
1	北京	105.7	2111.9	5545.9	1.9	30.3	67.8
	天津	110.7	2638.5	2116.0	2.9	53.5	43.6
	上海	98.7	4704.5	5631.1	1.1	46.3	52.5
2	江苏	1698.6	12440.2	8952.4	8.3	54.0	37.7
	浙江	966.7	8470.1	6683.8	6.9	52.6	40.5
	山东	2306.7	12476.4	7900.1	11.1	54.3	34.6
	广东	1583.3	13349.0	11331.5	6.9	51.2	41.9
3	河北	1647.1	6391.5	4144.8	14.2	51.9	33.8
	辽宁	1023.3	5463.5	3974.5	10.2	51.0	38.8
	安徽	1147.7	3347.2	2517.7	18.0	45.8	36.2
	福建	956.0	4210.4	3377.8	12.2	48.3	39.5
	河南	2077.4	7229.2	3916.1	17.2	52.8	30.0
	湖北	1314.4	4254.6	3484.0	14.9	46.9	38.2
	湖南	1483.6	3811.5	3477.1	18.2	41.9	39.9
	四川	1722.3	4506.9	3497.2	19.2	44.3	36.5
4	山西	316.8	2893.3	1818.4	7.2	56.5	36.3
	内蒙古	686.3	2937.7	2028.8	15.7	48.4	35.9
	吉林	718.5	2316.6	1764.7	16.7	46.6	36.7
	黑龙江	823.6	3467.5	2273.1	12.2	53.9	33.8
	江西	831.3	2596.6	1768.4	18.0	46.7	35.2
	广西	1081.8	2260.1	1973.8	21.9	40.1	38.0
	重庆	478.8	2067.1	1659.7	13.2	46.1	40.7
	贵州	426.7	1034.2	1100.0	19.0	40.8	40.1
	云南	777.3	1857.4	1689.4	19.0	42.9	38.1

续表

分组	地区	地区生产总值（亿元）			比重（%）		
		第一产业	第二产业	第三产业	第一产业	第二产业	第三产业
4	陕西	571.2	2724.4	1872.9	12.4	50.5	37.2
	甘肃	366.6	1110.7	913.7	16.3	46.2	37.5
	青海	79.3	387.5	266.0	11.7	50.3	38.0
	宁夏	92.4	421.9	332.9	12.6	48.9	38.4
	新疆	589.9	1483.6	1109.5	19.0	45.6	35.4
5	海南	355.3	308.8	500.2	32.7	25.1	42.2

资料来源：《中国统计年鉴》2012 年、2011 年，中国统计出版社。

第一组：包括北京、天津、上海三个直辖市。这组的特点是：第一产业比重很低，都不超过 4%，第三产业比较发达。

第二组：包括江苏、浙江、山东、广东四个工业大省。这组的特点是：经济总量很大，第一产业比重较低，仅为 8% 左右，第二产业比重较高，工业比较发达，第三产业比重在 37% 左右。

第三组：包括河北、辽宁、安徽、福建、河南、湖北、湖南、四川八个工业较发达的中东部省份。这组的特点是：经济总量较大，第一产业比重一般在 10%～20%，第二产业比重略高于第三产业。

第四组：包括山西、内蒙古、吉林、黑龙江、江西、广西、重庆、贵州、云南、陕西、甘肃、青海、宁夏、新疆 14 个东北和中西部欠发达地区。这组的特点是：经济总量较小，第二产业和第三产业都欠发达。

第五组：只包括海南。海南的产业结构较为特殊，因此把海南单独作为一组，在全国 30 个地区中，海南第一产业比重最高，2000～2011 年平均值达到 32.7%，第二产业比重仅为 25.1%，第三产业为 42.2%。

（二）　不同产业结构地区的居民收入差距

分组测算的城乡居民收入如图 4－10 和图 4－11 所示。测算结果显示：2011 年，第三产业比重最高的第一组，其城镇居民人均可支配收入为 32994.4 元，比 2010 年增加 3890.9 元；农村居民人均纯收入为 14349.2 元，比 2010 年增加 2022.7 元，该组的城乡居民收入无论是绝对额还是增加额，均为五组中最高。其次，经济规模很大，工业较发达的第二组，其城乡居民收入仅次于第一组，该组的城镇居民人均可支配收入为

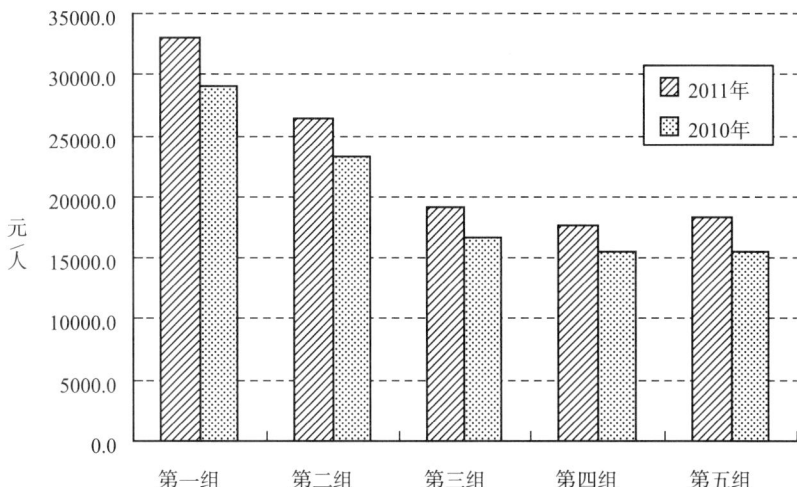

图 4 – 10　按产业结构分组的城镇居民人均可支配收入变化

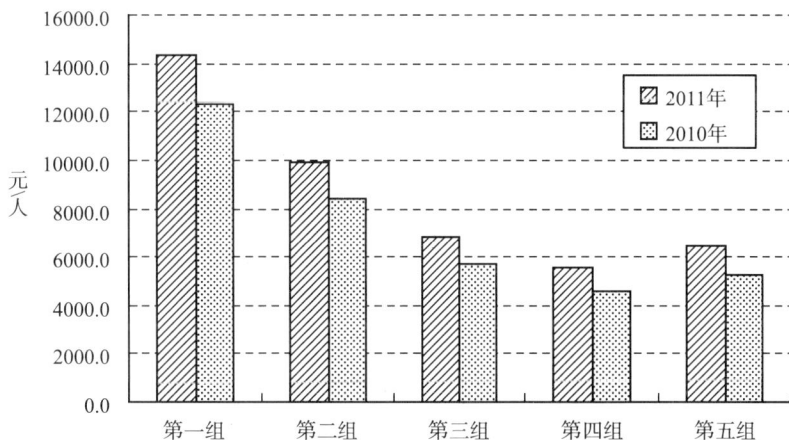

图 4 – 11　按产业结构分组的农村居民人均纯收入变化

26450.8 元，比第一组少 6543.6 元；农村居民人均纯收入为 9902.3 元，比第一组少 4446.8 元。再次，经济规模较大，第二、三产较均衡的第三组仅次于第二组，其城乡居民收入位于第三位，该组的城镇居民人均可支配收入为 19182.3 元，比第二组少 7268.5 元，比第一组少 13812.1 元；农村居民收入为 6800.8 元，比第二组少 3101.5 元，比第一组少 7548.4元。最后，经济规模小，第二、三产业都欠发达的第四组，城乡居民收入均为五组中最低的，该组的城镇居民人均可支配收入仅为 17687.7 元，仅为第一组的 53.6%；农村居民人均纯收入为 5522.9 元，仅为第一组的 38%。另外，由于海南产业结构的特殊性，由海南构成的第四组的城乡居民收入也较低，2011 年，海南的城镇居民收入为 18369 元，比第四组多 681.3 元；该省的农村居民人均纯收入为 6446 元，比第四组多 923.1 元。海南的建设直接促进了城乡居民收入水平的提高，2011 年与 2010 年相比，城乡居民收入分别增长 17.9% 和 22.2%，均是四个组中增幅最高的。

上述结果表明，各组的居民收入与该组的产业结构密切相关。第二、三产业越发达的地区，其经济发展水平越高，城乡居民收入也就越高。反之，随着第二、三产业比重的下降和第一产业比重的提高，其经济发展水平表现为下降趋势，城乡居民收入相应地呈下降趋势。但海南特殊的产业结构，使得其农村人均纯收入未符合上述规律。

四、政 策 建 议

（一）加快经济发展才是硬道理

西蒙·库兹涅茨于 1954 年首次提出了一条理论假说，他通过对一些发达国家和发展中国家"二战"后收入分配状况的实证分析，得出经济发展与收入结构不均等的长期变动特征是：在经济增长的早期阶段，持久收入结构的不均等会不断扩大，当一个社会从前工业文明向工业文明转变的时候，不均等的扩大会更迅速，随后出现一个稳定时期，在后一阶段不均等缩小。即在长期的经济增长过程中，居民收入分配不均等的变化趋势，遵循着一种"倒 U"轨迹。这一"倒 U 型假说"充分说明了加快经济发展对于减少地区间收入差距的重要意义。只有当生产力得到解放并充分发展，经济发展水平得以提高，使政府的财政收入充裕，才能为较好调节收入再分配奠定坚实的物质基础。

我国目前处于"倒 U 型假说"的哪个阶段还有争议，但无论如何，加快经济发展，特别是不同地区间的均衡、协调发展，是我们最终走向地区间居民收入差距缩小的必经之路。在此方面，政府应特别加强不同地区之间各种资源的合理配置和产业结构的协调发展，改善中西部地区的投资环境，提高市场化水平。一方面，要加大从财政政策、税收政策以及金融体系建设方面对中西部地区的支持力度，构建产业转移的快速通道；另一方面，中西部地区要注重发挥市场机制的作用，更多地让无形的手推进产业结构优化升级和产业转移。

（二）　促进基本公共服务均等化，让人民共享改革发展成果

产业转移带动的中西部经济的快速发展，让越来越多的本地劳动力实现了就近就业和创业。这时，需要政府在基本公共服务方面向中西部倾斜，使他们能够享有与东部较为均等的公共服务。财政资金更多投向与群众利益直接相关的基础设施、教育文化、医疗卫生、社会保障以及环境保护等领域，使欠发达和落后地区居民的实际收入水平得以提高。

（国家统计局核算司　金　红）

第五章

2011 年从业人员工资状况分析

一、从业人员平均工资的基本情况

（一）全国从业人员平均工资水平持续提高，但实际工资水平增速趋缓

2011 年全国城镇单位从业人员的平均工资为 41799 元，与 2010 年的 36539 元相比，增加 5260 元，增长率为 14.4%，增速比上年提高了 1.1 个百分点。

过去的 10 年间（即 2002～2011 年），全国从业人员名义平均工资以及实际平均工资的增长情况如图 5-1 所示。由图 5-1 可以看到，2002～2011 年间，全国从业人员的平均工资一直保持着较快的增长速度，名义工资的增长率始终保持在 10% 以上，实际工资在 2010 年以前也保持着 10% 以上的增长，快于 GDP 的增长。需要注意的是，在 2008 年以前，名义工资与实际工资的增长趋势大体保持一致，而从 2009 年起，二者的增长态势出现了背离的现象。近两年来，名义工资增速逐年提高，而实际工资的增速则持续回落，并且落后于 GDP 的增长速度。可见近年来较高的通货膨胀水平对从业人员的实际工资产生了实质性的影响。

工资水平的持续提高和快速增长一方面反映出我国在保护劳动者权益、提高劳动报酬在初次分配中的比重方面取得突出成就，另一方面业也揭示出我国的劳动力成本不断上升的现状。

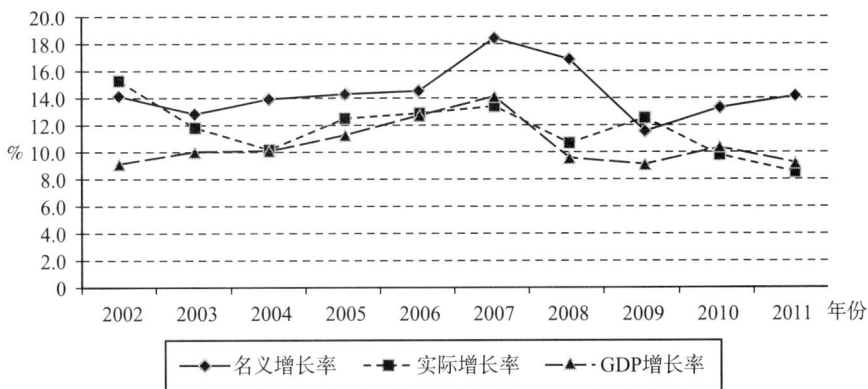

图 5 - 1　2002 ~ 2011 年名义平均工资增长率、实际平均工资
增长率和 GDP 增长率

（二）行业间平均工资绝对差距扩大，相对差距缩小

不同行业门类从业人员的平均工资状况如表 5 - 1 所示。同 2010 年相比，2011 年各行业门类的位次没有发生大的变化。由表 5 - 1 可以看到，2011 年，金融业的平均工资水平依然稳居第一，其平均工资达到了 81109 元，是全行业平均工资的 1.94 倍；农、林、牧、渔业的工资水平则依旧最低，平均工资为 19469 元，仅相当于行业平均工资的 46%。平均工资最高的行业与最低的行业间工资水平的绝对差距为 61640 元，相对差距达 4.17 倍。不过，由表 5 - 1 可以看到，与 2010 年的 4.20 倍相比，虽然 2011 年工资水平最高行业与最低行业间的绝对差距继续拉大，但是相对差距则有所减小。进一步地，对于那些工资水平低于全部行业平均工资水平的行业，其工资水平的增长速度普遍高于全部行业平均工资的增长速度。如果保持此种趋势，则我国行业间工资水平的差距将逐渐弥合。

进一步从行业大类来看，行业间的工资差距则更为明显。表 5 - 2 和表 5 - 3 分别列出了 2011 年平均工资排名前十位和后十位的行业大类。其中证券业的平均工资水平高居榜首，其平均工资达到了 156662 元，比排名第二位的航空运输业高出 55968 元，比工资排名最后一位的畜牧业高出 140026 元，是其平均工资的 9.42 倍。对比 2010 年，平均工资最高和最低的行业依然是证券业和畜牧业，二者的绝对差距为 153922 元，相对差距为 11.86 倍。可见，2011 年平均工资最高行业同最低行业间的相对差距比上年有明显减小。

表 5 - 1　　　　　　2011 年各行业平均工资的情况

行业名称	2011 年			2010 年			2011 年增长率（%）
	平均工资（元）	与全行业平均工资的比率	排名	平均工资（元）	与全行业平均工资的比率	排名	
金融业	81109	1.94	1	70146	1.92	1	15.6
信息传输、计算机服务和软件业	70918	1.70	2	64436	1.76	2	10.1
科学研究、技术服务和地质勘查业	64252	1.54	3	56376	1.54	3	14.0
电力、燃气及水的生产和供应业	52723	1.26	4	47309	1.29	4	11.4
采矿业	52230	1.25	5	44196	1.21	5	18.2
文化、体育和娱乐业	47878	1.15	6	41428	1.13	6	15.6
交通运输、仓储和邮政业	47078	1.13	7	40466	1.11	7	16.3
租赁和商务服务业	46976	1.12	8	39566	1.08	9	18.7
卫生、社会保障和社会福利业	46206	1.11	9	40232	1.10	8	14.8
教育	43194	1.03	10	38968	1.07	10	10.8
房地产业	42837	1.02	11	35870	0.98	12	19.4
公共管理和社会组织	42062	1.01	12	38242	1.05	11	10.0
批发和零售业	40654	0.97	13	33635	0.92	13	20.9
制造业	36665	0.88	14	30916	0.85	14	18.6
居民服务和其他服务业	33169	0.79	15	28206	0.77	15	17.6
建筑业	32103	0.77	16	27529	0.75	16	16.6
水利、环境和公共设施管理业	28868	0.69	17	25544	0.70	17	13.0
住宿和餐饮业	27486	0.66	18	23382	0.64	18	17.6
农、林、牧、渔业	19469	0.47	19	16717	0.46	19	16.5
全行业平均工资	41799	—	—	36539	—	—	14.4

表 5 - 2　　　2011 年收入行业大类中平均工资最高的十个行业

排名	行业大类	2011 年平均工资（元）	2010 年平均工资（元）	平均工资增长率（%）	2011 年工资与全行业平均工资比率	所属行业门类
1	证券业	156662	168116	-6.8	3.75	金融业

续表

排名	行业大类	2011年平均工资（元）	2010年平均工资（元）	平均工资增长率（%）	2011年工资与全行业平均工资比率	所属行业门类
2	航空运输业	100694	91913	9.6	2.41	交通运输、仓储和邮政业
3	软件业	98745	86137	14.6	2.36	信息传输、计算机服务和软件业
4	其他金融活动	97527	81666	19.4	2.33	金融业
5	银行业	94897	81533	16.4	2.27	金融业
6	烟草制品业	92919	78675	18.1	2.22	制造业
7	计算机服务业	85508	76839	11.3	2.05	信息传输、计算机服务和软件业
8	研究与试验发展	70452	60493	16.5	1.69	科学研究、技术服务和地质勘查业
9	专业技术服务业	67422	58677	14.9	1.61	科学研究、技术服务和地质勘查业
10	新闻出版业	63007	56267	12.0	1.51	文化、体育和娱乐业

由表5－2可以看到，在平均工资排名前十位的行业大类中，有六个行业属于垄断性行业，包括证券业、航空运输业、其他金融活动、银行业、烟草制品业和新闻出版业。可见垄断对行业的收入具有重要的影响，垄断可能是部分行业高收入的重要原因。排名前十的其余四个行业，包括软件业、计算机服务业、研究与试验发展以及专业技术服务业则均属于高科技行业，这些行业的从业人员普遍具有较高的教育程度，较高的人力资本水平则可能是这些行业高收入的主要原因。对于垄断以及人力资本因素对行业间收入差距的影响，我们将在第四部分展开更深入的分析。

在平均工资排名后十位的行业大类中，平均工资最低的四个行业均属于农、林、牧、渔业，排名倒数第五和第六位的行业是环境管理业和餐饮业，倒数第七到第十位的行业则均属于制造业，包括木材加工及木、竹、藤、棕、草制品业、纺织业、皮革、毛皮、羽毛（绒）及其制品业、文教体育用品制造业等。这些行业均属于典型的低端劳动力密集的行业，人力资本水平较低，这可能是导致其工资水平较低的重要原因。

表 5 - 3　　　　2011 年行业大类中平均工资最低的十个行业

排名	行业	2011 平均工资（元）	2010 年平均工资（元）	平均工资增长率（％）	2011 年工资与平均工资比率	所属行业分类
1	畜牧业	16636	14175	17.4	0.40	农、林、牧、渔业
2	农业	17537	15495	13.2	0.42	农、林、牧、渔业
3	林业	19076	15719	21.4	0.46	农、林、牧、渔业
4	渔业	23880	21399	11.6	0.57	农、林、牧、渔业
5	环境管理业	24419	21593	13.1	0.58	水利、环境和公共设施管理业
6	餐饮业	25416	21657	17.4	0.61	住宿和餐饮业
7	木材加工及木、竹、藤、棕、草制品业	25618	20538	24.7	0.61	制造业
8	纺织业	26973	21735	24.1	0.65	制造业
9	皮革、毛皮、羽毛（绒）及其制品业	27487	22490	22.2	0.66	制造业
10	文教体育用品制造业	27598	23095	19.5	0.66	制造业

（三）地区间平均工资差距明显，呈缩小态势

由 2011 年各地区从业人员平均工资的直方图可以看到（见图 5 - 2），平均工资呈现明显的右偏分布。大部分地区分布在平均工资较低的组内，22 个地区的平均工资低于 40000 元，其中 35000 ~ 40000 元的组内集中了 14 个地区。在分布的右尾，上海和北京的平均工资远高于其他地区。可见，我国平均工资存在明显的地区差距。

从各地区具体的工资水平来看（见表 5 - 4），2011 年从业人员平均工资最高的是上海市，其平均工资水平达到了 75591 元，平均工资最低的省份是黑龙江，平均工资仅为 31302 元。平均工资最高的地区比最低的地区高出 34813 元，相对差距为 2.11 倍。2010 年，平均工资最高的上海比最低的黑龙江平均工资高出 38380 元，相对差距为 2.38 倍。由此可知，工资水平的地区差距无论是绝对量还是相对水平均在缩小。此外还可以看到，各地区工资水平的相对位次此升彼降，也意味着地区间工资水平差距有弥合倾向。

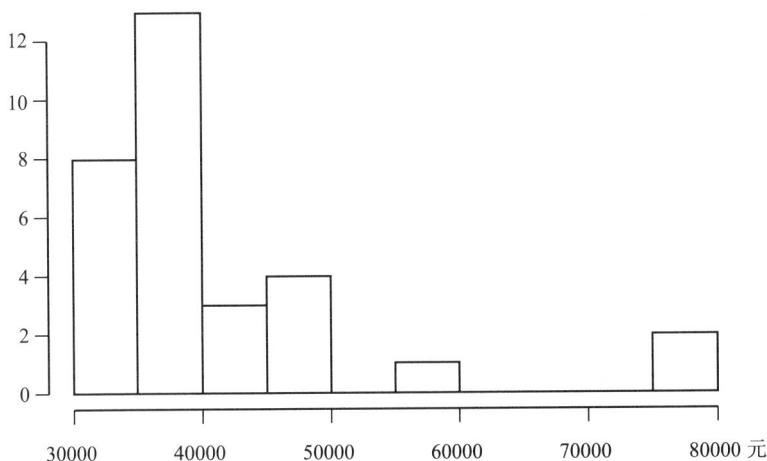

图 5 - 2   2011 年各省份从业人员平均工资分布直方图

表 5 - 4   2010 年与 2011 年平均工资状况及排序

地区	2010 年（元）	2011 年（元）	增加额（元）	增长速度（%）	2010 年位次	2011 年位次	位次变化
上海	66115	75591	9476	14.3	1	1	不变
北京	65158	75482	10324	15.8	2	2	不变
天津	51489	55658	4169	8.1	3	3	不变
西藏	49898	49464	-434	-0.9	4	4	不变
江苏	39772	45487	5715	14.4	7	5	升2
浙江	40640	45162	4522	11.1	5	6	降1
广东	40432	45060	4628	11.4	6	7	降1
宁夏	37166	42703	5537	14.9	8	8	不变
青海	36121	41370	5249	14.5	9	9	不变
内蒙古	35211	41118	5907	16.8	10	10	不变
重庆	34727	39430	4703	13.5	11	11	不变
安徽	33341	39352	6011	18.0	14	12	升2
山西	33057	39230	6173	18.7	16	13	升3
福建	32340	38588	6248	19.3	18	14	升4
新疆	32003	38238	6235	19.5	19	15	升4
辽宁	34437	38154	3717	10.8	12	16	降4
陕西	33384	38143	4759	14.3	13	17	降4
山东	33321	37618	4297	12.9	15	18	降3
四川	32567	37330	4763	14.6	17	19	降2

地区	2010 年（元）	2011 年（元）	增加额（元）	增长速度（%）	2010 年位次	2011 年位次	位次变化
海南	30775	36244	5469	17.8	22	20	升2
湖北	31811	36128	4317	13.6	20	21	降1
贵州	30433	36102	5669	18.6	24	22	升2
河北	31451	35309	3858	12.3	21	23	降2
湖南	29670	34586	4916	16.6	26	24	升2
云南	29195	34004	4809	16.5	27	25	升2
河南	29819	33634	3815	12.8	25	26	降1
吉林	29003	33610	4607	15.9	29	27	升2
江西	28363	33239	4876	17.2	30	28	升2
广西	30673	33032	2359	7.7	23	29	降6
甘肃	29096	32092	2996	10.3	28	30	降2
黑龙江	27735	31302	3567	12.9	31	31	不变

上文使用极差（即最大值减去最小值）来分析地区差距，为了综合考虑其他地区的工资水平，下面计算各年全国各地区从业人员平均工资的加权变异系数（如图 5 - 3 所示）。由图 5 - 3 可以看到，过去的 10 年间，平均工资的加权变异系数虽然有所起伏，但总体趋势是不断下降，从 2002 年最高的 0.31 降低到 2011 年的 0.28，由此可知我国地区间工资差距呈不断缩小的态势。

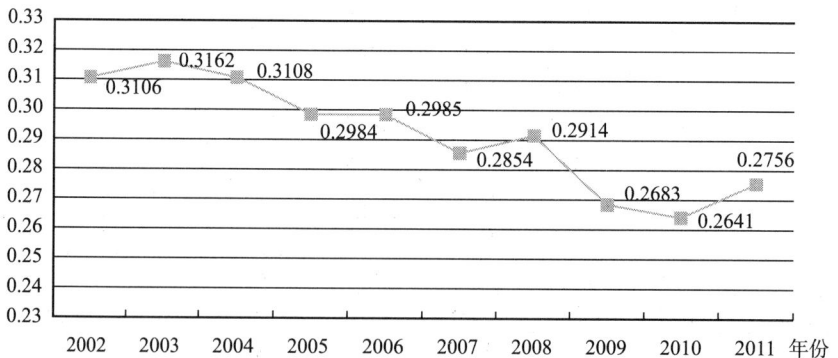

图 5 - 3　2002～2011 年各地区行业平均工资的加权变异系数

我国经济发展呈现东部发达，中西部落后的特点，这一特点在从业人员工资水平亦有体现。由表 5－5 可以看到，2011 年，东部地区的从业人员平均工资为 45911 元，中部和西部地区的工资较为接近，分别为 35755 元和 36383 元。东部工资水平分别相当于中部和西部的 1.28 倍和 1.26 倍。

虽然东部地区与中西部地区的平均工资水平存在较大差距，但从较长期来看，这种差距却具呈缩小的趋势。由表 5－5 可以看到，东部地区同中西部地区的工资水平的相对差距逐年递减，东部与中部的平均工资之比由 2002 年的 1.58 倍下降到 2011 年的 1.28 倍，东部地区与西部地区间的工资差距业由 2003 年最高的 1.41 倍下降到 2011 年的 1.26 倍。此外，西部与中部地区间的相对差距总体上也呈现逐渐缩小的趋势，由 2002 年的 1.14 下降到 2011 年的 1.02。

表 5－5　　东、中、西部地区和东北地区从业人员平均工资状况

年份	平均工资			地区间比率		
	东部地区	中部地区	西部地区	东部：中部	东部：西部	西部：中部
2002	15083	9573	10887	1.58	1.39	1.14
2003	17063	10804	12128	1.58	1.41	1.12
2004	19353	12336	13728	1.57	1.41	1.11
2005	21842	14391	15497	1.52	1.41	1.08
2006	24781	16651	17845	1.49	1.39	1.07
2007	28862	20170	21428	1.43	1.35	1.06
2008	33559	23566	25151	1.42	1.33	1.07
2009	37068	26532	28537	1.40	1.30	1.08
2010	41729	30351	32361	1.37	1.29	1.07
2011	45911	35755	36383	1.28	1.26	1.02

（四）不同经济类型的平均工资水平差距不明显，更多差距体现在经济类型内部

按不同经济类型分类来看（见表 5－6），2011 年国有单位的平均工资水平最高，为 43483 元，略高于全国平均水平，比上年增长 13.4%；其次是其他经济单位，平均工资达到 41323 元，与全国平均水平基本持平，比上年增长 15.4%；集体经济平均工资仅为 28791 元，远低于全国的平均水平，仅为全国平均水平的 69%，但增长速度较快，高达19.9%。由于集体单位从业人员比重很低（2011 年不足 5%），国有单位与其他单位的工资差距较小，因此更多的工资水平差距体现在各种经济类型内部。

表 5 - 6　　　　　2011 年分经济类型分行业从业人员平均工资

行业名称	平均工资			与全国平均工资之比		
	国有单位	集体单位	其他单位	国有单位	集体单位	其他单位
平均工资	43483	28791	41323	1.04	0.69	0.99
行业加权变异系数	0.21	0.30	0.33	—	—	—

　　进一步考察不同经济类型内部工资水平的行业差异。从加权变异系数来看，其他单位的变异系数最大，为 0.33，集体单位次之，为 0.30，国有单位最低，为 0.21。不同经济类型单位的工资决定机制不同：国有单位工资决定机制的市场性较弱，政府对国有单位从业人员工资的调控力度较大，因此国有经济组内的不平衡度相对较低；相反，非国有单位的工资水平更多地由劳动力市场的供求决定，从而导致了非国有经济单位不同行业间的工资差异更为明显。

　　观察 2002～2011 年不同经济类型从业人员平均工资变化状况可以发现一个趋势（见表 5 - 7），即国有单位从业人员工资的相对水平逐渐走高：2004 年以前，国有单位的平均工资低于其他经济类型，从 2005 年开始超过其他经济类型，并且差距逐渐扩大，在 2009 年国有经济与其他经济的从业人员平均工资之比达到了最高的 1.09 倍。不过，随后的 2010 年和 2011 年，国有经济同其他经济之间的差距有所缩小。

表 5 - 7　　　　2002～2011 年不同经济类型从业人员平均工资变化状况

年份	平均工资			不同经济类型平均工资比率		
	国有经济	集体经济	其他经济	国有：集体	国有：其他	其他：集体
2002	12701	7636	13486	1.66	0.94	1.77
2003	14358	8627	14843	1.66	0.97	1.72
2004	16445	9723	16519	1.69	1.00	1.70
2005	18978	11176	18362	1.70	1.03	1.64
2006	21706	14204	21004	1.53	1.03	1.48
2007	26100	15444	24271	1.69	1.08	1.57
2008	30287	18103	28552	1.67	1.06	1.58
2009	34130	20607	31350	1.66	1.09	1.52
2010	38359	24010	35843	1.60	1.07	1.49
2011	43483	28791	41323	1.51	1.05	1.44

（五） 不同性质单位的平均工资差距不明显

按照经济活动性质可以将单位划分为企业、事业、机关、民间非营利组织和其他五类。由于民间非营利组织和其他单位的从业人员人数较少，所以我们重点分析企业、事业和机关单位的工资状况。

由表 5 - 8 可以看到，不同性质单位之间的工资水平相对差距虽然存在，但并不明显。2011 年，平均工资最高的是机关单位，平均工资为 43137 元，其次是事业单位和企业单位，平均工资分别为 42265 元和 41545 元。机关与企业的平均工资之比以及事业单位与机关的平均工资之比分别为 1.04 和 1.02。从动态来看，不同性质单位的平均工资水平始终保持 "机关 > 事业 > 企业" 的顺序，各类单位间的相对差距不曾突破 1.2，尤其是近两年来相对差距更是缩小到接近 1 的水平。

表 5 - 8　　2002 ~ 2011 年全国企事业机关单位从业人员平均工资

年份	平均工资			机关、企业、事业单位间比率		
	企业	事业	机关	机关 : 企业	机关 : 事业	事业 : 企业
2002	11901	13054	13878	1.17	1.06	1.10
2003	13585	14363	15560	1.15	1.08	1.06
2004	15534	16267	17626	1.13	1.08	1.05
2005	17749	18489	20559	1.16	1.11	1.04
2006	20495	20988	23039	1.12	1.10	1.02
2007	23943	25461	28340	1.18	1.11	1.06
2008	28165	29251	33209	1.18	1.14	1.04
2009	31302	33352	36468	1.17	1.09	1.07
2010	35837	37521	39440	1.10	1.05	1.05
2011	41545	42265	43137	1.04	1.02	1.02

如图 5 - 4 所示，2002 ~ 2011 年间，企业单位的平均工资均增长较平稳，而机关和事业单位从业人员的增长速度则有较大波动。可以看到，在经历了 2005 ~ 2008 年的高速增长之后，从 2009 年开始，机关从业人员的平均工资增速开始明显放缓，低于企业和事业单位。相反，自 2009 年以来，企业和事业单位的工资增速则保持着上升的趋势，其中企业单位的上升趋势尤为明显。我国近年来出台的收入调节政策可能是造成这种结果的

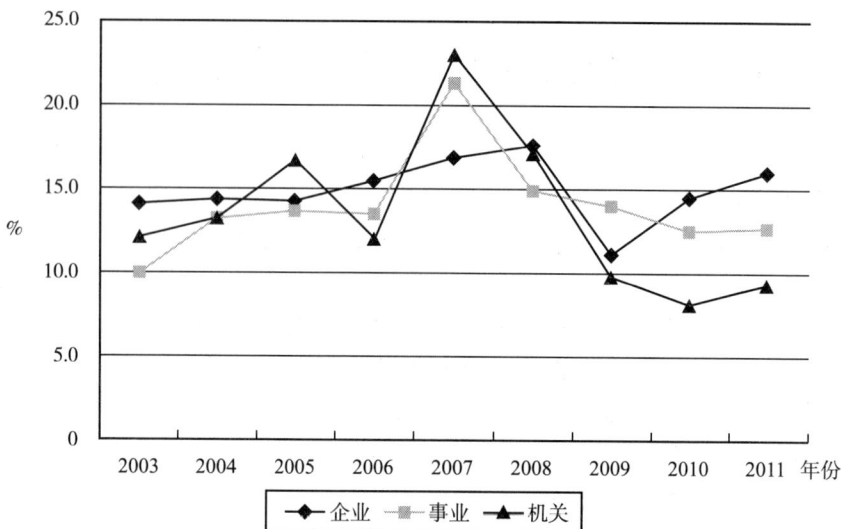

**图 5 - 4　2003 ~ 2011 年企事业及机关单位从业人员的
平均工资增长速度变化**

重要原因。从 2009 年起，我国逐步开始实施事业单位绩效工资的改革试点，同时在收入分配方面也进一步重视落实企事业单位工资增长情况。这些政策都有助于缩小企事业单位同机关单位的工资差距。

二、从业人员平均工资差距的影响因素研究

在前面的分析中，我们发现垄断、人力资本以及地区因素都是造成平均工资水平差距的影响因素。这一部分我们将通过泰尔指数的分解进一步考察这些因素对工资水平差距的影响程度。

（一）垄断对行业平均工资差距的影响

在行业大类的划分中，有 18 个行业被认为是具有垄断性质的行业，其 2011 年和 2010 年的平均工资状况如表 5 - 9 所示。由表 5 - 9 可以看到，2011 年，除水的生产和供应业以外，其他垄断行业的平均工资水平

表5-9 2011年和2010年垄断行业平均工资基本情况

行业门类	2011年平均工资（元）	与行业平均工资的比	2010年平均工资（元）	与行业平均工资的比	增长速度（%）
石油和天然气开采	62523	1.50	55099	1.51	13.5
烟草制品业	92919	2.22	78675	2.15	18.1
石油加工、炼焦及核燃料加工	52641	1.26	45754	1.25	15.1
电力、热力的生产和供应业	56600	1.35	51273	1.40	10.4
燃气的生产和供应业	46302	1.11	40505	1.11	14.3
水的生产和供应业	36932	0.88	32255	0.88	14.5
铁路运输业	59155	1.42	48274	1.32	22.5
水上运输业	61046	1.46	56482	1.55	8.1
航空运输业	100694	2.41	91913	2.52	9.6
管道运输业	57545	1.38	52167	1.43	10.3
邮政业	42678	1.02	36287	0.99	17.6
电信和其他信息传输服务业	59484	1.42	54785	1.50	8.6
银行业	94897	2.27	81533	2.23	16.4
证券业	156662	3.75	168116	4.60	-6.8
保险业	45263	1.08	39070	1.07	15.9
其他金融活动	97527	2.33	81666	2.24	19.4
新闻出版社	63007	1.51	56267	1.54	12.0
广播、电视、电影和音像业	51603	1.23	42714	1.17	20.8

均高于全行业平均水平。

观察2003~2011年间垄断行业和非垄断行业的平均工资可以看到（见表5-10），垄断行业的平均工资水平始终高于非垄断行业，而且相对差距呈扩大态势。综上可知，垄断因素对工资的影响不容忽视。

表5-10 2003~2011年垄断行业与非垄断行业平均工资

年份	垄断行业	非垄断行业	垄断行业与非垄断行业之比
2003	20689	13079	1.58
2004	23831	14879	1.60
2005	27812	16969	1.64
2006	32357	19402	1.67

续表

年份	垄断行业	非垄断行业	垄断行业与 非垄断行业之比
2007	40058	23011	1.74
2008	44695	26862	1.66
2009	49585	30009	1.65
2010	56998	33978	1.68
2011	65349	38960	1.68

利用泰尔指数可以分析垄断因素对行业间平均工资差距的影响。将全部行业按照大类划分为垄断和非垄断两组，分别计算两组的组内泰尔指数和组间泰尔指数，通过组间贡献度可以计算出垄断对行业间平均工资差距的影响程度。分解结果如表 5 – 11 所示。由表 5 – 11 可以看到，2011 年按行业大类计算的泰尔指数为 0.0484 比 2010 年的 0.0222 有所升高。同时，2011 年垄断行业的泰尔指数为 0.0474，高于非垄断行业的 0.0285。可见垄断行业的工资不平衡程度比非垄断行业要高。

表 5 – 11　　　　2011 年垄断行业和非垄断行业泰尔指数的分解

年份	2010	2011
全部行业泰尔指数	0.0230	0.0484
垄断行业泰尔指数	0.0222	0.0474
非垄断行业泰尔指数	0.0142	0.0285
组内泰尔指数	0.0156	0.0317
组间泰尔指数	0.0074	0.0167
组内贡献率	67.7%	65.6%
组间贡献率	32.3%	34.4%

由表 5 – 11 中组间贡献度一栏可以看出，2011 年垄断行业和非垄断行业的组间差距在总体差距中的贡献度达到了 34.4%，也即各行业平均工资的差距中有 34.4% 是由行业垄断造成的。

图 5 – 5 描绘了 2003 年以来垄断因素的组间贡献率。可以看到，2003 ～ 2011 年期间，垄断对从业人员工资不平衡度的影响程度经历了三个阶段：

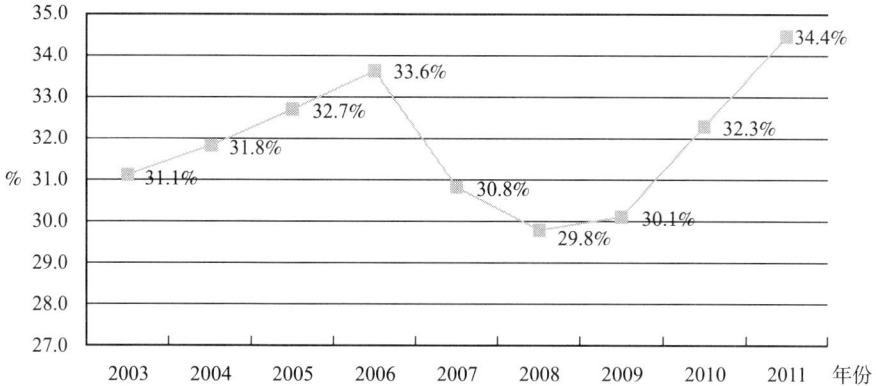

图 5 - 5 2003 ~ 2011 年垄断因素的组间贡献度变化趋势

2003 ~ 2006 年间的直线上升，2007 年和 2008 年的大幅下降，以及 2009 年以来的快速攀升。组间贡献度在 2008 年下降到近年来最低的 29.8% 之后，近年来迅速上升，2011 年组间贡献度创下新高，为 34.4%。由此可知，近年来，垄断因素对行业间工资差距的影响越来越大。

（二） 人力资本对行业工资不平衡性的影响

前文分析发现，各行业不同的人力资本水平对工资收入可能具有重要影响。人力资本水平无法直接衡量，这里我们采用各行业中大专以上学历的从业人员比重来度量人力资本。根据《劳动统计年鉴（2011）》中对各行业门类中不同学历人数的统计，可以计算出各行业门类大专以上学历的人数所占比例，如表 5 - 12 所示。

表 5 - 12　　　各行业门类大专以上学历人数占从业人员比重

行业门类	大专以上学历比重（%）	排序	教育水平分类
全行业	10.1		
教育	71.2	1	高人力资本行业
科学研究、技术服务和地质勘查业	65.3	2	高人力资本行业
金融业	62.6	3	高人力资本行业
公共管理和社会组织	58.4	4	高人力资本行业
卫生、社会保障和社会福利业	55.5	5	高人力资本行业
信息传输、计算机服务和软件业	55.1	6	高人力资本行业

续表

行业门类	大专以上学历比重（%）	排序	教育水平分类
租赁和商务服务业	40.1	7	高人力资本行业
文化、体育和娱乐业	37.8	8	高人力资本行业
电力、燃气及水的生产和供应业	34.3	9	高人力资本行业
房地产业	29.7	10	低人力资本行业
水利、环境和公共设施管理业	23.0	11	低人力资本行业
采矿业	13.1	12	低人力资本行业
批发和零售业	12.4	13	低人力资本行业
交通运输、仓储和邮政业	10.8	14	低人力资本行业
制造业	9.8	15	低人力资本行业
住宿和餐饮业	6.3	16	低人力资本行业
建筑业	6.0	17	低人力资本行业
居民服务和其他服务业	5.7	18	低人力资本行业
农、林、牧、渔业	0.6	19	低人力资本行业

　　根据表 5-12 中的计算结果可以看到，全国所有行业中从业人员具有中大专以上学历的人数占总人数的比例为 10.1%。高于全国平均水平的行业门类有十四个，大专以上学历从业人员比重最高的是教育业，比重达到了 71.2%，其次是科学研究、技术服务和地质勘查业，比重为 65.3%。低于全国平均水平的行业有五个，包括农、林、牧、渔业，居民服务和其他服务业，建筑业，住宿和餐饮业，制造业，其中农、林、牧、渔业最低，大专以上学历从业人员人数占行业从业人员比重仅为 0.6%。

　　依据大专以上学历从业人员比重的高低将全部行业均分为两组，以中位数为划分标准，排名后十位的行业为一组，这些行业的大专以上学历从业人员比重均低于 30%，属于较低人力资本水平的行业，其余九个行业为一组，这些行业大专以上从业人员人数均高于 30%，属于较高人力资本水平的行业。进一步可以利用泰尔指数来分析人力资本因素对从业人员的工资差距的影响。

　　如表 5-13 所示，在 2011 年，人力资本水平的组间贡献率分别为 33.6%，也即不同行业间的收入差距有 33.6% 是由于人力资本的差异产生的。同 2010 年的 40.7% 相比，下降了 7.1 个百分点。从长期来看（见图 5-6），2003~2006 年间组间贡献度较为稳定。2006~2009 年间，人力资本对收入水平影响的组间贡献度具有明显的上升趋势，由 2006 年最

表 5 – 13 　　2011 年、2010 年不同人力资本水平行业门
类间平均工资的泰尔指数

	2010 年	2011 年
全部单位	0.0153	0.0141
低人力资本行业	0.0080	0.0075
高人力资本行业	0.0102	0.0116
组内泰尔指数	0.0091	0.0094
组间泰尔指数	0.0062	0.0048
组内贡献度	59.3%	66.4%
组间贡献度	40.7%	33.6%
全部	100%	100%

低的 36.8% 上升至 2009 年最高的 42.9%。2009 年以后则大幅下降,2011
年降至 33.6%。

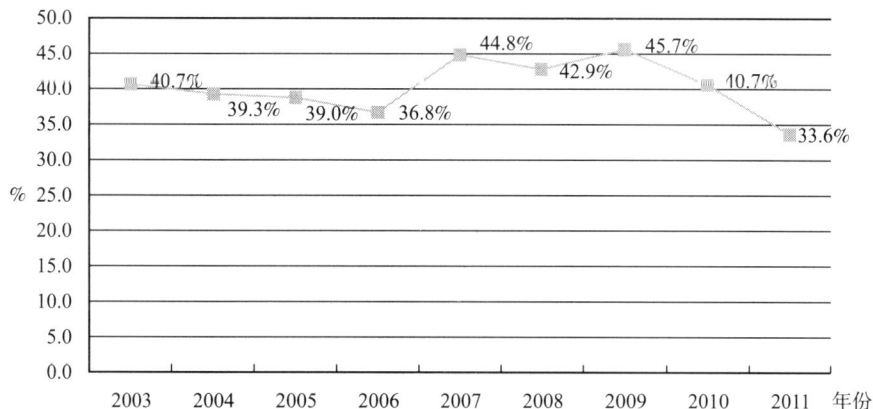

图 5 – 6 　2002 ~ 2011 年人力资本因素的组间贡献度变化趋势

(三) 地区因素对行业工资不平衡性的影响

如表 5 – 14 所示,2010 年和 2011 年,全国各地区从业人员工资的泰
尔指数分别为 0.0209 和 0.0233。其中,东部地区的泰尔指数最高,中部
地区的泰尔指数最低。可见东部各地区的从业人员平均工资的差距大于中
西部地区。

表 5 - 14   地区差异的泰尔指数分解

	2010 年	2011 年
全国	0.0209	0.0233
东部地区	0.0141	0.0168
中部地区	0.0008	0.0024
西部地区	0.0014	0.0010
组内泰尔指数	0.0163	0.0202
组间泰尔指数	0.0046	0.0031
组内贡献度	78.1%	86.8%
组间贡献度	21.9%	13.2%
全部	100%	100%

    进一步，根据泰尔指数的分解结果来看，2011 年组间泰尔指数的贡献度为 13.2%，也即 2011 年所观察到的平均工资差距中，有约 13% 的是由于地区差别造成的。相比于 2010 年的 21.9%，有较大幅度的下降。结合 2002 ~ 2011 年间地区差异的组间贡献度的变化趋势来看（见图 5 - 7），可以看到地区差异的组间贡献度具有明显的下降趋势，其中 2011 年降幅最为明显下降了 8.7 个百分点。由此可知，地区因素对从业人员平均工资差距的影响越来越小，这也与前面分析中发现的东部地区同中西部地区的工资差异逐渐缩小的结果相一致。

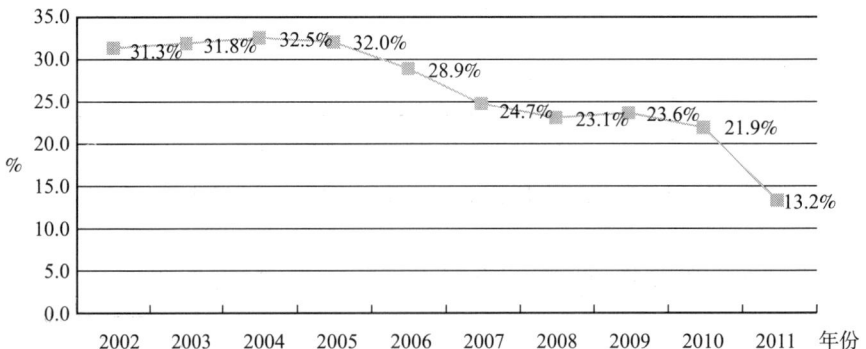

图 5 - 7   2002 ~ 2011 年地区差异的组间贡献度趋势图

    这一结果的产生与 2000 年以来我国针对中西部地区推出的一系列发展政策有关，包括西部大开发、中部崛起、振兴东北老工业基地等。这些支持政策对中西部地区的经济发展起到重要的推动作用，从而也推动了东中西地区平均工资差距的缩小，地区因素对不同地域间的收入差距的影响程度也随之减弱。

三、政　策　建　议

（一）注重提高劳动生产率，防范劳动力成本上升的负面影响

前面的分析发现，近年来，我国城镇从业人员的平均工资始终保持着较快的增长速度。工资水平快速提高是一把双刃剑。一方面，由于经济发展的根本目的是提高人民的收入水平，而工资收入是居民可支配收入中最为重要组成部分，因此工资水平的快速提高意味着我国人民可以更多地享受到经济发展带来的福利，是未来收入分配改革应当坚持的方向。另一方面，工资水平的快速增长也意味着劳动力成本的迅速上升。我国是制造业大国，制造业产品的出口是拉动我国经济增长的重要动力之一。目前，低端工业制成品仍然是中国出口的重要组成部分，这些行业多属于劳动密集型行业。工资水平的快速上升意味着这些行业的成本迅速上升，快速上升的成本以及人民币升值等因素的综合作用势必会影响我国的制造业在全球的竞争力水平。

此外，劳动力成本上升也可能加剧通货膨胀。根据经济学理论，如果工资的提高没有伴随劳动生产率的相应提升，便会导致物价上涨。在物价上涨后，如果不能及时提高工资水平，则劳动者的福利受到损失，显然与社会发展的目标相背离，我国近两年来实际工资增长滞后于 GDP 增长便是此种情况。反之，如果提高工资，则再度使成本增加，将会导致物价再次上涨，这种循环被称为工资—物价"螺旋"，亦不利于经济的健康发展。

解开这一困境的关键在于提高劳动生产率。一方面，必须加快产业升级，逐步改变以往单纯依赖廉价劳动力的局面，转向主要依靠技术创新推动经济增长。另一方面，应当加强劳动者技术培训，提高劳动生产率，从而减小劳动力成本上升造成的影响，保持我国制造业在国际市场的竞争优势。

（二）发挥市场作用，加强政府调控，双管齐下，缩小行业与地区工资差距

在前面的分析中发现，我国的工资水平存在明显的行业差距和地区差距。作为收入的主要组成部分，工资水平差距是导致收入分配差距的重要原因之一，为此适当缩小工资水平差距是我国收入分配改革的必然要求。分析表明，垄断、人力资本以及地区因素是造成我国工资水平行业差距的主要原因。因此在调节工资差距的过程中，应当注重打破垄断，全面提升人力资本水平，缩小地区间工资差距。为此，一方面要坚定不移地深化市场化改革，另一方面要发挥政府的宏观调控作用，双管齐下，全面解决工资差距过大的问题。

工资地区差距的缩小一方面是我国中西部开发战略的产物，另一方面也是东部制造业企业在成本压力下自发向中西部地区转移的结果。在这个过程中，由于带来的产业转移有效地带动了中西部地区的经济发展，也促进了中西部地区工资水平的提升。随着产业的地区转移，工资的地区差距问题将会逐步得以解决。

在人力资本领域，应当在继续加大政府教育投入的同时，进一步推动市场化进程，引导更多民间资本进入教育领域，从而为不同层次的劳动者提供更多的学习和培训的机会，促进各行业人力资本水平的提高。通过提高人力资本水平，可以提高劳动者的劳动生产率，从而在促进工资收入增长的同时，化解劳动成本提高给竞争力带来的压力。

在垄断方面，则更多地需要以政府为主导进行体制性变革。我国很多垄断行业的产生并非市场自发作用的结果，而是由于政策和体制等多方面原因形成的，因此打破垄断需要政府的努力。对于自然垄断行业，政府应当加强对其价格的管制，降低其由于缺乏竞争而形成的巨额利润。此外还要严格限制自然垄断的范围，对于被自然垄断型企业捆绑经营的领域，应当通过行政干预等方式开放市场，允许更多企业进入，促进行业竞争。对于非自然垄断行业，政府应当逐步打破行政垄断，降低市场准入门槛，推动垄断市场竞争主体多元化，从体制和结构上形成竞争态势，最终达到抑制垄断的作用。

（国家统计局人口和就业司　杨剑青）

第六章

2011 年居民金融资产负债状况

2011 年居民金融资产平稳增长，资产结构日益多元化。需要密切关注的是，受房贷规模的持续扩大，居民金融资产负债率明显上升。

一、居民金融资产总额及变化情况

（一）2011 年居民金融资产达 56.08 万亿元

据测算，2011 年年末，我国居民金融资产[①]余额达到 56.08 万亿元，比 2010 年增加 6.6 万亿元，增长 13.3%。年增速比上年末回落 3.5 个百分点，回落原因主要是股票市值缩水。年末上证综指 2199 点，比上年末的 2808 点下跌 609 点，指数连续两年同比下降。

从住户持有的金融资产工具来看，2011 年年末，存款类资产、理财类资产[②]和保险类资产比上年末分别增加 3.7 万亿元、1.4 万亿元和 1.2 万亿元，余额比上年末分别增长 11.7%、72.7% 和 22.2%。证券类资产减少 951 亿元。与上年末相比，理财类资产和保险类资产增速分别上升 8.4 个和 8.2 个百分点，存款类资产增速回落 5.3 个百分点。理财类资产和保险类资产增加较多的主要原因是随着住户金融资产增加，避险和高收

---

① 居民金融资产由居民手持现金、存款、各种债券、股票、居民持有的证券投资基金份额、保险准备金以及其他金融资产组成。居民存款中包括一部分居民经营性活期存款。

② 理财类资产主要指代客理财和资金信托计划。

益资产配置需求增加。

在我国居民金融资产构成中，2011 年年末，居民存款拥有额为 35.27 万亿元，人均拥有额为 26323 元，比上年末增加 6120 元；证券类资产为 7 万亿元，人均拥有额为 5226 元，比上年末增加 731 元；保险类资产 6.43 万亿元，人均拥有额为 4803 元，比上年末增加 1340 元；手持现金为 4.21 万亿元，人均拥有额为 3145 元，比上年末增加 752 元；理财类资产为 3.2 万亿元，人均拥有额为 2383 元，比上年末增加 1579 元（见图 6 - 1）。

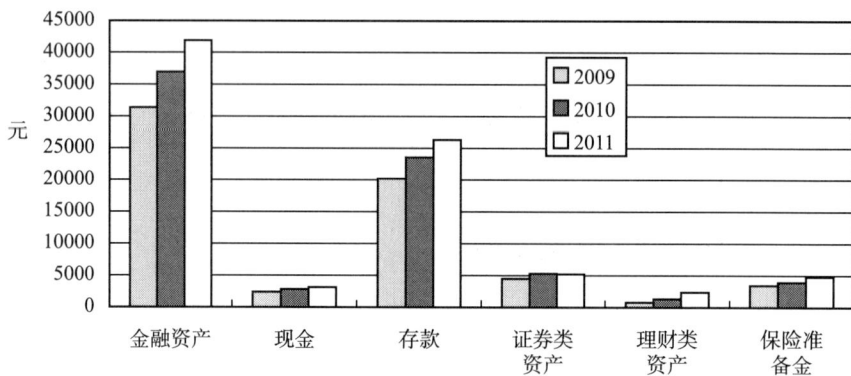

图 6 - 1　2009 ~ 2011 年居民人均持有金融资产情况

从资产结构占比看，2011 年年末，现金、金融机构存款、证券类资产①、理财类资产和保险准备金占同期居民全部金融资产的比重分别为 7.5%、62.85%、12.48%、5.69% 和 11.47%。与上年末相比，我国居民持有证券类资产和理财类资产分别下降 2 个和提高 3.1 个百分点，其他类资产与上年相比变化不大。

（二）近年来居民金融资产变化呈多元化、快速发展态势

近年来我国居民金融资产总体呈持续较快增长的态势（见图 6 -2）。从增速看，2005 ~ 2011 年间，我国居民金融资产年均增长速度达到 17.9%，

---

① 证券类资产：债券、股票、证券投资基金、证券公司客户保证金。

比同期 GDP 名义增长速度高 1.1 个百分点。

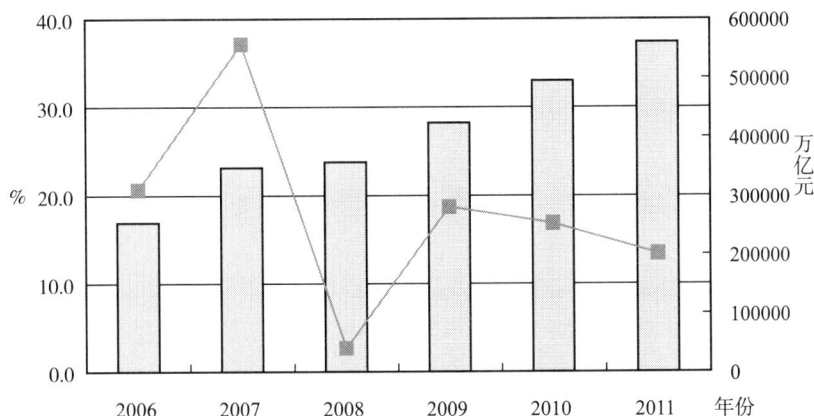

图 6-2 住户部门金融资产存量及增长速度

　　随着我国金融市场的不断发展和完善，居民金融资产明显呈现多元化发展格局。居民持有的证券类资产和保险类资产增长很快，2005～2011年均增速分别为38.3%和24.4%，2009～2011年理财类资产年均增速达到65%。到 2011 年末，我国居民持有的现金、证券类资产、理财类资产、金融机构存款和保险准备金占同期居民全部金融资产的比重分别为7.5%、12.5%、5.7%、62.9%和11.5%。与2005年相比，证券类资产、理财类资产和保险准备金占比上升；金融机构存款占比下降（见图6-3）。

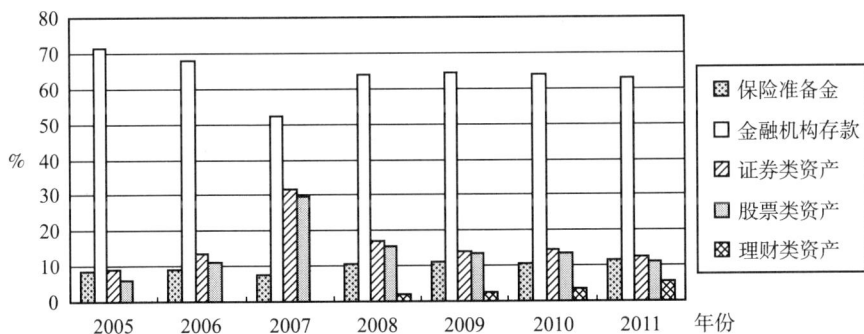

图 6-3 2005～2011 年主要金融资产占比情况

二、影响居民金融资产变化的因素

（一）居民收入稳步增长促进居民金融资产增加

2011 年全国城镇居民人均可支配收入达到 21810 元，比 2005 年的 10493 元翻一番，现价增长 107.9%，农村居民家庭人均纯收入为 6977 元，也比 2005 年的 3255 亿元翻一番，现价增长 114.3% （见图 6 - 4）。

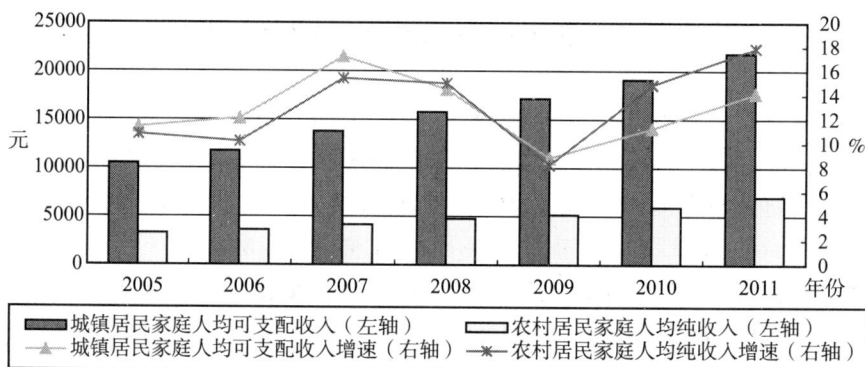

图 6 - 4　城镇居民可支配收入和农村居民纯收入增长

居民收入稳步增长带动居民存款和现金的增加，是居民金融资产增长的良好保证。

（二）理财市场快速发展促进居民理财类资产大幅增长，资产结构多元化

2011 年末，住户持有的理财类资产 3.19 万亿元，比上年末增加 1.39 万亿元，余额比上年末增长 76.7%。与上年末相比，理财类资产增速上升 8.4 个百分点。

金融机构的理财类资产发行较多，增加较多的主要原因：一是随着金

融市场的发展，金融工具品种逐渐增加；二是在通胀预期增强情况下，收益相对好于存款的理财类产品迎合了住户避险和保值的资产配置需求。

三、居民金融资产发展中应关注的问题

（一）提高居民金融资产在国内非金融部门金融资产中的占比

统计结果表明，2011 年居民部门金融资产占比 44.2%，比上年回升 0.8 个百分点，仍是 2005 年以来的次低水平。其原因之一是居民金融资产保值增值能力弱于其他部门。居民金融资产占比下降压缩了居民有效需求总量，不利于扩大国内消费需求。

表 6–1　　　　　　国内主要机构部门金融资产格局　　　　单位：%

年份	金融资产		
	居民	非金融企业	政府
2005	54	33.2	12.7
2006	51.7	32.6	15.7
2007	45.7	29	25.3
2008	47	36.1	16.9
2009	44.9	39.3	15.8
2010	43.4	41.4	15.3
2011	44.2	39.8	16.1

资料来源：中国人民银行。

（二）从国际比较看，我国居民投资类金融资产比重明显低于美国

2011 年末，中美两国居民金融资产总量分别为 56.08 万亿元人民币和 50.23 万亿美元。以 2011 年末汇率计算，美国金融资产总量是中国居

民金融资产总量的5.6倍。

从居民金融资产结构看，2011年美国现金存款类、股票类、保险类金融资产、信贷市场工具类金融资产占比分别为17.2%、40.7%、27.1%和10.2%。中国现金存款类、股票类、保险类和信贷市场工具类金融资产占比分别为70.4%、11%、11.5%和7.2%。其中，中国的现金存款类比重比美国高53.4个百分点，股票类、保险类金融资产比重分别比美国低29.7个和15.6个百分点，信贷资产工具类低3.1个百分点。从结构上看，我国居民的投资类金融资产比例还比较低，居民更倾向于风险较低和收益相对较低的现金存款类资产，这表明一方面金融市场创新进程尚在发展初期，工具量和品种相对较少；另一方面居民对金融工具投资的认识还需要进一步提高，以增强居民金融资产的保值增值能力。

表 6 - 2　　　　　　　　　　2011 年中美金融资产比较

	中国		美国	
	绝对量（亿元）	占比（%）	绝对量（亿美元）	占比（%）
金融资产总量	560837	100	502294	100
现金存款类	394789	70.4	86511	17.2
信贷市场工具（含债券、理财类资产）	40148	7.2	51477	10.2
股票类资产	61786	11	204533	40.7
保险类资产	64345	11.5	136112	27.1
其他	-231	0	23661	4.7

（三）居民金融资产负债率明显上升，需密切关注其对消费和投资的影响

2011年末，住户金融资产负债存量比率（负债存量/金融资产存量）为24.8%，比上年末提高1.1个百分点，比2005年的15.7%提高9.1个百分点，呈持续上升态势。居民金融资产负债率持续上升，风险值得关注。目前居民的负债主要为房贷。一旦住房价格有大的波动，在未来的某个时间会形成信贷风险，影响消费和投资，对经济发展造成影响。

四、政策建议

（一）调整收入分配结构，提高居民可支配收入比例，保持金融资产稳定增长

长期以来，居民收入是居民金融资产积累的基本来源，因此保持居民金融资产稳定增长的一个重要途径是收入分配向居民倾斜，提高居民可支配收入占全部可支配收入比重。一是扩大初次分配中居民收入所占的比例，关键是提高社会就业量，增加居民的工资收入；二是提高社会保障网的覆盖面和覆盖深度，切实减轻居民的社会负担；三是改进政府支出结构，扩大二次分配中用于居民收入的比重。

（二）提高储蓄转化为投资的效率，扩人投融资渠道

长期以来，我国居民的金融资产中七成左右为现金和存款。尽管现金和存款流动性强，收益稳定，但相对其他投资方式收益率偏低，制约了居民金融资产的快速增长，因此在风险可控的情况下，进一步拓宽直接投资渠道，分散投资风险，切实提高储蓄向投资转化的能力，是提高居民金融资产的基本途径之一。

（三）增加社会保障资金在居民金融资产中的份额，多层次、系统性提高社会保障力度

随着老龄化社会的临近，社会福利负担和社会保障负担逐渐加重，一方面居民将越来越多的资金用于预防性储蓄和投资上，另一方面减少了消费，降低了有效需求。应加大社会保险的付缴力度，并提高社会保险的保值增值能力，增加社会保险的投资渠道，增加居民金融资产中社会保险份额。

（四）建立完善的居民金融资产的统计，为宏观决策服务

随着经济的发展，人们的金融资产种类越来越多，如何更全面地反映居民金融资产情况，如何对金融资产进行统计，如何对金融资产进行估价，怎样核算来自不同部门的金融资产统计数据，都是需要认真研究和探讨的问题。为此，要特别重视居民金融资产统计，建立综合全面的居民金融资产监测体系，为社会提供更全面、准确、及时的居民金融资产总额、结构信息，为宏观决策服务。

（五）关注居民购房投资，预防房地产风险

近年来房价上升较快，部分地区房价水平偏离了住户的当前以及未来支付能力，而住户购房的主要负债为银行贷款，一旦房地产价格出现波动和经济增长放缓，就会凸现房地产金融风险。所以，应该建立多层次的住房保障体系，避免住房投资风险对经济发展的影响。

（人民银行调查统计司　温娇月）

第七章

2011 年个人所得税的征收与管理

2011 年，各级税务机关按照党中央、国务院的决策部署，加快推进个人所得税制改革，认真贯彻落实修改后的个人所得税法，全力推进以高收入者为重点的个人所得税征管，个人所得税征收与管理质效稳步提高。

一、个人所得税征收的基本状况

（一）2011 年个人所得税收入及增长概况

2011 年，全国共征收个人所得税 6054 亿元，比 2010 年增长 25%，增收 1216 亿元。

分征收单位看，地方税务局系统共征收个人所得税 6001 亿元，比 2010 年增长 25%，增收 1217 亿元；国家税务局系统共征收储蓄存款利息所得个人所得税（以下简称"利息税"）14 亿元，比 2010 年下降 56%，减收 18 亿元。

表 7－1　　　　2001 年以来全国个人所得税收入情况

年份	税额（亿元）	增长额（亿元）	增幅（%）	税收总收入（%）	占税收总收入比重（%）	占 GDP比重（%）
2001	996	336	51	15172	6.56	0.91
2002	1211	215	22	17004	7.12	1.01
2003	1417	206	17	20462	6.93	1.04

续表

年份	税额 （亿元）	增长额 （亿元）	增幅 （%）	税收总收入 （%）	占税收总收入 比重（%）	占GDP 比重（%）
2004	1737	320	23	25718	6.75	1.09
2005	2094	357	21	30866	6.78	1.14
2006	2452	358	17	37636	6.52	1.17
2007	3185	732	30	49449	6.44	1.29
2008	3725	540	17	57862	6.44	1.24
2009	3944	219	6	63104	6.25	1.18
2010	4837	893	23	77390	6.25	1.21
2011	6054	1216	25	95729	6.32	1.28

资料来源：税收数据引自《税收月度快报》，国家税务总局收入规划核算司编；GDP数据引自《中华人民共和国2011年国民经济和社会发展统计公报》，国家统计局网站。

（二）2011年个人所得税收入特点

1. 全年收入呈现前高后低态势。个人所得税全年收入增幅（25%）略高于税收收入增幅（24%），增长较快。与上年同期相比，2011年各月收入增幅分别为 39.8%、72.4%、8.4%、26.8%、33.0%、39.4%、35.5%、33.1%、27.4%、-2.2%、-9.8%、-5.3%，呈现前高后低的态势。

2. 税法修改的政策效应初步显现。受个人所得税法修改的影响，2011年第四季度个人所得税收入负增长，工资薪金所得和个体工商户的生产经营所得项目收入第四季度各月均大幅度减收。

3. 地税局负责征收的收入增收较多。地税局全年征收个人所得税同比增长25.4%，增收额首次突破千亿元。

4. 国税局负责征收的利息税继续减收。受自2008年10月9日起暂免征收利息税政策的影响，全年利息税收入同比下降56.4%，减收18.18亿元，仅有少量定期存款到期产生的税款。

5. 地区间收入差异明显。东部及沿海地区经济发达，税源充足，收入总额和增收额较大。中西部地区增幅较高，增幅前十名地区中有九个是中西部省市，内蒙古首次进入全国个人所得税收入前十名。

（三）2011 年个人所得税收入分析

1. 个人所得税法修改的减收效应初显。修改后的《中华人民共和国个人所得税法》及其实施条例（以下简称"新税法"）自 2011 年 9 月 1 日起正式施行，纳税人 9 月取得的工资薪金所得和个体工商户的生产经营所得应纳税额在 10 月征期内申报缴纳入库，相关政策效应从 10 月开始显现。2011 年第四季度工资薪金所得和个体工商户的生产经营所得分别比去年同期减收 78.3 亿元、18.0 亿元，直接带来第四季度个人所得税收入负增长。

2. 国民经济平稳较快发展为收入增长奠定了基础。据国家统计局初步核算数据，2011 年国内生产总值 471564 亿元，比上年增长 9.2%。全年规模以上工业企业实现利润 54544 亿元，比上年增长 25.4%。全年城镇居民人均可支配收入 21810 元，比上年增长 14.1%（工资性收入比上年增长 12.4%），全年城镇新增就业 1221 万人（是 2006 年以来新增就业最多的一年），年末城镇登记失业率为 4.1%，与上年末持平。国民经济平稳较快发展、居民收入增长、新增就业人数增加、企业效益较好等自然性增收因素推动工资、薪金所得、个体工商户的生产经营所得、股息红利所得等项目收入平稳较快增长，也大幅度削减了税法修改带来的减收影响，使第四季度各月实际减收数额小于静态测算数据。

3. 高收入者个人所得税征管质效提高带动收入增长。2011 年各地认真贯彻落实税务总局主要领导在南昌主持召开的部分地区加强高收入者征管工作座谈会议精神，按照《国家税务总局关于切实加强高收入者个人所得税征管的通知》（国税发〔2011〕50 号）的部署，积极采取措施加强高收入者征管，带动收入增长。

（1）推进年所得 12 万元以上纳税人自行纳税申报工作常态化管理，自行纳税申报补税增加了收入。2010 年度年所得 12 万元以上纳税人自行纳税申报补税数额为 19.16 亿元，比上年度增加 2.8 亿元，江苏、浙江、湖南、山东、上海、湖北申报补缴税款均超过 1 亿元。此外，各地积极利用自行纳税申报数据加强后续管理，促进扣缴义务人依法如实扣缴税款、纳税人依法如实申报纳税，带动了收入的增长。

（2）高收入者财产转让所得征管成效显著。各地继续深入贯彻执行股权转让所得个人所得税征管措施，积极与工商管理部门协调，加强信息传递和税收前置管理，依法开展计税依据审核评估。青岛、天津、江苏、浙江、山东、宁波等地实现税收前置管理或信息及时传递，河北、河南、湖北、广西、重庆、贵州等地税局获取股权转让信息取得了新突破，相应带动上述地区财产转让所得项目收入增长。北京拍卖行业扣缴个人所得税3.9亿元，同比增收2.0亿元。个别地区纠正了限售股征税返还地方分成的做法，限售股转让所得全年实际入库税款95.74亿元，比上年增长一倍多。全国财产转让所得项目收入达400多亿元，同比增长近80%。

（3）积极创新高收入者个人所得税征管方式。江苏、黑龙江、吉林、山东部分地市积极探索制定股息、红利所得征管措施，带动相关项目收入增长。北京、大连继续开展个人工资薪金所得与企业的工资费用支出比对工作，分别补税613万元、4000万元。浙江杭州、山东部分地市、青岛等地认真开展两处以上取得所得补缴税款工作，规范工作制度和补税流程。河北积极加强高校、中学教师、来访讲学人员除工资以外的其他收入和兼职所得个人所得税征管，带动收入增长。

4. 大力推进征管基础工作为收入增长提供了保障。2011年各级税务机关大力推进全员全额扣缴申报等基础工作，加强日常税源管理，为收入增长提供了保障。截至2011年底，全国共有570多万户扣缴单位实现了明细申报，涉及纳税人达1亿多人。吉林、甘肃开始推广应用个人所得税管理系统，全国共有21个省市60万户扣缴单位使用税务总局统一推广应用的个人所得税管理系统，涵盖3500万纳税人。各地通过汇总明细申报数据、自行纳税申报数据和其他涉税信息，积极开展税源分析，加强重点税源管理和分行业管理，促进扣缴义务人依法代扣代缴税款。

5. 主要项目收入情况分析。分项目看，工资薪金所得，劳务报酬所得，个体工商户的生产、经营所得，利息、股息、红利所得，财产转让所得占收入总额的96.6%，是个人所得税的主要收入来源。

（1）工资薪金所得、个体工商户的生产经营所得项目收入同比分别增长23.6%、13.1%，主要受经济平稳较快增长、居民收入增加和加强征管等因素影响。增长幅度分别比去年下降3.4、13.9个百分点，主要受税制改革带来的减收影响。

（2）财产转让所得同比增长79.2%，增长幅度比去年提高26.2个百分点，占个人所得税收入比重为7.5%，比去年提高2.2个百分点。各地大力加强股权转让所得、房屋转让所得、拍卖所得征管，严格执行限售股转让所得征税政策是带动该项目增长的主要因素。

（3）利息、股息、红利所得项目收入同比增长22.5%，主要受企业利润增加、分红较多和各地加强股息、红利所得扣缴税款管理影响。利息税占该项目收入比重降至 2.1%，暂免征收利息税政策减收影响基本消除。

（4）财产转让所得，利息、股息、红利所得，财产租赁所得，特许权使用费所得和偶然所得等非劳动所得项目收入占个人所得税收入比重为 20.0%，比上年提高 2.1 个百分点。有的省市非劳动所得项目收入占比已达 30% 以上。

二、个人所得税法修改与居民收入分配

（一）相关背景

我国现行个人所得税制，是在 1980 年五届全国人大三次会议通过的税法和 1986 年国务院发布的城乡个体工商业户所得税暂行条例和个人收入调节税暂行条例的基础上，经 1993 年工商税制改革时做重要修订，并在随后对利息税和费用扣除标准等内容进行多次调整而逐步形成。自 20 世纪 90 年代以来，个人所得税征管不断加强，收入逐年增长，目前是我国第五大税种，在筹集收入、调节分配等方面发挥了重要作用。随着我国经济社会的发展变化，改革开放的不断深入，现行税制的弊端也日益凸显，亟待进行改革。

2010 年党的十七届五中全会通过的《中共中央关于制定国民经济和社会发展第十二个五年规划的建议》（以下简称《建议》）要求"加强税收对收入分配的调节作用"，2011 年十一届全国人大四次会议批准的《中华人民共和国国民经济和社会发展第十二个五年规划纲要》（以下简称《纲要》）提出"合理调整个人所得税税基和税率结构，提高工资薪金所得费用扣除标准，减轻中低收入者税收负担，加大对高收入者的税收调节力度"，"逐步建立健全综合与分类相结合的个人所得税制度"。为了贯彻中央关于加强税收对居民收入分配调节的要求，降低中低收入者税收负担，加大对高收入者的调节，并考虑到居民基本生活消费支出增长的实际情况，2011 年 6 月 30 日十一届全国人大常委会第二十一次会议审议通过了《全国人民代表大会常务委员会关于修改〈中华人民共和国个人所得税法〉的决定》，并于 2011 年 9 月 1 日起正式实施。

（二）修改的主要内容

与以往历次个人所得税法修改相比，本次个人所得税法及其实施条例修改内容较多，力度较大。

1. 提高相关所得项目减除费用标准。将工资薪金所得减除费用标准由每月 2000 元提高到 3500 元。考虑到承包承租经营者、个体工商户、独资和合伙企业的投资者，与工资、薪金所得者一样，承担着本人及其赡养人口的生计、教育、医疗、住房等消费性支出，为平衡这部分群体与工资、薪金所得者的税收负担，修改后的实施条例和相关财税文件明确，上述个人的必要减除费用标准也由 2000 元/月提高到 3500 元/月。对在中国境内无住所而在中国境内取得工资、薪金所得的纳税义务人和在中国境内有住所而在中国境外取得工资、薪金所得的纳税义务人，总的减除费用标准保持为 4800 元/月不变。

2. 优化工资薪金所得税率结构。将工资薪金所得 9 级超额累进税率修改为 7 级，取消 15% 和 40% 两档税率，将最低一档税率由 5% 降为 3%，适当扩大了 3% 和 10% 两个低档税率的适用范围。第一级 3% 税率对应的月应纳税所得额由原 5% 税率对应的不超过 500 元扩大到 1500 元，第二级 10% 税率对应的月应纳税所得额由现行的 500～2000 元扩大为 1500～4500 元。扩大了最高税率 45% 的覆盖范围，将现行适用 40% 税率的应纳税所得额并入 45% 税率。

表 7-2　　　　　　　　工资薪金所得税率表对比

修改后的税率表			修改前的税率表		
级数	全月应纳税所得额	税率	级数	全月应纳税所得额	税率
1	不超过 1500 元的部分	3%	1	不超过 500 元的部分	5%
2	超过 1500 元至 4500 元的部分	10%	2	超过 500 元至 2000 元的部分	10%
3	超过 4500 元至 9000 元的部分	20%	3	超过 2000 元至 5000 元的部分	15%
4	超过 9000 元至 35000 元的部分	25%	4	超过 5000 元至 20000 元的部分	20%
5	超过 35000 元至 55000 元的部分	30%	5	超过 20000 元至 40000 元的部分	25%
6	超过 55000 元至 80000 元的部分	35%	6	超过 40000 元至 60000 元的部分	30%
7	超过 80000 元的部分	45%	7	超过 60000 元至 80000 元的部分	35%
			8	超过 80000 元至 100000 元的部分	40%
			9	超过 100000 元的部分	45%

3. 调整生产经营所得税率级距。为平衡个体工商户、承包承租经营者等生产经营所得纳税人与工资薪金所得纳税人的税负水平，相应调整了生产经营所得税率表，即维持 5 级税率级次不变，对五档级距都相应作了扩大调整，如将第一级级距由年应纳税所得额 5000 元以内扩大为 15000 元以内，第五级级距由年应纳税所得额 50000 元以上扩大为 100000 元以上。

表 7 - 3 　　　　　　　生产经营所得税率表对比

（个体工商户的生产、经营所得和对企事业单位的承包经营、承租经营所得适用）

修改后的税率表			修改前的税率表		
级数	全年应纳税所得额	税率	级数	全年应纳税所得额（现行表）	税率
1	不超过 15000 元的部分	5%	1	不超过 5000 元的部分	5%
2	超过 15000 元至 30000 元的部分	10%	2	超过 5000 元至 10000 元的部分	10%
3	超过 30000 元至 60000 元的部分	20%	3	超过 10000 元至 30000 元的部分	20%
4	超过 60000 元至 100000 元的部分	30%	4	超过 30000 元至 50000 元的部分	30%
5	超过 100000 元的部分	35%	5	超过 50000 元的部分	35%

4. 延长申报纳税时间。将个人所得税的申报缴纳税款时间由原先的次月 7 日内延长至 15 日内，与其他主要税种的申报缴纳时间一致。

（三）　重要意义及政策效应

2011 年修改个人所得税法，是贯彻落实中央要求的重大举措，是现行个人所得税制的重大调整和完善，对于加快转变经济发展方式，构建社会主义和谐社会具有重要意义。第一，绝大部分纳税人将享受到减除费用标准提高和调整税率结构带来的双重优惠，降低税收负担，增加可支配收入，有利于保障和改善民生。第二，税负降低将缓解物价上涨对居民消费能力的影响，提高居民消费水平，有效扩大内需，促进经济持续平稳较快发展。第三，适当增加了部分高收入者税负，加大了对高收入者的税收调节力度，推动和维护社会公平。第四，延长了申报缴纳税款时间，进一步优化纳税服务，减轻纳税人负担。

从具体实施情况来看，自 2011 年 9 月 1 日起，纳税人取得的工资、薪金所得和个体工商户的生产经营所得应按照新税法的规定计算应纳税额，并在 10 月份征期内申报缴纳入库，政策效应开始初步显现。

1. 降低了中低收入者税收负担。普通工薪阶层受益较大，新税法实施后，月收入 3500 元及以下（扣除"三险一金"，下同）的纳税人（约 6000 万人）不再缴纳工资薪金所得个人所得税。月收入在 3.86 万元以下的纳税人税负均有所下降，其中，月收入在 17000 元以下的税负降幅在 10% 以上，最多每月减少税额 480 元。此外，全国有 900 多万个体户（含个人独资、合伙企业投资者）税负下降，平均降幅在 40%。

2. 加强了对高收入者的调节。月收入 3.86 万元以上的纳税人税负有不同程度的增加，月收入 10 万元以上的，月增加税额 1100 元左右，最高增幅不超过 4%。

3. 增加了居民可支配收入。按照修改后的个人所得税法规定，作为缴纳工资、薪金所得和个体工商户生产经营所得个人所得税的居民个人，实际在 9 月已经享受到新税法实施带来的减税好处，以 10 月、11 月、12 月工资薪金所得和个体工商户生产经营所得个人所得税收入平均数与 2011 年新税法实施前月平均收入相比，2011 年 9～12 月因实施新税法将相应增加居民可支配收入约 600 亿元，有利于改善民生。

4. 培养了纳税人税法遵从意识。全社会高度关注此次个人所得税法修改及贯彻执行，税务部门以此为契机，深入宣传税法修改的重要意义和相关内容，耐心解答纳税人的咨询和疑问，增强了纳税人依法诚信纳税意识。

三、高收入者个人所得税征管情况

（一） 进一步明确高收入者个人所得税征管思路

为更好地贯彻落实《十二五规划纲要》有关"加大对高收入者的税收调节力度"的要求，4 月 12 日，国家税务总局主要领导主持召开部分省市高收入者个人所得税征管工作座谈会，进一步研究明确高收入者个人所得税征管思路，完善高收入者个人所得税征管措施。4 月 15 日，国家税务总局制定下发了《关于切实加强高收入者个人所得税征管的通知》（国税发〔2011〕50 号），对加强高收入者个人所得税征管提出新的明确要求，全面部署了各项征管工作。各地结合实际，总结经验，确定了本地区高收入者个人所得税管理思路，甘肃等省市还以省政府的名义发文进行部署。

（二）　高收入者自行纳税申报情况

根据《个人所得税法实施条例》规定，年所得 12 万元以上纳税人年终有自行纳税申报的义务。据统计，截至 2012 年 3 月 31 日申报期结束，全国共有 372 万纳税人到税务机关办理 2011 年度个人所得税自行纳税申报，申报已缴税额 2140 亿元，申报应补税额 21 亿元，申报缴税额占 2011 年度个人所得税收入总额的 35%。年所得 12 万元以上纳税人每年缴纳税款占个人所得税当年收入的比例逐年上升，高收入者每年人均纳税稳步增加，是个人所得税的重要收入来源，个人所得税在再分配环节发挥了积极作用。

（三）　高收入者非劳动所得征管成效明显

2011 年，税务部门继续加强财产转让所得和利息、股息、红利所得征管，两个项目收入同比分别增长 79%、23%，个人所得税对高收入者非劳动所得调节成效明显。

一是切实加强股权转让所得个人所得税征管。国家税务总局积极联系国家工商行政管理总局，多次沟通协调，12 月 22 日两家联合下发了《关于加强税务工商合作　实现股权转让信息共享的通知》（国税发〔2011〕126 号），对工商管理部门向税务部门提供股权变更登记信息作出了明确要求。税务部门在获取信息后，依法开展股权转让所得计税依据审核评估，带动相关项目个人所得税收入增长。

二是严格执行限售股转让所得、房屋转让所得、拍卖所得征税政策。纠正个别地区限售股征税返还地方分成的做法，切实加强限售股转让所得个人所得税征管。积极推行应用房地产价格评估技术，加强房屋转让所得计税依据审核，对不能核实征收的，根据二手房市场交易价格，及时调整核定征收率。积极与拍卖行（公司）协调沟通，优化税收征管流程，加强拍卖所得征收管理。

三是创新利息、股息、红利所得征管措施。对企业及其他组织向个人借款并支付利息的，积极通过核查相关企业所得税前扣除凭证等方式，督导企业或有关组织依法扣缴个人所得税。大力加强以未分配利润、盈余公积和资产评估增值转增注册资本和股本的个人所得税征管，严格执行相关征免税政策。对连续盈利且不分配股息、红利或者核定征收企业所得税的企业，税务机关对其个人投资者的股息、红利等所得，实施重点跟踪管理，帮助高收入者防范个人所得税涉税风险。

四、完善个人所得税征管配套条件的政策建议

《"十二五"规划纲要》明确提出"加快完善再分配调节机制"，"加大对高收入者的税收调节力度"，"逐步建立健全综合与分类相结合的个人所得税制度，完善个人所得税征管机制"。实现上述目标，必须有完善的个人所得税征管配套条件作保障。当前个人所得税征收管理面临着一系列征管配套条件不足的现状：一是现行税收征管法未完全建立对自然人直接征税的相关法律制度；二是各部门涉税信息共享不足，协税护税机制不完善；三是信息共享需要统一的技术保障。完善个人所得税征收管理配套条件，建议重点做好以下几项工作：

（一）尽快修改税收征管法

现行税收征管法中规定的一些征收管理制度，如税务登记、纳税申报、税务检查、税收保全和强制执行措施等，都明确规定仅适用于从事生产经营的纳税人，不完全适用于自然人，个人所得税征管工作缺乏强有力的法律保障。要尽早将税收征管法列入立法计划，加快工作进程，完善相关法律措施，提高税务机关对个人所得税的管理和稽查能力，促进高收入者依法纳税，防范其逃避税收的调节。

（二）建立涉税信息共享机制

个人所得税是对纳税人的所得进行征税，税务机关需要对纳税人不同来源的所得信息进行归集，切实做到"高收入者多纳税"。这需要依法建立健全第三方涉税信息共享机制。主要包括：公安部门提供个人身份证及

户籍信息；民政部门提供婚姻家庭信息；银行提供个人银行账户及超过一定额度的交易信息；建设部门提供个人房产及转让信息；工商部门提供自然人股东信息和股权转让信息；出入境管理部门提供外籍人员出入境情况信息；证券部门提供上市公司股息红利分配信息，等等。

（三）　完善协税、护税、征税的技术保障

随着信息技术的不断发展，税收征管水平的不断提高，很大程度上依靠建立起一个结构完整、功能齐全的征管信息系统，以接收和处理各种涉税信息。一方面，要加快推进金税三期工程建设和实施，尽早建成全国统一的个人所得税管理信息系统。依托该系统接收、存储、分析、比对、处理来自各方面的个人收入和纳税信息，办理个人所得税申报、征收、评估、审核、汇算清缴、补退税等各项纳税事宜。另一方面，要注重通过互联网获取外部涉税信息，建立政府主导、各部门参与的信息共享平台。通过各部门涉税信息共享，建设高度共享的数据仓库，建立协税护税的技术保障机制，并推动各部门加强和创新社会管理。

（税务总局所得税司　周晓君）

第八章

2011 年社会保险基金运行发展状况

2011 年社会保险基金收入继续保持较快增长，各级财政对社会保险补助力度逐步提高，社会保障能力显著增强。但也要看到，社会保险基金管理水平有待进一步提高，风险防控机制有待进一步健全。

一、社会保险基金发展宏观环境

（一）国际经济环境复杂多变

2011 年，全球经济总体处于危机后的缓慢复苏阶段，不稳定、不确定因素增多。其中，美国经济保持温和增长，欧债危机加重，日本经济仍

表 8 - 1　　　　2011 年世界经济体主要经济数据　　　单位：%

地区		四个季度经济增长环比折年率				CPI	失业率
		一季度	二季度	三季度	四季度		
主要发达经济体	美国	0.4	1.3	1.8	3	3.16	8.3
	欧元区	3.1	0.6	0.5	-0.3	3	10.4
	日本	-6.8	-1.5	7	-2.3	通缩	4.6
新兴经济体		7.2				9 左右	10 以上
其中：中国		9.2				5.4	4.1

资料来源：新兴经济体数据来自 2012 年博鳌亚洲论坛；中国失业率为城镇登记失业率。

旧低迷，巴西、印度、俄罗斯等新兴经济体增速下降。与此同时，经济问题与社会问题的联动进一步增强，全球经济增长乏力、失业率长期高位徘徊、收入差距扩大等经济问题不断引发诸如欧洲的骚乱、示威，以及美国的"占领华尔街"等社会问题。

（二）　国内经济运行总体平稳

在国际经济环境的大背景下，我国经济发展优势凸显：2011 年度全年 GDP 总量达 47 万亿元，增长 9.2%，其中第二、三产业增加值占比为90%；全年 CPI 为年均 5.4%，其中月度涨幅中 6～9 月份均在 6.1% 以上；年末全国就业人数 7.6 亿人，其中城镇就业人数 3.6 亿人，占 47%，农民工总量为 2.5 亿人，占 33%，城镇登记失业率为 4.1%；全年财政收入 10.37 万亿元，增长 24.8%；城镇居民人均可支配收入 2.18 万元，实际增长 8.4%，农村居民人均纯收入 6977 元，实际增长 11.4%。与此同时，我国经济社会发展仍然面临不少困难和挑战：体制性、结构性矛盾凸显，发展中不平衡、不协调、不可持续的问题突出，经济增长下行压力加大，物价水平仍处高位，就业压力增大，小微企业经营困难，收入分配差距过大，等等。

（三）　切实保障和改善民生

社会保障体系建设得到全面加强，向全面覆盖迈出了重大步伐，进一步推进了基本公共服务的均等化：《社会保险法》的颁布实施，使我国社会保险事业发展全面进入法制化轨道；城镇居民养老保险制度全面启动，实现了养老保险城乡统筹；基本医疗保险覆盖范围继续扩大，全民医保体系初步形成；新《工伤保险条例》的修订实施，扩大了工伤保险适用范围，大幅度提高了工伤保险待遇，增加了基金支出项目，加大了强制力度；着力解决历史遗留问题，使 500 多万集体企业退休人员和"五七工"、"家属工"纳入了养老保险，使 312 万企业"老工伤"人员和工亡职工供养亲属纳入了工伤保险统筹管理。与此同时，积极促进收入分配关系调整，提高低收入人群收入，各地普遍调高最低工资标准，连续 7 年提高企业退休人员基本养老金，使 5700 多万人受益。

二、社会保险基金运行的总体情况

在复杂的国内外经济形势下，2011 年基本养老（含新农保）、基本医疗、工伤、失业和生育保险基金（下称五项基金）运行平稳，不仅有助于我国经济的稳定增长，而且对于稳定社会秩序，调节收入分配也发挥了重要作用。

（一）基金收支规模快速扩大

表 8 - 2　　"十五"、"十一五"及"十二五"初期五项
社会保险基金收入、支出、结余情况　单位：亿元、%

年份	基金收入			基金支出			基金累计结余		
	合计	增加额	增长率	合计	增加额	增长率	合计	增加额	增长率
2001	3102	458	17.3	2749	362	15.2	1623	295	22.2
2002	4050	948	30.6	3472	723	26.3	2424	801	49.4
2003	4883	834	20.6	4017	545	15.7	3314	890	36.7
2004	5780	897	18.4	4627	611	15.2	4494	1179	35.6
2005	6968	1188	20.5	5401	774	16.7	6074	1581	35.2
"十五"时期平均增长率	21.4	—	—	17.8	—	—	35.5	—	—
2006	8626	1658	23.8	6472	1071	19.8	8255	2181	35.9
2007	10813	2187	25.4	7889	1417	21.9	11237	2982	36.1
2008	13696	2883	26.7	9924	2035	25.8	15175	3938	35.0
2009	16115	2419	17.7	12302	2378	24.0	19292	4117	27.1
2010	19278	3163	19.6	15018	2716	22.1	23325	4033	20.9
"十一五"时期平均增长率	22.6	—	—	22.7	—	—	30.9	—	—
2011	25113	5835	30.3	18639	3621	24.1	30101	6776	29.1

注：累计结余中不含工伤储备金结余 101 亿元。

2011 年五项基金总收入 2.51 万亿元，同比增加 5835 亿元，增长

30.3%，基金总支出 1.86 万亿元，同比增加 3621 亿元，增长 24%，基金累计结余 3 万亿元，比上年增加 6776 亿元。

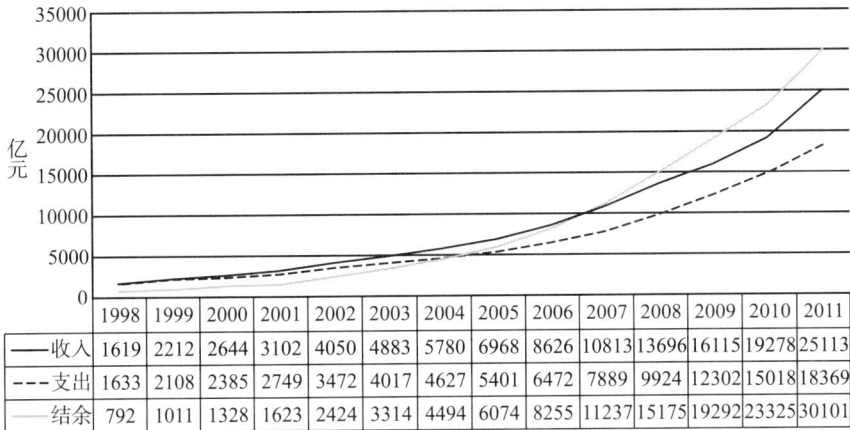

	1998	1999	2000	2001	2002	2003	2004	2005	2006	2007	2008	2009	2010	2011
收入	1619	2212	2644	3102	4050	4883	5780	6968	8626	10813	13696	16115	19278	25113
支出	1633	2108	2385	2749	3472	4017	4627	5401	6472	7889	9924	12302	15018	18369
结余	792	1011	1328	1623	2424	3314	4494	6074	8255	11237	15175	19292	23325	30101

图 8-1　历年社会保险基金收入、支出、结余情况

2011 年度基金收支规模达 4.37 万亿元。五项基金收支总量规模占财政收支总量规模首次超过 20%（为使于比较口径，暂未扣除社保基金收入中的各级财政补助收入）。

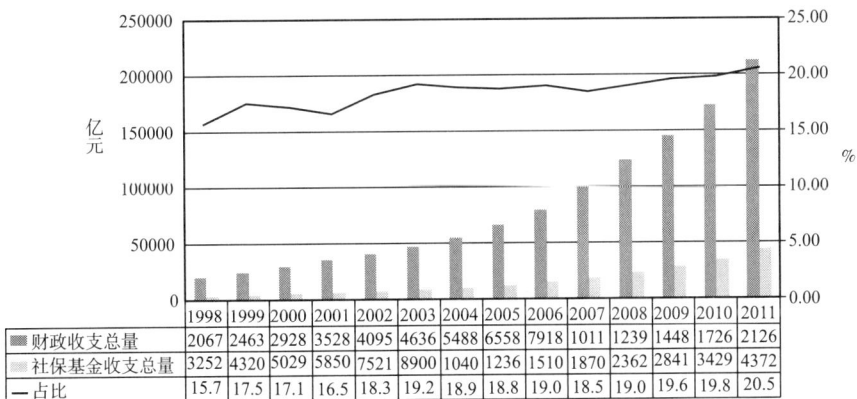

	1998	1999	2000	2001	2002	2003	2004	2005	2006	2007	2008	2009	2010	2011
财政收支总量	2067	2463	2928	3528	4095	4636	5488	6558	7918	1011	1239	1448	1726	2126
社保基金收支总量	3252	4320	5029	5850	7521	8900	1040	1236	1510	1870	2362	2841	3429	4372
占比	15.7	17.5	17.1	16.5	18.3	19.2	18.9	18.8	19.0	18.5	19.0	19.6	19.8	20.5

图 8-2　社会保险基金收支规模与财政收支规模占比情况

（二）基金收支保持高位增长

2011 年度五项基金收入同比增长 30.3%（剔除新农保因素，为

28%），高于"十五"、"十一五"平均值，亦为近年最高；2011 年度五项基金支出同比增长 24%（剔除新农保因素，为 21.8%），略低于"十一五"时期平均增长，仍保持高位。基金收入、支出同比增量为 5835 亿元和 3621 亿元，分别超过"十五"收入增量合计（4324 亿元）和支出增量合计（3105 亿元），是"十一五"期间增量总计的 48% 和 38%。

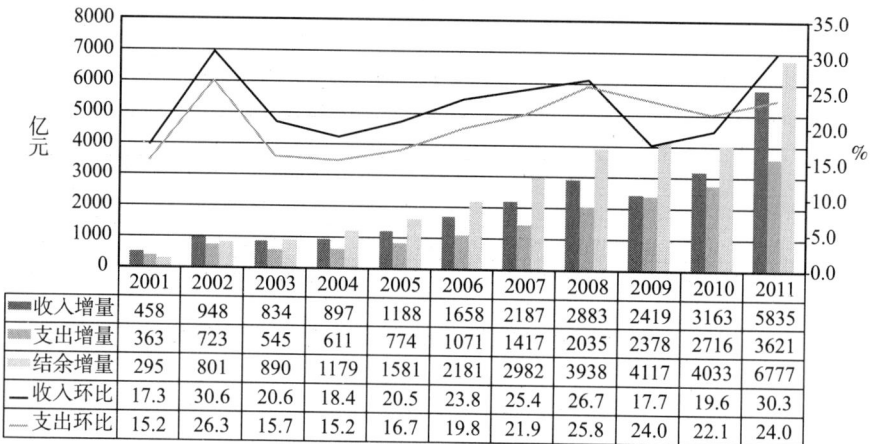

亿元	2001	2002	2003	2004	2005	2006	2007	2008	2009	2010	2011
收入增量	458	948	834	897	1188	1658	2187	2883	2419	3163	5835
支出增量	363	723	545	611	774	1071	1417	2035	2378	2716	3621
结余增量	295	801	890	1179	1581	2181	2982	3938	4117	4033	6777
收入环比	17.3	30.6	20.6	18.4	20.5	23.8	25.4	26.7	17.7	19.6	30.3
支出环比	15.2	26.3	15.7	15.2	16.7	19.8	21.9	25.8	24.0	22.1	24.0

图 8 - 3　"十五"、"十一五"、"十二五"初期
基金环比增速及增量情况

三、社会保险基金资产负债情况

（一）基金资产持续增长

2011 年年末，五项基金资产达到 31375 亿元，首次突破 3 万亿元。

（二）流动性资产占比仍然偏高

2011 年年末，基金流动性资产（包括现金、收入户存款、支出户存款和财政专户存款）为 29274 亿元，占资产总额的 92%，其中财政专户存款为 27465 亿元，占资产总额的 86%；基金投资运营资产（包括债券投资、委托运营、协议存款）为 1641 亿元，仅占 5%，暂付款 1007 亿元，占 3%。

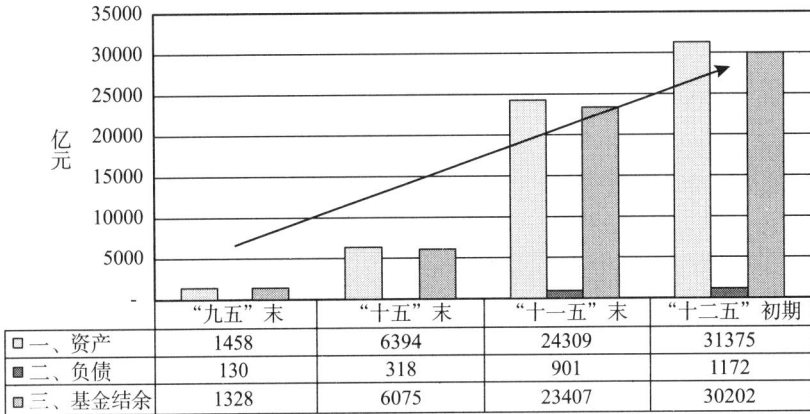

	"九五"末	"十五"末	"十一五"末	"十二五"初期
一、资产	1458	6394	24309	31375
二、负债	130	318	901	1172
三、基金结余	1328	6075	23407	30202

图 8-4 "九五"、"十五"、"十一五" 末期及
"十二五" 初期五项基金资产负债情况

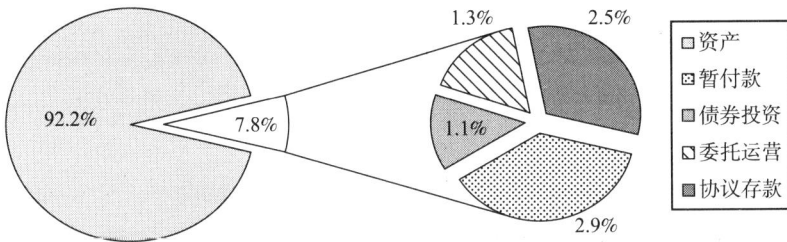

图 8-5 2011 年年末五项基金资产中非流动性资产占比情况

四、社会保险基金收入发展情况

2011 年，五项基金收入持续高速增长，比上年增长 30.3%，为近 10 年的峰值。

表 8 - 3　　　　　历年五项社会保险基金收入情况　　　　单位：亿元

项目	年份	合计	环比（％）	增量	养老保险	失业保险	医疗保险	工伤保险	生育保险
"十五"	1998	1619	—	—	1459	68	61	21	10
	1999	2212	36.6	593	1965	125	90	21	11
	2000	2644	19.6	432	2278	160	170	25	11
	2001	3102	17.3	458	2489	187	384	28	14
	2002	4050	30.6	948	3172	216	608	32	22
	2003	4883	20.6	834	3680	350	890	38	26
	2004	5780	18.4	897	4258	291	1141	58	32
	2005	6968	20.5	1188	5093	333	1405	93	44
	5年平均	21.4	—	—	17.5	15.8	52.6	30.3	31.5
"十一五"	2006	8626	23.8	1658	6310	385	1747	122	62
	2007	10813	25.4	2187	7834	472	2257	166	84
	2008	13696	26.7	2883	9740	585	3040	217	114
	2009	16115	17.7	2419	11491	580	3672	240	132
	2010	19278	19.6	3163	13873	650	4310	285	160
	5年平均	22.6	—	—	21.4	14.3	25.1	25.1	29.5
"十二五"初期	2011	25113	30.3	5834	17965	923	5539	466	220
	同比（％）	30.3	—	—	25.9	42.0	28.5	63.5	37.5

（一）征缴收入增速高于GDP和财政收入名义增速，历年累计征缴收入突破10万亿元

2011年，五项基金征缴收入20653亿元，环比增长27.3%，为近9年最高。此增速高于"十五"、"十一五"时期平均增速（分别为23%和22.8%）4.3个百分点和4.5个百分点，高于同期GDP名义增速8.5个百分点[①]，高于同期财政收入增速2.7个百分点。1998～2011年，五险征缴收入历年累计额为105959亿元。

① 本报告中GDP增长率均为按当年价格计算的名义增长率。

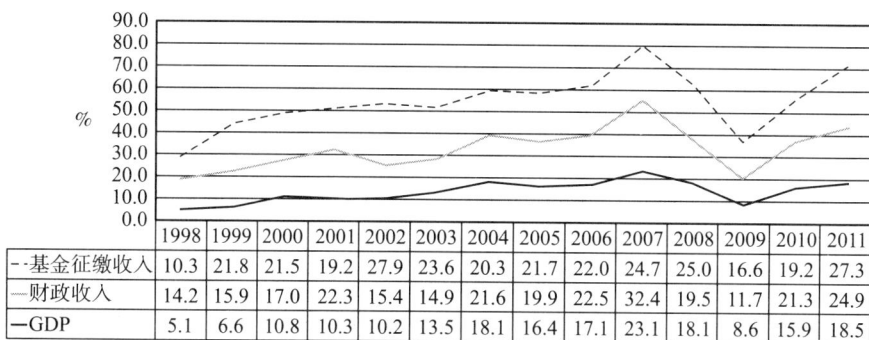

	1998	1999	2000	2001	2002	2003	2004	2005	2006	2007	2008	2009	2010	2011
--基金征缴收入	10.3	21.8	21.5	19.2	27.9	23.6	20.3	21.7	22.0	24.7	25.0	16.6	19.2	27.3
⋯⋯财政收入	14.2	15.9	17.0	22.3	15.4	14.9	21.6	19.9	22.5	32.4	19.5	11.7	21.3	24.9
—GDP	5.1	6.6	10.8	10.3	10.2	13.5	18.1	16.4	17.1	23.1	18.1	8.6	15.9	18.5

图 8 - 6　历年全国 GDP、财政收入、基金征缴收入环比增长情况

2011 年度，五项基金征缴收入与 GDP 和财政收入的名义弹性进一步加大，基金征缴收入增长与 GDP 增长的名义弹性系数①为 1.73，基金征缴收入增长与财政收入增长弹性系数②为 1.46，均接近近 10 年峰值，其主要成因是基金征缴收入持续保持较高增速，而我国经济增速及财政增速均趋缓。历年五项社会保险征缴收入与 GDP、财政收入的弹性系数见图 8 - 7。

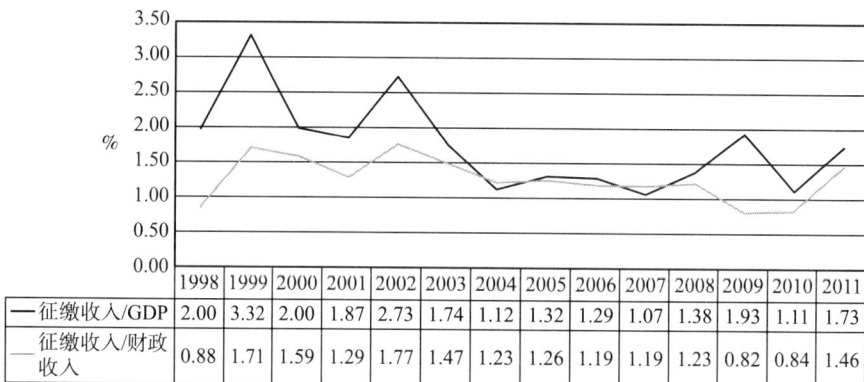

	1998	1999	2000	2001	2002	2003	2004	2005	2006	2007	2008	2009	2010	2011
—征缴收入/GDP	2.00	3.32	2.00	1.87	2.73	1.74	1.12	1.32	1.29	1.07	1.38	1.93	1.11	1.73
⋯征缴收入/财政收入	0.88	1.71	1.59	1.29	1.77	1.47	1.23	1.26	1.19	1.19	1.23	0.82	0.84	1.46

图 8 - 7　历年基金征缴收入与 GDP、财政收入弹性系数情况

（二）征缴收入占 GDP 的比重创历史新高

2011 年度五项基金征缴收入占 GDP 的比重为 4.38%，相当于财政收入

---

①　基金征缴收入增长率与名义 GDP 增长率之比。
②　基金征缴收入增长率与财政收入增长率之比。

的19.9%，均为历年新高。社会保险基金的稳健运行不仅是社会保障制度运行的重要基础，同时对促进经济发展和社会和谐稳定也发挥了重要作用。

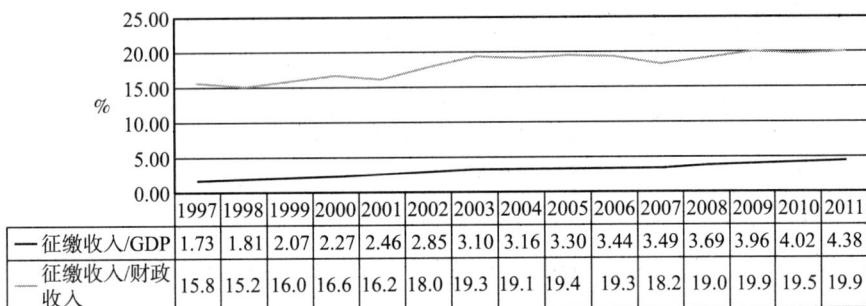

	1997	1998	1999	2000	2001	2002	2003	2004	2005	2006	2007	2008	2009	2010	2011
征缴收入/GDP	1.73	1.81	2.07	2.27	2.46	2.85	3.10	3.16	3.30	3.44	3.49	3.69	3.96	4.02	4.38
征缴收入/财政收入	15.8	15.2	16.0	16.6	16.2	18.0	19.3	19.1	19.4	19.3	18.2	19.0	19.9	19.5	19.9

图8-8　历年基金征缴收入与GDP、财政收入占比趋势

（三）基金征缴收入总量区域结构与经济发展水平呈稳定正相关

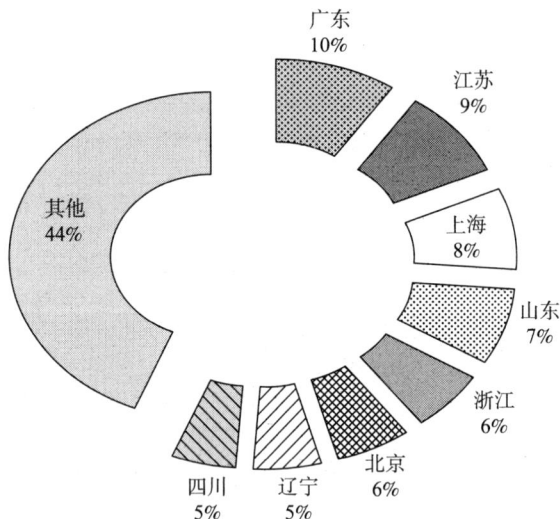

图8-9　历年五项基金累计征缴收入地区占比情况

受我国区域经济结构的影响，五项基金征缴收入总量分布也呈现出明显的地区特征，广东、江苏、上海、山东、浙江、北京、辽宁和四川八省市，五项基金征缴收入占比均在5%以上，八省市总量合计占到全国的56%。从历年累计情况看，广东省五项基金征缴收入总量占全国总量的

10%，江苏、上海分别占9%和8%。从2010年度全国GDP分布情况看①，广东、江苏、山东、浙江等省份基金征缴收入区域分布与GDP总量地域分布基本一致。

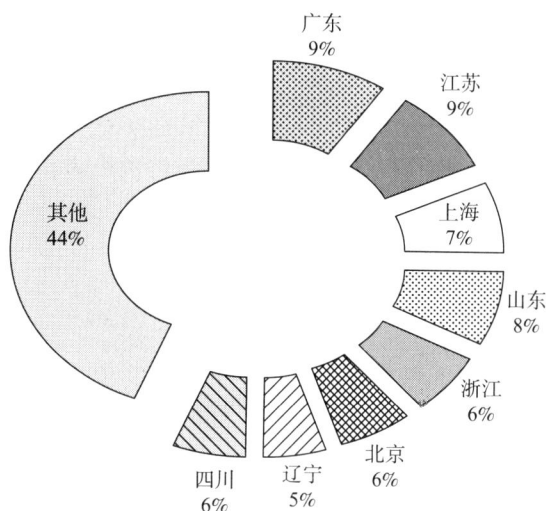

图8-10　2011年五项基金征缴收入地区占比情况

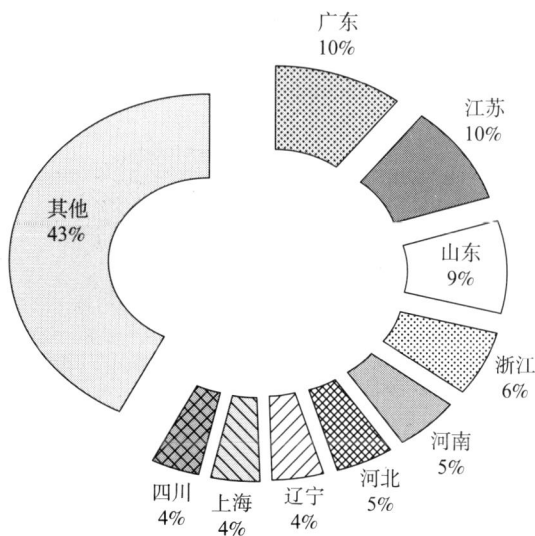

图8-11　2011年各省GDP总量占比情况

---

①　2011年度分地区GDP尚未公布。

（四）基金收入总量结构相对稳定，各级财政对社会保险补助支出逐步提高

"十五"时期，基金收入总量为 24783 亿元，其中养老和医疗保险分别占 75% 和 18%。"十一五"时期，基金收入总量为 68075 亿元，其中养老和医疗保险分别占到 72% 和 22%。2011 年，养老、医疗保险基金收入总量占比基本没有变化，仅有新农保和居民医疗保险占比分别由 0.4% 和 0.8% 提高到 4.2% 和 2.3%。

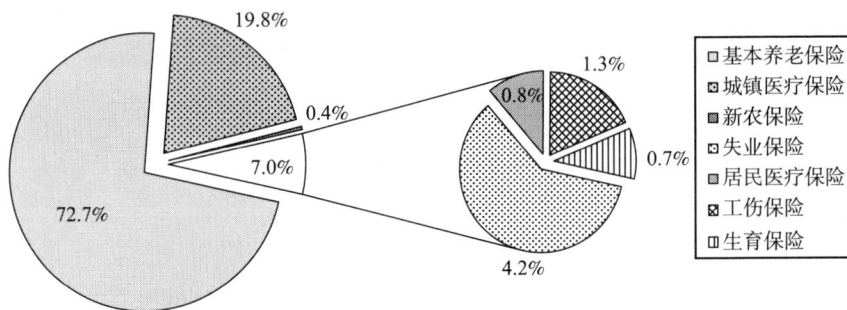

图 8-12　"十五"、"十一五"时期五项基金收入总量占比情况

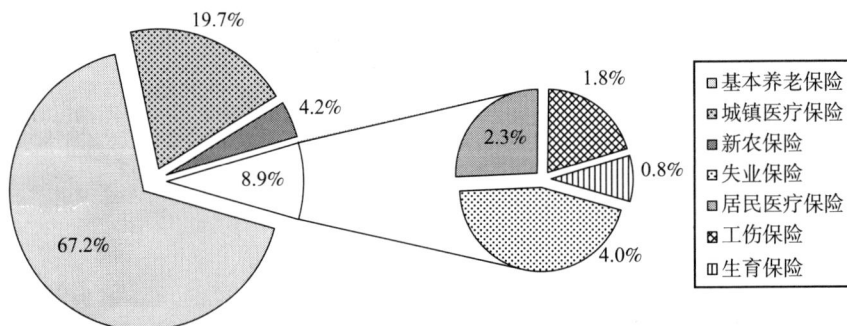

图 8-13　"十二五"初期五项基金收入总量占比情况

基金总收入中财政补助所占比重逐年提高，2011 年度占基金总收入的 14%，基金征缴收入占总收入的 82%。1998~2011 年，累计财政补助收入中，中央财政累计补助占 76%；地方财政累计补助占 24%。若按险种划分，养老保险（含城镇居民和新农保）占 88%，医疗保险（含居民医疗）占 11%。

从各年社会保险财政补助占财政支出的比例看，仍呈逐年递增趋势。

	1998	1999	2000	2001	2002	2003	2004	2005	2006	2007	2008	2009	2010	2011
对基金补助占财政收入	0.26	1.59	2.74	2.50	2.50	2.54	2.42	2.12	2.48	2.35	2.75	3.35	3.01	3.44
对基金补助占财政支出	0.24	1.38	2.31	2.16	2.15	2.24	2.24	1.97	2.37	2.43	2.69	3.00	2.79	3.27

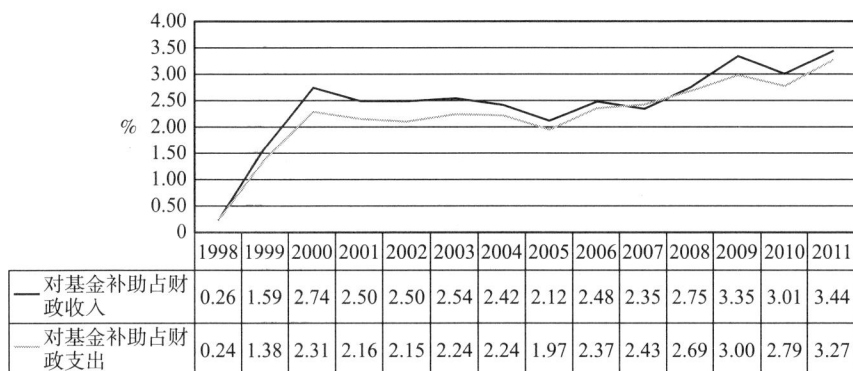

图 8 – 14　历年财政对五项基金补助占当期财政收入、支出情况

五、社会保险基金支出发展情况

(一) 基金支出增长总体趋势稳定

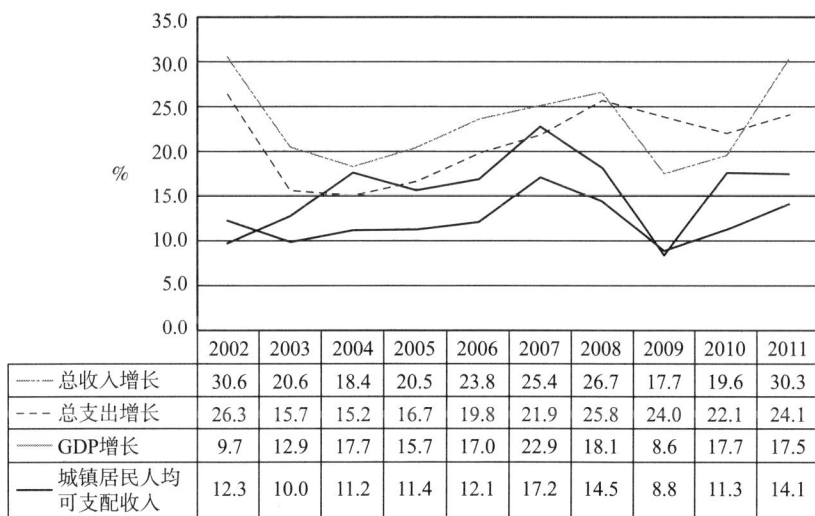

	2002	2003	2004	2005	2006	2007	2008	2009	2010	2011
总收入增长	30.6	20.6	18.4	20.5	23.8	25.4	26.7	17.7	19.6	30.3
总支出增长	26.3	15.7	15.2	16.7	19.8	21.9	25.8	24.0	22.1	24.1
GDP增长	9.7	12.9	17.7	15.7	17.0	22.9	18.1	8.6	17.7	17.5
城镇居民人均可支配收入	12.3	10.0	11.2	11.4	12.1	17.2	14.5	8.8	11.3	14.1

**图 8 – 15　"十五"、"十一五"及"十二五"初期
五项基金环比增长趋势**

2011年，五项基金支出18639亿元，比上年增长24.1%，低于基金收入增长但高于经济增长率。

表8-4 　　　　历年五项社会保险基金支出情况 　　　　单位：亿元

项目	年份	合计	环比（%）	增量	养老保险	失业保险	医疗保险	工伤保险	生育保险
"十五"	1998	1633	—	—	1512	52	53	9	7
	1999	2108	29.1	475	1925	92	69	15	7
	2000	2385	13.1	277	2115	123	125	14	8
	2001	2749	15.2	363	2321.3	157	244	17	10
	2002	3472	26.3	723	2843	187	409	20	13
	2003	4017	15.7	545	3122.1	200	654	27	14
	2004	4627	15.2	611	3502	211	862	33	19
	2005	5401	16.7	774	4040	207	1079	48	27
	5年平均	17.8	—	—	13.8	10.9	54.0	28.3	26.6
"十一五"	2006	6472	19.8	1071	4897	193	1277	68	37
	2007	7889	21.9	1417	5965	218	1562	88	56
	2008	9924	25.8	2035	7390	253	2083	127	71
	2009	12302	24.0	2378	8894	367	2797	156	88
	2010	15018	22.1	2716	10755	423	3538	192	110
	5年平均	22.7	—	—	21.2	15.4	26.8	32.0	32.4
"十二五"初期	2011	18639	24.1	3621	13353	432.8	4431	284	139
	同比（%）	24.1	—	—	20.9	2.3	25.2	47.9	26.4

与此同时，基金支出的发展趋势也与经济增长和居民消费水平增长比值弹性渐趋稳定，从近10年的弹性增长看，基金支出与GDP和城镇居民人均可支配收入（暂忽略农村因素）的弹性系数分别在0.8和0.6之间，社会保险待遇水平与经济社会增长相关度更加契合。

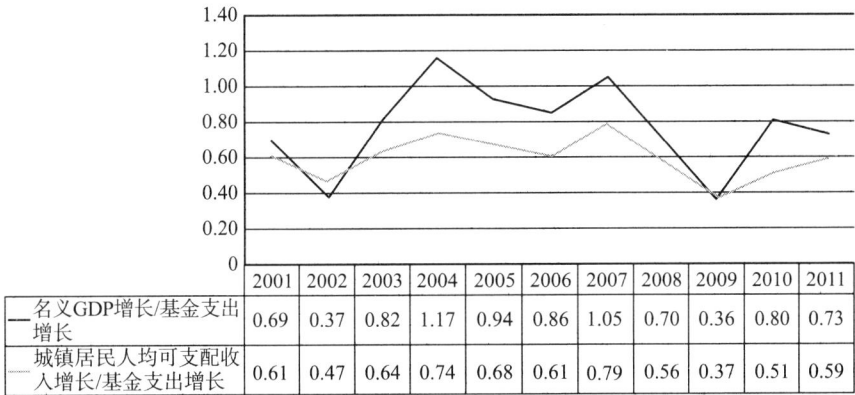

	2001	2002	2003	2004	2005	2006	2007	2008	2009	2010	2011
名义GDP增长/基金支出增长	0.69	0.37	0.82	1.17	0.94	0.86	1.05	0.70	0.36	0.80	0.73
城镇居民人均可支配收入增长/基金支出增长	0.61	0.47	0.64	0.74	0.68	0.61	0.79	0.56	0.37	0.51	0.59

图 8-16 历年经济增长与基金支出增长弹性系数情况

（二）各项社会保险基金支出增长渐趋平和

从总体上看，2011年度，五项基金支出增幅与"十一五"时期平均增幅基本趋同，并呈渐趋平和态势。

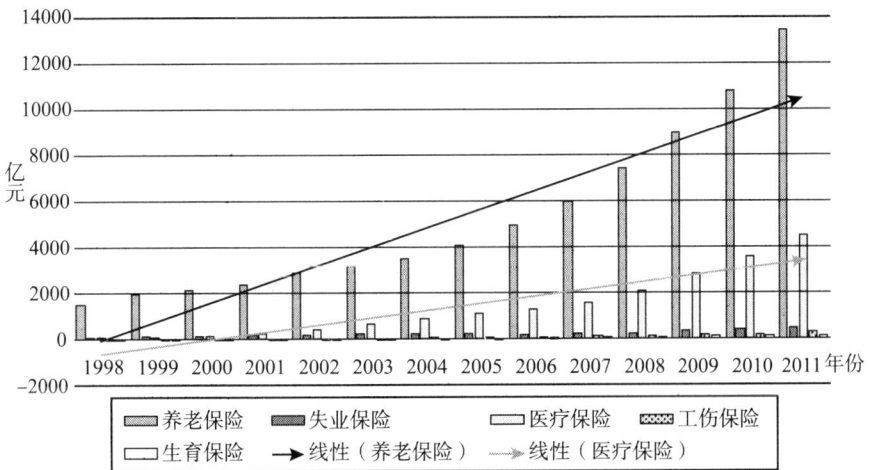

图 8-17 历年五项基金支出增长情况

从基金支出情况看，各险种略有差异：基本养老保险基金支出环比增长20.9%，略低于"十一五"时期的平均水平（21.2%），但增长曲线渐趋平滑；基本医疗保险基金支出环比增长25.2%，略低于"十一五"时期平均水平（26.8%）；生育保险环比增长 26.4%，虽低于"十一五"时期平均水平（32.4%）6 个百分点，但从近 4 年的运行情况看，环比增幅平稳；工伤保险环比增幅 47.9%，较上年环比增加 24.8 个百分点，主要是受解决"老工伤"待遇等政策因素影响。

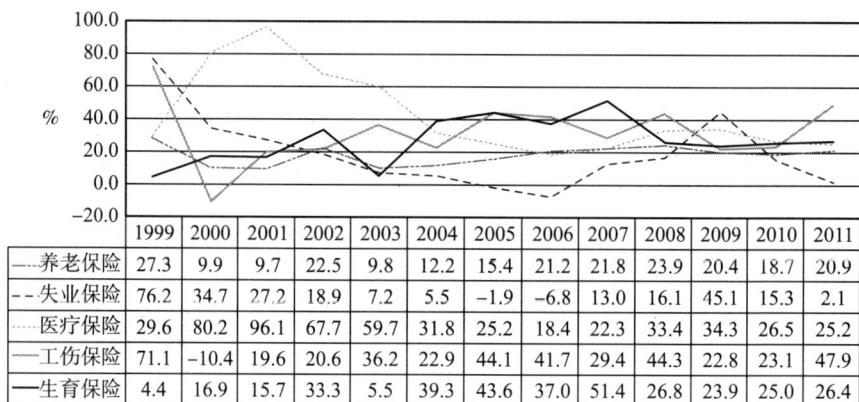

	1999	2000	2001	2002	2003	2004	2005	2006	2007	2008	2009	2010	2011
养老保险	27.3	9.9	9.7	22.5	9.8	12.2	15.4	21.2	21.8	23.9	20.4	18.7	20.9
失业保险	76.2	34.7	27.2	18.9	7.2	5.5	−1.9	−6.8	13.0	16.1	45.1	15.3	2.1
医疗保险	29.6	80.2	96.1	67.7	59.7	31.8	25.2	18.4	22.3	33.4	34.3	26.5	25.2
工伤保险	71.1	−10.4	19.6	20.6	36.2	22.9	44.1	41.7	29.4	44.3	22.8	23.1	47.9
生育保险	4.4	16.9	15.7	33.3	5.5	39.3	43.6	37.0	51.4	26.8	23.9	25.0	26.4

图 8 − 18　　历年五项基金支出环比增长情况

六、社会保险基金结余情况

2011 年年末，五项基金累计结余 30202 亿元，其中养老、医疗、工伤、失业、生育保险分别为 20696 亿元、6180 亿元、743 亿元、2240 亿元和 343 亿元（其中医疗、工伤保险分别包含个人账户累计结余 2165 亿元和储备金 101 亿元），分别占到 68%、20%、2%、8% 和 2%。

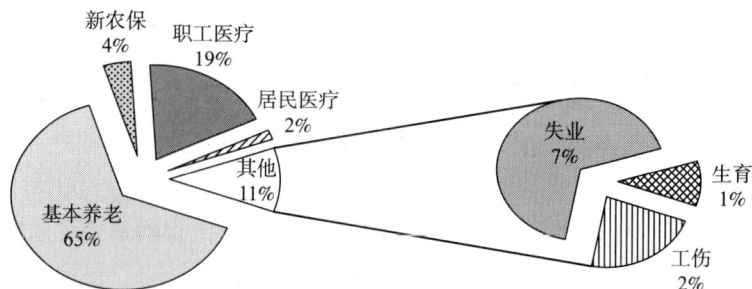

图 8 − 19　　2011 年年末各项社会保险基金累计结余

五项基金累计结余继 2008～2010 年三年连续下降后，2011 年度，环比增幅整体上扬，与"十一五"时期平均水平基本持平。

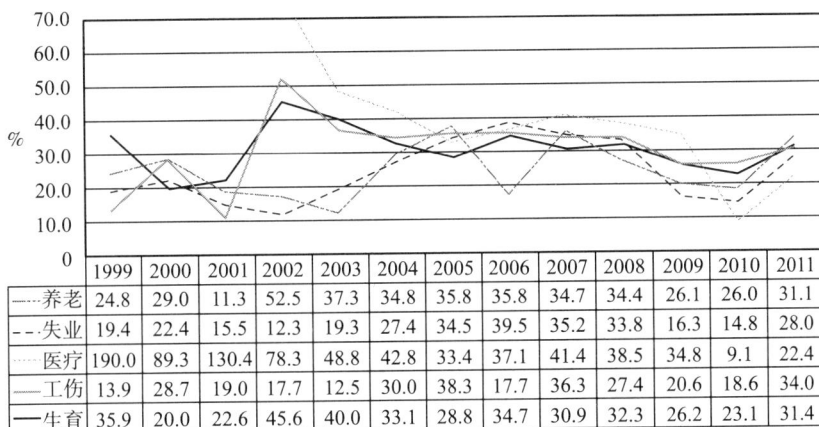

	1999	2000	2001	2002	2003	2004	2005	2006	2007	2008	2009	2010	2011
养老	24.8	29.0	11.3	52.5	37.3	34.8	35.8	35.8	34.7	34.4	26.1	26.0	31.1
失业	19.4	22.4	15.5	12.3	19.3	27.4	34.5	39.5	35.2	33.8	16.3	14.8	28.0
医疗	190.0	89.3	130.4	78.3	48.8	42.8	33.4	37.1	41.4	38.5	34.8	9.1	22.4
工伤	13.9	28.7	19.0	17.7	12.5	30.0	38.3	17.7	36.3	27.4	20.6	18.6	34.0
生育	35.9	20.0	22.6	45.6	40.0	33.1	28.8	34.7	30.9	32.3	26.2	23.1	31.4

图 8－20　历年基金结余环比增长情况

除失业保险外，可支付月数基本稳定在"十一五"时期平均水平上。

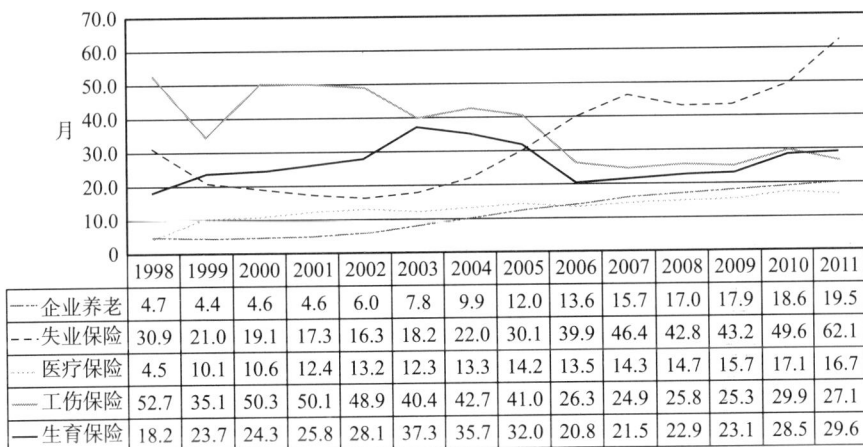

	1998	1999	2000	2001	2002	2003	2004	2005	2006	2007	2008	2009	2010	2011
企业养老	4.7	4.4	4.6	4.6	6.0	7.8	9.9	12.0	13.6	15.7	17.0	17.9	18.6	19.5
失业保险	30.9	21.0	19.1	17.3	16.3	18.2	22.0	30.1	39.9	46.4	42.8	43.2	49.6	62.1
医疗保险	4.5	10.1	10.6	12.4	13.2	12.3	13.3	14.2	13.5	14.3	14.7	15.7	17.1	16.7
工伤保险	52.7	35.1	50.3	50.1	48.9	40.4	42.7	41.0	26.3	24.9	25.8	25.3	29.9	27.1
生育保险	18.2	23.7	24.3	25.8	28.1	37.3	35.7	32.0	20.8	21.5	22.9	23.1	28.5	29.6

图 8－21　历年基金结余可支付月数情况

七、社会保险基金收益情况

2011 年，各项社会保险基金利息收入 620 亿元，同比增加 231 亿元，增长 59%。其中，养老保险当期利息收入 455 亿元，占利息收入总量的 73%，增速较快的主要原因有：一是利率上调，2011 年度央行三次调高基准利率；二是部分个人账户做实省份委托理事会运营资金到期付息（约定期限为 5 年，即 2006～2011 年）。

八、社会保险基金预算试编情况

2010 年，国务院发布了《关于试行社会保险基金预算的意见》（以下简称 2 号文件），目前已经试行编制了 2010 年、2011 年和 2012 年度基金预算，预算编制范围由 2010 年的五项基金，扩大到 2011 年的七项基金，2012 年扩大到全部险种。从基金预算的试行情况看，主要有以下几个方面：

（一）基金预算的组织编制逐步规范

试行之初，基金预算的管理组织机构尚属空白，部门间的职能交叉较多，掣肘大于合作，经过艰难的协调和磨合，相关部门基本履行了 2 号文件的相关职责，形成了社保经办机构编制、社保行政部门汇总审核、财政审核的组织工作机制，基金预算的组织协调工作渐趋规范。

（二）基金预算的编制质量逐步提高

从近三年的基金预算编制情况看，基金预算的编制质量及基础数据质量逐步提高，编制方法渐趋规范，基金收支预算逐步趋于理性。

但从运行情况看，仍存在如下问题：基金收入预算偏低而支出预算虚高的现象一直存在，基金总收入和基金征缴收入预算增长率基本在 8% 以

表8-5 2010~2012年五项社会保险基金预算编制和执行情况

项目			上年决算(亿元)	2010年预算 当期预算(亿元)	2010年预算 比上年决算(%)	2010年决算 当期决算	2010年决算 比上年决算(%)	2010年决算 预算执行(%)	2011年预算 当期预算(亿元)	2011年预算 比上年决算(%)	2011年决算 当期决算	2011年决算 比上年决算(%)	2011年决算 预算执行(%)	2012年预算 当期预算(亿元)	2012年预算 比上年决算(%)	2012年 比上年预算(%)
养老保险	合计	总收入	14582	15320	5.06	17071	17.1	111.4	19429	13.8	25582	49.9	131.7	27680	8.2	42.5
		征缴收	12366	13027	5.35	14609	18.1	112.1	15588	6.7	18657	27.7	119.7	19318	3.5	23.9
		总支出	10989	13613	23.88	13309	21.1	97.8	16816	26.4	18754	40.9	111.5	23178	23.6	37.8
	企业养老	总收入	10343	10919	5.57	12195	17.9	111.7	12792	4.9	15275	25.3	119.4	15753	3.1	23.1
		征缴收	8529	8844	3.69	10004	17.3	113.1	10377	3.7	12719	27.1	122.6	12895	1.4	24.3
		总支出	7872	9684	23.02	9429	19.8	97.4	11415	21.1	11293	19.8	98.9	13768	21.9	20.6
	新农保(含城乡一体)	总收入							789		1284		162.7	1899	47.9	140.7
		总支出							433		674		155.7	1096	62.6	153.1
	城镇居民	总收入									58			188	224.1	
		总支出									16			107	568.8	
	城镇职工	总收入	3297	3474	5.4	3793	15.0	109.2	4142	9.2	4765	25.6	115.0	5080	6.6	22.6
		征缴收	2945	3295	11.9	3576	21.4	108.5	3996	11.7	4472	25.1	111.9	4894	9.4	22.5
		总支出	2514	3077	22.4	3161	25.7	102.7	3739	18.3	3867	22.3	103.4	4430	14.6	18.5
医疗保险	城镇居民(含城乡一体)	总收入							444		705		158.8	842	19.4	89.6
		总支出							344		514		149.4	669	30.2	94.5
	新农合	总收入									1909			2327	21.9	
		总支出									1550			2086	34.6	

续表

项目		上年决算（亿元）	2010年					2011年					2012年		
			预算		决算			预算		决算			预算		
			当期预算（亿元）	比上年决算（%）	当期决算	比上年决算（%）	预算执行（%）	当期预算（亿元）	比上年决算（%）	当期决算	比上年决算（%）	预算执行（%）	当期预算（亿元）	比上年决算（%）	比上年预算（%）
工伤保险	总收入	227	233	2.6	270	18.9	115.9	326	20.7	448	65.9	137.4	425	-5.1	30.4
	征缴收	215	225	4.7	258	20.0	114.7	312	20.9	371	43.8	118.9	406	8.6	29.2
	总支出	145	184	26.9	179	23.4	97.3	268	49.7	271	51.4	101.1	342	26.2	27.6
失业保险	总收入	580	550	-5.2	649	11.9	118.0	755	16.3	923	42.2	122.3	916	-0.8	21.3
	征缴收	551	525	-4.7	619	12.3	117.9	726	17.3	885	43.0	121.9	881	-0.5	21.3
	总支出	365	556	52.3	424	16.2	76.3	486	14.6	432	1.9	88.9	497	15.0	2.3
生育保险	总收入	135	144	6.7	164	21.5	113.9	181	10.4	215	31.1	118.8	250	16.3	38.1
	征缴收	126	138	9.5	152	20.6	110.1	177	16.4	210	38.2	118.6	245	16.7	38.4
	总支出	93	112	20.4	116	24.7	103.6	131	12.9	137	18.1	104.6	183	33.6	39.7

内，而基金支出预算增长率基本在 20% 以上；从预算执行情况看，基金总收入和基金征缴收入基本在 110% 以上，而基金支出基本在 95% 左右，基金预算管理工作任重道远。

九、问题及政策建议

（一）基金管理制度尚需进一步完善

1. 社会保险基金立法亟待完善。《社会保险法》中尽管设专章对社会保险基金加以规定，但从立法本身讲，相关内容比较原则，需要在立法上加以细化；从基金管理实践的角度讲，在实践中涉及大量的实体和程序内容，需要有具体、细化的规则，但现行的法律规范却不敷其用，因而有必要制定专门的《社会保险基金管理条例》。

2. 财务会计制度不适应基金管理需要。现行财务制度和会计制度均颁布于 1999 年，远不能适应目前基金财务管理和会计核算的需要：一是财务制度设计缺乏整体性、技术性和前瞻性，而更多地受制于部门利益的纠葛，二是会计制度的基础设计不能满足社会保险基金核算需求，亟待完善。

3. 社会保险基金预算制度尚需进一步完善。一是社会保险基金预算在国家预算中的定位尚存争议，其独立性和重要性尚未充分体现；二是我国社会保险基金预算尚处在试编阶段，基金预算制度尚不完善，基金预算的激励约束机制尚未建立起来，监督、分配和管理职能尚未充分发挥，一些地区基金预算管理尚流于形式。

（二）社会保险基金运行管理水平有待提高

1. 基金统筹层次和调剂力度不高。社会保险统筹层次提高的关键是基金统筹调剂层次的提高，从目前全国各项社会保险运行情况看，基金统筹层次和调剂力度普遍不高，一些地区虽然实行了省级统筹或县级统筹，但仅限于在政策层面出台省级统筹制度或市级统筹制度，而没有真正做到在基金管理上的统收统支或是调剂，资金不仅在分布上存在结构性矛盾，调剂力度弱，而且大大影响制度本身的互济性的发挥。

2. 基金预算管理作用尚未充分发挥。社会保险基金预算制度建立后，经过三年的试编，对基金管理起到了积极的促进作用，但从基金预算管理的角度看，其功能和效力尚未充分发挥：一是通过基金预算调节基金收支平衡、提高基金运行效率的功能尚未充分发挥，如养老、失业保险的资金调剂功能，医疗保险按照以收定支、收支平衡的原则确定起付标准、支付限额以及个人负担比例机制，工伤、生育保险按照以支定收、收支平衡确定费率等机制，尚未在基金预算编制和预算管理中得以体现；二是基金预算的绩效考核和激励约束机制尚未建立，一些地区的预算软约束甚至无约束的现象尚不同程度地存在。

3. 基金风险控制机制薄弱，基金管理仍有盲区。随着基金管理不断向深度和广度扩展，基金管理和基金运行的风险逐步加大，特别是管理层级、环节、部门过多，管理链条过长，导致操作风险大，应引起足够的重视，以防患于未然。此外，受历史因素影响，医疗、工伤、生育、失业等保险在制度建立之初，为确保制度平稳过渡，一些行业或企业"封闭运行"，未纳入地方统筹，多数资金未纳入专户管理，在制度运行上存在隐患，同时"封闭"基金体外循环也带来了管理上的盲区。

4. 全国结算服务平台尚未建立，资金流动成本高。随着社会服务需求的提高，公众对社会服务需求日益加大，一方面，参保人员的流动性需求不断提高，但目前全国尚无统一的管理结算平台，资金跨统筹地区的资金流动成本高且管理风险大；另一方面，各项保险统筹层次的提高，统一的管理结算平台的欠缺，不仅使提高统筹层次缺少必要的信息技术平台支撑，也加大了基金的管理难度和管理成本。

（三）基金长期运行发展问题应引起重视

1. 历史债务越来越重。在企业基本养老保险制度确立过程中，由社会统筹向统账结合模式转换过程中产生的转轨成本逐年增加；一方面，历史债务越来越沉重，空账规模逐年加大，另一方面，沉重的历史债务使费率在一定时期内维持较高的水平。与此同时，人口老龄化给制度带来的冲击亦将使基金支付压力非常沉重。

2. 基金保值增值压力大。从过去10年的基金运行情况看，基金减值严重，解决保值增值的制度瓶颈迫在眉睫。

十、"十二五"期间社会保险基金 运行发展前瞻

(一)"十二五"期间社会保险基金运行发展环境

"十二五"时期，世情国情将继续发生深刻变化，在世界多极化、经济全球化的大背景下，国际金融危机影响深远，世界经济增长减缓，全球需求结构将出现明显变化。

"十二五"时期是我国实现小康社会的关键时期，我国经济发展也将呈现如下新的阶段性的特征：工业化、信息化、城镇化、市场化、国际化深入发展，人均国民收入稳步增加，经济结构转型加快，市场需求潜力巨大，劳动力素质改善；与此同时，发展中的不平衡、不协调、不可持续问题依然突出：投资消费关系失衡、收入分配差距较大、产业结构不合理、城乡发展不协调、就业总量压力与结构性矛盾并存、物价上涨压力加大，等等。这些方面都需要高度重视。

"十二五"时期是我国社会保障领域深化改革和在关键环节上实现突破的重要时期，党中央、国务院高度重视社会保障体系建设，覆盖城乡的社会保障体系框架已基本形成，广大人民群众社会保障意识增强，对社会保障期盼提高，但社会保障制度尚不完善，城乡社会保障发展不平衡，管理服务体系不健全，社会保障待遇差距仍然很大，人口老龄化加快，社会保障长期资金平衡和保值增值压力加大，统筹层次低，信息化建设发展仍不均衡。

(二)"十二五"时期基金收支稳步快速增长

"十二五"时期，是我国基金运行发展关键时期，基金规模稳步快速扩大，各项基金管理制度将建立和完善，基金运行发展与社会经济发展将更为密切相关。

1. 基金收支规模显著增加。"十二五"期间，基金收入将继续保持稳定快速增长态势，预测五年累计收入达到 20 万亿元，分别是"十五"、"十一五"的 8 倍和 2.9 倍，平均增速基本在 24% 左右，其中基金征缴收入将超过 16 万亿元；基金支出增速将略高于基金收入，增速基本在 25% 左右，累计支出超过 15 万亿元；"十二五"期末，当年基金收支规模将超过 10 万亿元，累计结余将超过 7 万亿元。

2. 经济社会发展带动基金稳健运行。"十二五"期间，基金收入、支出增速均超过"十五"和"十一五"，主要动力源自经济社会的发展，体现为：第一，国家"十二五"规划纲要把保障和改善民生作为加快转变经济发展方式的根本出发点和落脚点；第二，"十二五"期间，城乡居民收入增长首次按照不低于 GDP 增长预期确定，在实施中要努力实现与经济发展同步，即城镇居民人均可支配收入和农村居民人均纯收入分别年均增长 7% 以上，这对社会保险基金收入将起到较大的拉动作用；第三，社会保障"十二五"规划纲要在对覆盖范围提出具体要求的同时，对保障水平也提出了具体要求，养老金水平将稳步增长，城乡三项基本医疗保险政策范围内住院费用支付比例将达到 75% 左右，工伤、失业、生育保险待遇将稳步提高，这将直接拉动基金支出增长。

（三）"十二五"时期基金管理体系将进一步科学化、制度化

"十二五"期间，按照"更加注重保障公平，更加注重统筹城乡发展，更加注重优质高效服务，更加注重可持续发展"的要求，社会保险基金运行将进入一个关键时期，对基金运行管理也提出了更高的要求。

1. 社会保险基金管理体系将进一步完善。"十二五"期间，基金管理的统筹层次将进一步提高，全面落实企业养老保险省级统筹，实现基础养老金全国统筹，医疗、工伤、失业、生育保险地市级统筹；同时，基金预算管理将全面完善和发展，信息化平台建设将得到全面完善，社会保险基金管理将进一步科学化、制度化。

2. 社会保险基金运行管理更加注重质量和效率。基金收支规模的扩大，不仅仅是简单的数字增长，要更加注重精细化与专业化管理，更重要的是质量提升：一是要切实加强基金征收质量，包括参保缴费比例的提高、缴费基数的规范，足额征收情况、征收体制的完善，都将是提高征收

质量的关键环节；二是注重支付效率的提高，切实做到"以支定收"（以收定支）；三是提高基金的运营效率，真正实现保值增值，等等。

3. 社会保险基金将更好地服务于经济和和社会发展的总体要求。"十二五"时期，社会保险基金的稳健运行不仅是经济社会的"安全网""稳定器"，同时其自身也是经济运行的重要组成部分，其运行与国民经济和社会发展息息相关，影响着经济的总体运行和发展，更要能服务于总体的经济和社会发展需要。

（人力资源和社会保障部社保中心　单晓红）

第九章

2011 年特殊群体
保障状况

2011 年，民政部通过建立和完善城乡社会救助制度、社会福利制度、抚恤优待制度和发展慈善事业，大幅提高了低收入群体、优抚对象、孤残儿童和高龄老年人等特殊群体的保障水平，逐步缩小了不同群体之间的收入差距，使广大人民群众共享改革开放的成果。

一、发展概况

（一）社会救助

2011 年，民政部进一步规范低保标准的制定和调整、落实社会救助标准与物价上涨挂钩联动机制，持续提高困难群众救助水平，有效保障了城乡困难群众的基本生活。

1. 城乡困难群众基本生活得到有效保障。《中国民政统计年鉴 2012》显示，截至 2011 年底，全国共有 1145.7 万户、2276.8 万人纳入城市居民最低生活保障。全年各级财政累计支出城市低保资金 659.9 亿元，比上年增长 25.8%。城市低保平均保障标准达到每人每月 288 元，比上年增长 14.7%，月人均领取补助金达到 240 元，比上年增长 27%；全国共有 2672.8 万户、5305.7 万人纳入农村最低生活保障，比上年同期增加 91.7 万人，增长 1.7%。全年各级财政累计支出农村低保资金 667.7 亿元，比上年增长 50%。农村低保平均保障标准达到每人每月 143.2 元，比上年增长 22.4%，月人均领取补助金达到 106 元，比上年增长 43.2%；全国共有 530.2 万户、551 万人纳入农村五保供养，比上年同期减少了 0.9%。全年各级财政共发放农村五保供养资金 121.7 亿元，比上年增长 24.5%。集中供养标准达到每人每年 3400 元、分散供养标准达到每人每年 2470 元，分别比上年增长 15% 和 17.7%；全国城乡医疗救助累计救助城乡困难群众 8937 万人次，其中民政部门资助参保参合 6876 万人。全年各级财政累计支出城乡医疗救助资金 198 亿元，比上年增长 30%，其中民政部门资助参保参合资金 32.3 亿元。全国各级民政部门共救助城市生活无着的流浪乞讨人员 171.9 万人次。

表 9－1　　　　　　　　2007～2011 年社会救助情况

年　　份		2007	2008	2009	2010	2011
最低生活保障	城市居民最低生活保障人数（万人）	2272.1	2334.8	2345.6	2310.5	2276.8
	城市居民最低生活保障户数（万户）	1064.3	1110.5	1141.1	1145	1145.7
	城市最低生活保障平均标准（元/人、月）	182.4	205.3	227.75	251.2	288.0
	城市最低生活保障平均补差水平（元/人、月）	102.7	143.7	172.0	189.0	240.0
	农村居民最低生活保障人数（万人）	3566.3	4305.5	4760	5214	5305.7
	农村居民最低生活保障户数（万户）	1608.5	1982.2	2291.8	2528.7	2672.8
	农村最低生活保障平均标准（元/人、月）	70.0	82.3	100.84	117.0	143.2
	农村最低生活保障平均补差水平（元/人、月）	38.8	50.4	68.0	74.0	106
五保供养	农村五保集中供养人数（万人）	138.0	155.6	171.8	177.4	184.5
	农村五保集中供养户数（万户）	131.3	150.0	166.6	172.9	179.9
	农村五保集中供养平均标准（元/人、年）	1953.0	2176.1	2587.5	2951.4	3400

续表

年　份		2007	2008	2009	2010	2011
五保供养	农村五保分散供养人数（万人）	393.3	393.0	381.6	378.9	366.4
	农村五保分散供养户数（万户）	367.6	371.9	362.8	361.1	350.3
	农村五保分散供养平均标准（元/人、年）	1432.0	1624.4	1842.7	2102.1	2470.0
医疗救助	城市医疗救助（万人次）	442.0	443.6	410.4	460.1	2463.1
	民政部门资助参加医疗保险人数（万人次）		642.6	1095.9	1461.2	1675.9
	农村医疗救助（万人次）	377.1	759.5	730.0	1019.2	6473.9
	民政部门资助参加合作医疗人数（万人次）	2517.3	3432.4	4059.1	4615.4	5200.0
生活无着人员救助	生活无着人员救助（万人次）	154.4	157.3	168.1	171.9	240.0

2. 中央财政投入持续加大。2011年，中央财政投入城乡低保补助资金达749亿元，较上年增加114.4亿元，增长18%。其中，城市低保补助资金404亿元，比上年增长10.5%，占累计支出的61.2%；农村低保补助资金345亿元，比上年增长28.3%，占累计支出的51.7%；城乡医疗救助补助资金130亿元，比上年增长18%，占累计支出的65.7%。此外，发放全国城乡困难群众元旦春节一次性生活补贴104亿元，其中，农村低保对象和农村五保对象每人补助100元，城市低保对象每人补助150元，享受国家抚恤补助的优抚对象和新中国成立前老党员每人补助180元。中央财政投入的持续加大也带动各级地方财政投入的相应增加，大幅提升了救助水平，困难群众得到了更多实惠。

3. 低保标准与经济发展同步调整机制全面建立。2011年，民政部会同发展改革委、财政部、统计局等部门印发了《关于进一步规范城乡居民最低生活保障标准制定和调整工作的指导意见》（民发〔2011〕80号），联合发展改革委、财政部、人力资源和社会保障部、统计局等部门下发《关于建立社会救助和保障标准与物价上涨挂钩的联动机制的通知》（发改价格〔2011〕431号），建立起科学规范的社会救助与经济发展同步调整机制。同时，指导各地根据文件要求，规范低保标准的制定和调整，适时启动联动机制，通过提高低保标准或发放物价补贴的形式，切实保障困难群众基本生活。这两个机制在提高困难群众收入水平方面发挥了重要作用，为老百姓带来了实惠。2011 年，全国 31 个省、自治区、直辖市均已建立了社会救助和保障标准与物价上涨挂钩的联动机制，22 个省、自治区、直辖市调整了低保标准。全国累计发放价格临时补贴超过 100 亿元，有效地缓解了物价上涨对困难群众基本生活的影响。此外，城乡困难群众基本生活权益保障待遇和城乡低保标准之间的差距逐步缩小（见表 9 - 2）。

表 9 - 2　　　　2007 ~ 2011 年我国城乡低保标准差距变化情况

年份	城市低保平均标准（元/人、月）	农村低保平均标准（元/人、月）	农村低保标准占城市低保标准的比重（%）
2007	182.4	70	38.4
2008	205.3	82.3	40.1
2009	228	100.8	44.2
2010	251	117	46.6
2011	288	143.2	49.7

4. 临时救助工作稳步推进。2011 年，民政部进一步推动临时救助工作快速发展，有效缓解了困难家庭的突发性、临时性困难。截至 2011 年底，全国共有 26 个省、自治区、直辖市全面建立了临时救助制度，已开展临时救助的地区共有 529.4 万户家庭获得临时救助，共支出临时救助资金 31 亿元，户均救助 586 元。其中，获得临时救助的城市困难家庭 196.3 万户，占总数的 37.1%，支出临时救助资金 13.2 亿元，户均救助 672 元；获得临时救助的农村困难家庭 333.1 万户，占总数的 62.9%，支出临时救助资金 17.7 亿元，户均救助 531 元。

（二）老年人和残疾人福利

2011 年，民政部继续推动和完善老年人和残疾人福利制度，为老年人和残疾人等特殊群体提供福利服务，使他们的生活质量得到提高，生活更有尊严。

1. 推动建立高龄补贴和养老服务补贴制度。推动各地在省级层面建立统筹的高龄补贴制度，按月向 80 周岁以上老年人特别是经济困难老年人发放生活补贴。目前，已有北京、天津、吉林等 15 个省份建立了高龄补贴制度，惠及 900 万高龄老年人。推动各地在省级层面建立统筹的养老服务补贴制度，支持经济困难的老年人购买机构服务或社区居家养老服务。目前，已有 16 个省份建立了生活困难老年人养老服务补贴制度。

2. 探索建立老年人护理补贴和残疾人补贴制度。鼓励有条件的地方在一般服务补贴基础上，对失能老年人给予专项护理补贴。目前，上海等省（市）已建立了护理补贴制度；推动有条件的地方建立困难残疾人生活补贴和重度残疾人护理补贴制度，目前，江苏、安徽、河南、四川、福建、广东、甘肃、青海、浙江等省部分县市已通过不同形式，探索建立残疾人补贴制度。例如，青海省从 2012 年 1 月 1 日起，对具有本省户籍、不符合城乡低保和五保供养条件、本人无经济收入且残疾等级为一级或者二级的重度残疾人发放生活补贴。

（三）儿童福利

2011 年，民政部把推动孤儿基本生活保障制度建设，作为贯彻《国务院办公厅关于加强孤儿保障工作的意见》（国办发〔2010〕54 号）和推进儿童福利制度建设的重点，注重宏观指导、全面推进和整体提高。

1. 孤儿基本生活保障制度全面建立。2011 年全国 31 个省、自治区、直辖市均出台了贯彻国办发〔2010〕54 号文件的实施意见。除江西省外，各省、自治区、直辖市都按照要求，把所有失去父母、查找不到生父母的未满 18 周岁的未成年人作为制度的保障对象。北京、山东、浙江、山西、青海等扩大了制度的覆盖面，对其他困境儿童进行了保障。31 个省、自治区、直辖市中，有 23 个省份把孤儿基本生活费标准确定为机构集中供养的孤儿每人每月不低于 1000 元，在机构外跟随亲属生活的散居孤儿每人每月不低于 600 元。

2. 孤儿基本生活保障资金全部落实。为使广大孤儿能够足额、及时地领取基本生活费，民政部和财政部在下拨 2011 年度孤儿基本生活费中央补助资金时，参考 2010 年的城乡居民收入增长水平和 CPI 指数两项指标，将补助标准提高到东、中、西部每人每月分别补助 200 元、300 元、400 元，提标幅度超过 10%。在中央财政的支持下，各地积极调整支出结构，统筹安排中央补助资金，在制发当地的孤儿保障实施意见时，规定了省、市、县各级财政的出资责任，确保按照该省份的养育标准足额发放基本生活费。另外，各地依据《民政部财政部关于发放孤儿基本生活费的通知》（民发〔2010〕161 号）的要求，对孤儿基本生活费的发放程序和申领条件进行了周密设计和严格规范。

3. 孤儿保障相关政策配套制度不断建立。各地严格按照国办发〔2010〕54 号文的要求，在医疗方面，提高孤儿的医疗康复保障水平，将孤儿纳入当地的医保或新农合，并作为城乡医疗救助制度的对象；在教育方面，落实孤儿教育保障政策，让孤儿在义务教育阶段享受"三免一补"政策，在非义务教育阶段纳入国家资助政策体系优先予以资助，并对残疾孤儿特殊教育作出安排；在就业和住房等方面，加强相关的保障和服务，在孤儿成年后予以扶持。

（四）　优抚安置

近年来，国家连续大幅度提高了优抚对象抚恤补助标准，推进建立了优抚对象抚恤标准自然增长机制，切实保障了优抚对象的基本生活。

1. 重点优抚对象保障范围进一步扩大。2012 年全国享受抚恤补助的重点优抚对象共计 852.5 万人，其中，原有对象 590 万人（包括伤残人员、烈属、因公牺牲军人遗属、病故军人遗属、在乡退伍红军老战士、在乡西路军红军老战士、红军失散人员、在乡复员军人、带病回乡退伍军人、参战退役人员、参加核试验军队退役人员（不含已评残和带病回乡人员））。2011 年，国家首次将部分 60 周岁以上农村籍退役士兵、部分老年烈士子女、铀矿开采退役人员纳入优抚保障范围，目前惠及老义务兵336.3 万人，老年烈士子女 23.7 万人，铀矿开采退役人员 2.7 万人。政策出台后，享受国家定期抚恤补助的优抚对象已经增至近千万人，实现了农村和城镇无工作退役军人抚恤优待的全覆盖。

2. 优抚对象抚恤补助标准再次大幅提高。为进一步提高重点优抚对象生活保障水平，按照自然增长机制要求，民政部、财政部下发《关于调整部分优抚对象等人员抚恤和生活补助标准的通知》（民发〔2011〕159 号），从 2011 年 10 月 1 日起再次提高部分优抚对象等人员抚恤和生活补助标准。将残疾军人（含伤残人民警察、伤残国家机关工作人员、伤残民兵民工）残疾抚恤金标准、烈属（含因公牺牲军人遗属、病故军人遗属）定期抚恤金标准、在乡退伍红军老战士（含在乡西路军红军老战士、红军失散人员）生活补助标准在现行基础上提高至 20%；将在乡老复员军人定期定量补助在现行标准基础上每人每年提高 720 元；将带病回乡退伍军人、参战参试人员的生活补助标准由现行每人每月 220 元提高至 250 元；将老党员生活补贴在现行标准基础上每人每年提高 360 元。这是自改革开放以来，国家第 18 次提高残疾军人残疾抚恤金标准，第 21 次提高烈属定期抚恤金标准和在乡退伍红军老战士生活补助标准，也是近年来优抚对象提标幅度较大的一次。此次提标使优抚对象的生活待遇进一步提高，对于保障优抚对象与广大人民群众一道奔小康，共享经济社会发展成果具有重要意义。

3. 中央财政投入进一步增长。2011 年，中央财政累计下达优抚经费 295 亿元，同比增长 26%。其中，优抚对象抚恤补助经费 234.5 亿元，优抚对象医疗补助经费 20 亿元，老党员生活补贴 2.39 亿元，纪念建党 90 周年为老党员发放一次性生活补贴 4.67 亿元，为优抚对象和老党员发放春节一次性生活补贴 33.5 亿元。

二、存在的困难和问题

（一）社会救助对象收入水平偏低

2011 年全国城市低保标准平均仅占当年城镇居民月人均可支配收入的 15.8%，全国农村低保平均标准仅占当年农村居民纯收入的 24.6%，五保对象、医疗救助对象等其他社会救助对象的收入水平也较低。特别是在目前通胀压力较大的情况下，困难群众基本生活消费品价格持续上涨，社会救助对象基本生活仍面临较大压力。

（二）低收入家庭贫困问题日益突出

在低保家庭基本生活得到有效保障的同时，处于低保边缘的低收入家庭生活困难问题日益突出，在遇到突发紧急事件时，基本没有应对能力。这些家庭由于不符合低保条件，既无法享受低保待遇，也无法享受或者享受很少的与低保相衔接的医疗、教育、住房、取暖等其他社会救助，为此有些低收入家庭的生活状况甚至还不如低保家庭。尽管民政部正在开展低收入家庭认定工作，探索将专项救助向低收入家庭延伸，同时大力推动建立临时救助制度，对他们及时采取有针对性的帮扶措施，但由于资金难以得到有效保证、对象认定手段落后、工作力量不足等原因，致使救助范围较小、标准较低，救助效果尚不明显。

（三）　救助申请家庭经济状况信息核对机制亟待建立

准确认定救助对象是社会救助的生命线，也是建立社会救助制度公信力的根本要求。低保制度和专项救助制度的发展，对救助申请人收入及财产的核定提出了更高的要求。目前仅依靠传统的村（居）委会公示和评议，已很难准确认定救助对象，迫切需要加快建立多层次、跨部门、信息共享的社会救助申请家庭经济状况核对机制，从根本上解决救助对象认定难题，为专项救助延伸至低收入家庭奠定基础。

（四）　重特大疾病医疗救助工作推进压力和难度大

从2011年起，医疗救助范围逐步扩大到低收入重病人、重度残疾人、低收入家庭老年人、艾滋病机会感染者等特殊困难群体。2012年开展了重特大疾病医疗救助试点工作。随着医疗救助业务内容不断扩展，医疗救助资金不足的矛盾凸显。目前，医疗救助水平明显偏低，不能满足困难群众的看病就医需求，特别是对动辄花费十万、数十万的重特大疾病来说，仍是杯水车薪。

（五）　孤儿保障工作经费有待落实

国办发〔2010〕54号文提出："财政部门要建立稳定的经费保障机制，将孤儿保障所需资金纳入社会福利事业发展资金预算，通过财政拨款、民政部门使用的彩票公益金等渠道安排资金，切实保障孤儿的基本生活和儿童福利专项工作经费。"目前孤儿基本生活费已列入财政专项转移支付科目，得到有效保障，但与孤儿的身份审核、信息录入、养育状况跟踪指导等任务相关的工作经费没能得到很好落实。

（六）　事实无人抚养儿童成为制度边缘群体亟待保障

随着孤儿保障制度的建立和完善，我国的 65 万孤儿开始逐步得到妥善照顾。但在孤儿群体之外，还有人数较多的事实无人抚养儿童群体。这部分儿童虽然有父母等法定抚养人，但事实上却无人照料，生存状况与孤儿类似（例如，据司法部相关资料显示，我国仅服刑人员子女就有近 60 万）。由于无人照料，他们普遍生活状况差、成长环境恶劣，亟待政府的救助与保护。

（七）　抚恤补助标准依然偏低，增长机制有待进一步完善

虽然近年来国家不断提高优抚对象抚恤补助标准，但与参照指标相比差距较大，与政策法规确定的"保障各类优抚对象生活不低于当地生活水平"的要求相比仍有很大距离，与其牺牲贡献相比不符（例如，2011 年提标后，四级因病残疾抚恤金仅占 2010 年全国职工平均工资的 48%；居住在城镇的烈属定期抚恤金仅占全国城镇居民人均可支配收入的 55%）。另外，由于优抚对象抚恤补助标准明显滞后于参照指标的增长，导致抚恤补助标准与参照指标的差距越来越大。同时，近年来居民基本生活物资价格上涨较快，虽然优抚对象抚恤补助标准每年都在提高，但抵消物价上涨因素后，其实际生活水平提高并不大。

（八）　部分优抚对象仍存在医疗、住房难问题

由于优抚对象大都年老体弱，生活相对贫困，一些优抚对象因病致贫、因病返贫的情况在许多地区仍普遍存在。中央财政每年下拨的 20 亿元优抚对象医疗补助资金，无法满足优抚对象实际看病就医支出需要。2007 年和 2011 年纳入国家保障范围的参试退役人员和农村老退役士兵、老年烈士子女，目前尚不在优抚对象医疗保障政策范围。另外，一些地区特别是偏远农村地区的部分老年优抚对象住房低矮简陋破旧，与周围群众不断修建的新房相比反差明显，少数时间较久的房子已成为危房，急需修缮。虽然国家规定优抚对象在承租、购买住房时依照有关规定享受优先、

优惠，但因缺乏相应的刚性措施，落实力度有限。

三、政 策 建 议

（一）完善社会救助政策和加强规范化管理

指导各地进一步强化地方政府责任，健全部门协作机制，建立跨部门居民收入信息核查平台，调整低保对象认定条件，优化审核审批程序，规范资金使用管理，加快预算执行进度，强化监督检查，完善临时救助制度，加强基层能力建设，全面推进新形势下的城乡低保工作；理顺五保供养资金渠道，确保农村五保供养政策落实，保障农村五保供养对象基本权益；推行"一站式"即时结算服务，提高医疗救助效率，提高医疗救助比例和水平，切实减轻困难群众医疗负担。推进重特大疾病医疗救助工作，增强重特大疾病医疗保障的综合效能，缓解重特大疾病患者的医疗困难；推动临时救助全面建制和规范管理，帮助解决贫困群众突发性、临时性生活困难，探索解决支出型贫困的路径。

（二）推动建立社会救助申请家庭经济状况核对机制

继续深入推动建立跨部门、多层次、信息共享的社会救助申请家庭经济状况核对机制，组织地方开展试点工作，更加全面准确地核查申请低保、医疗救助等社会救助家庭的有关信息，切实提高对象认定的准确性和公正性。

（三）完善老年人和残疾人福利制度

发挥财政投入在社会福利资金投入中的主渠道作用，加大中央财政的补助支持力度，明确地方各级政府的财政投入责任。把与居民收入分配密切相关的各项补贴制度全部纳入各级财政保障范围，建议中央财政设立专项补助资金，并建立自然增长机制，为老年人和残疾人福利事业发展提供坚实的财力保障。

（四）　有效落实孤儿保障制度

由民政部牵头，会同相关部门对各地孤儿保障制度建设情况进行督导。采用政府购买服务的方式，委托专家团队开展孤儿保障制度效用评估。探索推动地方整合孤儿保障工作和流浪儿童救助保护，建立协调统一的工作机制。安排福利彩票公益金为国家级贫困县、少数民族县和边疆县的民政部门配备开展孤儿保障工作必需的办公设备。推动设立儿童福利专项工作经费。

（五）　探索对事实无人抚养儿童的保障政策

推动利用加强艾滋病影响儿童救助工作等契机，统筹考虑各类事实无人抚养儿童的情况，按照"一普四分"的思路开展儿童福利政策研究，即围绕适度普惠型儿童福利制度建设，分层次、分类型、分区域、分标准设计相应的保障政策，推动儿童福利事业进一步发展。

（六）　推动建立"普惠"加"特惠"的优抚保障模式

将优抚对象优先纳入覆盖一般民众的生活、医疗、住房等各项社会保障制度体系，在"普惠"基础上享受"优待"，以充分体现国家对优抚群体的保障责任和特殊关爱，不断提高优抚综合保障水平。

（七）　加大提标力度，完善抚恤补助标准调整机制

继续逐年提高优抚对象抚恤补助标准，并确保提标幅度高于参照指标增长速度，保障优抚对象生活达到并略高于当地居民平均生活水平，实现优抚对象生活待遇由"保障基本"向"普惠加优待"转变。进一步明确中央财政和地方财政对优抚经费的分级负担责任，不断加大各级财政优抚经费投入力度。同时，完善提标机制，充分考虑参照指标、提标时间的滞后因素和物价上涨因素，合理确定提标幅度。

（八）加大优抚专项经费投入

中央财政及各级地方财政在现有基础上进一步加大优抚对象医疗补助资金的投入力度，并根据医疗待遇水平实际增长情况逐年提高补助比例，提高优抚对象参保参合缴费、门诊住院补助额度，逐步扩大优抚对象医疗保障范围，确保优抚对象医疗难问题得到真正解决；由中央财政和地方财政共同出资适时开展优抚对象危房改造活动，重点解决农村优抚对象特别是老年优抚对象住房难问题；出台统一规范的残疾军人康复辅助器具配置标准体系，提高残疾军人康复辅助器具配置质量，同时建议由中央财政每年列支专项经费建立残疾军人等残障优抚对象康复辅助器具配发长效保障机制，更好地体现党和政府对革命功臣的关爱。

（民政部规划财务司　马　静）

第十章

合理调整收入分配关系
扭转收入差距扩大趋势

2011 年，各地区、各部门认真贯彻落实科学发展观，加快推进收入分配制度改革，不断加大收入分配调节力度，城乡居民收入实现持续较快增长，部分领域的收入差距扩大趋势有所遏制。

一、主要工作和成效

（一）努力提高农村居民收入

一是强农惠农富农政策力度进一步加大。2011 年，全国财政用于"三农"的支出合计 29342 亿元，比上年增长 21.2%。中央预算内投资用于农业和农村建设的比重超过 50%。对农民的粮食直补、农资综合补贴、良种补贴、农机购置补贴支出达到 1406 亿元，比上年增长 14.7%。继续提高主要粮食品种最低收购价，小麦、稻谷最低收购价每 50 公斤分别提高了 5.4 元和 14 元。在内蒙古、新疆等 8 个主要草原牧区省（区）及新疆生产建设兵团，全面建立草原生态保护补助奖励机制。

二是促进农村富余劳动力转移就业，保障农民工资性收入不断提高。积极组织农村劳动力转移就业培训，加大农民外出务工就业指导和服务力度，开展农民工劳动合同签订"春暖行动"和农民工工资支付情况专项检查，切实维护农民工权益。2011 年，农民工总量达到 2.53 亿人，同比增长 4.4%；其中，外出农民工 1.59 亿人，月均收入达到 2049 元，比上年增长 21.2%。

三是推进农村产权制度改革，创造条件增加农民财产性收入。稳定和完善农村基本经营制度，引导农村土地承包经营权规范有序流转，切实保障农民土地流转权益。不断完善农村征地补偿制度，大幅提高征地补偿标准。培育扶持农民专业合作社，鼓励有条件的地方开展农村集体产权制度改革试点，农民的股金红利收入稳步增加。

（二）　加强工资分配的宏观调控

一是促进企业职工工资合理增长。稳步提高最低工资标准，2011 年，北京、天津、山西等 25 个地区调整了最低工资标准，平均增幅达到 22%。27 个省份发布了 2011 年度工资指导线。研究建立统一规范的企业薪酬调查和信息发布制度，在全国 31 个省份的 99 个城市、13 个行业门类、4.4 万多户企业开展了试调查。积极稳妥推进集体合同制度，实施"彩虹计划"，重点推进非公有制企业工资集体协商工作。

二是加强对国有企业的收入分配调控。启动了改革国有企业工资总额管理办法调研工作。出台《关于进一步规范中央企业收入分配管理的指导意见》（国资发分配〔2011〕166 号），督促企业建立健全激励约束机制，规范收入分配行为。制定了加强中央企业负责人薪酬管理、职务消费管理的相关办法，不断推进中央企业负责人薪酬和职务消费管理工作制度化、规范化。修订印发《中央金融企业负责人薪酬审核管理办法》（财金〔2011〕72 号），完善金融企业高管人员薪酬管理制度。

三是继续推进机关事业单位分配制度改革。深入研究公务员职务与职级并行制度，开展公务员和企业相当人员工资水平调查比较试点。稳步推进规范公务员津贴补贴工作，提高了艰苦边远地区津贴标准。积极推进事业单位实施绩效工资，巩固义务教育学校实施绩效工资成果，各地公共卫生与基层医疗卫生事业单位绩效工资基本兑现到位，25 个省份对其他事业单位实施绩效工资作了部署。

（三）　加大财税政策对收入分配的调节力度

一是加大财政对民生领域的投入。2011 年，各级财政进一步加大了对教育、医疗卫生、社会保障和就业、保障性安居工程等民生领域的投入，财政支出结构进一步优化。据初步统计，教育支出 16116.11 亿元，增长 28.4%；医疗卫生支出 6367.49 亿元，增长 32.5%；社会保障和就业支出 11143.89 亿元，增长 22%；住房保障支出 3822.49 亿元，增长 60.8%。

二是完善财政体制。继续优化转移支付结构，一般性转移支付占比由 48.4% 提高到 52.6%。完善县级基本财力保障机制，基层政府公共服务保障水平不断提高。27 个省份 1000 多个县实行了省直管县财政管理方式改革。

三是深化个人所得税制改革。修改个人所得税法，将工资、薪金所得减除费用标准由 2000 元/月提高到 3500 元/月，调整了工资、薪金所得、生产经营所得税率表，延长了纳税人、扣缴义务人申报缴纳税款的期限。降低了中低收入者税收负担，增加了居民可支配收入。据初步统计，从 2011 年 9 月政策开始实施到年底，减轻居民税收负担 550 亿元。进一步加强高收入者个人所得税征收管理，初步建立财产转让所得征管措施体系，财产转让所得项目收入快速增长，占个人所得税收入比重由 2005 年的 0.47% 提高到 2011 年的 7.46%。

四是进一步优化税制结构。对部分小型微利企业继续实行所得税优惠政策。出台提高增值税、营业税起征点等一系列税收减免政策，减轻中小企业负担。继续实施西部大开发等税收优惠政策。取消和减免 77 项收费和基金，减轻企业和居民负担 150 亿元。开展对个人住房征收房产税改革试点，调整个人住房转让营业税政策。

（四） 切实保障城乡低收入群体生活

一是深入推进扶贫开发。发布了《中国农村扶贫开发纲要（2011～2020）》（中发〔2011〕10 号），明确了扶贫开发的总体目标和主要任务。大幅提高扶贫标准，将农民年人均纯收入 2300 元（2010 年不变价）作为新的国家扶贫标准，比 2009 年提高了 92%。

二是加大对城乡低收入群体救助力度。2011 年，全国共有城乡低保对象 7590.3 万人（其中：城市 2276.8 万人，农村 5313.5 万人），较上年增长 0.87%。全国城乡低保对象月人均补助水平分别为 224.8 元和 96.4 元，较上年分别提高 25.6% 和 37.7%。全国农村五保供养对象 552 万人，集中供养平均标准为每人每年 3399 元，较上年增长 15.1%。普遍建立社会救助和保障标准与物价上涨挂钩的联动机制。据不完全统计，各省份已累计发放价格临时补贴近 60 亿元，一定程度上缓解了物价上涨对困难群众基本生活的影响。

三是加强教育政策扶持。提高农村义务教育经费保障水平，公用经费年生均基准定额提高 100 元。从 2011 年秋季学期起，在集中连片特殊困难地区开展农村义务教育学生营养改善计划试点，惠及 2600 多万农村在校学生。提高中西部地区农村家庭经济困难寄宿生生活费补助标准，年生均补助标准小学从 750 元提高到 1000 元，初中从 1000 元提高到 1250 元。对中等职业学校家庭经济困难学生、涉农专业学生免收学费。

四是完善社会福利政策。推动建立高龄补贴和养老服务补贴制度。目前，已有 15 个省份建立了高龄补贴制度，14 个省份建立了养老服务补贴制度。全面建立孤儿基本生活保障制度，孤儿基本生活补助标准提高 10% 以上。大幅提高优抚对象抚恤补助标准，增幅达到 15%～20%。实施 60 周岁以上农村籍退役士兵老年生活补助政策，惠及近 1900 万人。

五是加强保障性安居工程建设。大力推进保障性安居工程建设，中央财政安排资金 1709 亿元。截至 2011 年底，全年新开工建设城镇保障性安居工程住房 1043 万套，基本建成城镇保障性安居工程住房 432 万套，超过全年计划目标。

2011 年，城乡居民收入稳定增长，农村居民收入增速快于城镇。全年城镇居民人均可支配收入和农村居民人均纯收入分别达到 21810 元和 6977 元，扣除价格因素分别比上年实际增长 8.4% 和 11.4%，分别超过预期目标 1.4 和 4.4 个百分点。农村居民收入实现了自 1985 年以来的最快增长，城乡居民收入差距有所缩小。

二、面临的形势和存在的问题

2011 年收入分配制度改革与收入分配调节工作取得了明显成效，收入分配格局出现向好趋势，但仍存在一些深层次矛盾和问题：

（一）居民收入差距依然过大

从城乡居民收入五等份分组情况看，2011 年农村内部高收入户和低收入户的收入差距为 8.4 倍，城镇内部高低收入差距为 5.4 倍。从中位数情况看，城镇居民家庭年人均可支配收入的中位数为 19118 元，低于平均数 2692 元；农村居民家庭年人均纯收入中位数为 6194 元，低于平均数 783 元。中位数明显低于平均数反映居民内部的收入差距仍然较大。

（二）　收入分配秩序不规范问题仍较突出

部分企业通过延长劳动时间、增加劳动定额等手段压低工资水平，一些工程项目由于资金短缺等问题导致拖欠职工工资。同工不同酬现象依然存在。分配透明度偏低，隐性收入较多。部分高收入行业企业职工福利项目多、标准高，企业负责人职务消费不规范，有的事业单位津贴补贴标准不一、资金来源混乱。贪污腐败、权力寻租、市场操纵、内幕交易等谋取非法收入的行为，也在一定程度上扰乱了收入分配秩序，加剧了收入分配不公。

（三）　宏观经济形势对收入分配提出新的挑战

物价上涨压力仍然较大，劳动力、土地、能源资源等要素价格上涨呈长期化趋势，如果不适时采取切实有效的应对措施，物价水平的上涨将直接导致居民实际收入缩水，城乡低收入群体生活面临困难。部分中小企业受融资困难、原材料成本上升、汇率变动等多种因素叠加作用的影响，生产经营困难，对继续提高企业职工工资收入带来影响。经济增长速度有可能回落，城乡居民持续增收面临一定压力。

三、下一步工作措施

2012 年，要以科学发展观为指导，认真贯彻落实"十二五"规划《纲要》关于合理调整收入分配关系的具体要求，加快收入分配制度改革步伐，进一步健全初次分配和再分配调节体系，优化国民收入分配格局，尽快扭转收入差距扩大趋势。2012 年国内生产总值预期目标为同比实际增长 7.5%，城乡居民收入实际增速力争与经济增速保持同步，达到 7.5% 以上。

（一）　多渠道增加农民收入

完善良种补贴、农资综合补贴和粮食直补政策，增加农机购置补贴规模。健全粮、棉、油、糖等主要农产品补贴和收储制度，稳步提高小麦、稻谷最低收购价。促进农民专业合作组织发展，加强农民就近就地就业培训，增加农民生产经营性收入和工资性收入。进一步完善水库移民后期扶持政策，加大扶持力度。建立健全林业补贴政策体系，增加造林补贴规模。加大扶贫开发力度，财政专项扶贫资金新增部分，主要用于支持集中连片特殊困难地区实施扶贫攻坚。

（二）　促进劳动报酬合理增长

继续完善并落实最低工资制度，加快建立最低工资标准评估机制。积极稳步扩大工资集体协商覆盖范围，以非公有制企业和竞争性国有企业为重点，继续推进集体合同制度，增强集体协商的实效性，促进企业与职工的利益共享。深化国有企业工资总额管理办法改革，完善国有企业工资决定机制，加强对部分收入过高行业工资总额和工资水平的双重调控。进一步规范国有企业负责人薪酬管理，将职工工资增长与企业负责人薪酬密切挂钩，使负责人收入与本企业职工收入保持合理比例。完善政府对企业工资分配的宏观指导，加快建立全国统一规范的企业薪酬调查和信息发布制度，为企业工资分配提供科学的信息引导。建立公务员与企业相当人员工资水平调查比较制度，努力实现工资调整的规范化和制度化。继续推进事业单位收入分配制度改革，完善内部分配激励约束机制。

（三）　完善有利于优化收入分配结构的财税政策

进一步优化财政支出结构，加大对"三农"、教育、医疗卫生、社会保障和就业、保障性安居工程以及欠发达地区的支持力度，严格控制一般性支出，切实保障和改善民生。健全转移支付制度，继续提高一般性转移支付规模和比例，清理归并部分专项转移支付项目，提高转移支付资金使用效益。进一步均衡省以下财力分配，健全县级基本财力保障机制。落实新的个人所得税法。实施好提高增值税、营业税起征点等减轻小型微型企业税费负担的各项政策。对小型微利企业继续实施所得税减半征收优惠政策。健全增值税制度，在部分生产性服务业领域开展营业税改征增值税试点，逐步从制度上解决货物与劳务税收政策不平衡的问题。对蔬菜批发、零售免征增值税。完善消费税制度，合理调整消费税范围和税率结构。全面推进资源税改革，适时扩大从价计征范围。认真总结房产税改革试点经验，稳步推进房产税改革试点。

（四）进一步提高社会保障水平

推进实现新型农村社会养老保险和城镇居民社会养老保险制度全覆盖。继续提高企业退休人员基本养老金水平。将新型农村合作医疗保险和城镇居民基本医疗保险的财政补助标准提高到年人均240元，并适当提高报销水平。进一步完善城乡最低生活保障制度，巩固"应保尽保"成果，适当提高城乡居民最低生活保障标准，中央财政分别按月人均15元和12元增加补助资金。完善社会救助和保障标准与物价上涨挂钩的联动机制，规范补贴发放范围和标准。适时调整优抚对象等人员的抚恤补助标准，进一步完善孤儿、残疾人、流浪乞讨人员社会救助体系。扎实推进保障性安居工程建设，建立健全保障性安居工程投资、建设、营运、分配和管理机制。

（五）整顿和规范收入分配秩序

切实保护合法收入，落实工资支付保障制度，开展全面治理农民工工资拖欠问题专项行动，做好农民工工资支付专项检查和"基本无拖欠"保障工作。清理规范国有企业特别是垄断行业工资外收入、非货币性福利，逐步将其合理部分纳入工资管理。深化机关事业单位工资收入分配制度改革，清理规范津贴补贴。加强政府非税收入管理，继续清理规范各种行政事业性收费和政府性基金。坚决取缔非法收入，堵住国企改制、土地出让、矿产开发等领域的管理漏洞，深入治理商业贿赂，严厉查处官商勾结、以权谋私、权钱交易的行为。积极稳妥推进城乡住户调查一体化改革。加快收入信息监测系统建设。建立收入分配统筹协调机制。

（国家发展改革委就业和收入分配司）

附录一

2011 年收入分配政策文件

中共中央　国务院关于印发《中国农村扶贫开发纲要（2011～2020 年）》的通知

（中发〔2011〕10 号　2011 年 5 月 27 日）

现将《中国农村扶贫开发纲要（2011～2020）年》（以下简称《扶贫开发纲要》）印发给你们，请结合实际认真贯彻执行。

《扶贫开发纲要》是今后一个时期我国扶贫开发工作的纲领性文件。制定实施《扶贫开发纲要》，是深入贯彻落实科学发展观的必然要求，是坚持以人为本、执政为民的重要体现，是统筹城乡区域发展、保障和改善民生、缩小发展差距、促进全体人民共享改革发展成果的重大举措，对于巩固党的执政基础、确保国家长治久安，对于实现全面建设小康社会奋斗目标、构建社会主义和谐社会，具有重大意义。

各级党委和政府要进一步提高对扶贫开发工作的认识，切实增强做好扶贫开发工作的紧迫感和自觉性，加强领导，强化责任，坚持开发式扶贫方针，加大投入力度，强化政策措施，坚决打好新一轮扶贫开发攻坚战。要广泛深入地开展宣传活动，形成全党全社会关心支持扶贫事业的良好氛围。各地区各部门要结合实际，制定具体实施办法，采取有力措施，确保把《扶贫开发纲要》提出的各项任务落到实处。

中国农村扶贫开发纲要（2011～2020 年）

为进一步加快贫困地区发展，促进共同富裕，实现到 2020 年全面建成小康社会奋斗目标，特制定本纲要。

序言

（一）扶贫事业取得巨大成就。消除贫困、实现共同富裕，是社会主义制度的本质要求。改革开放以来，我国大力推进扶贫开发，特别是随着《国家八七扶贫攻坚计划（1994～2000 年)》和《中国农村扶贫开发纲要（2001～2010 年)》的实施，扶贫事业取得了巨大成就。农村贫困人口大幅减少，收入水平稳步提高，贫困地区基础设施明显改善，社会事业不断进步，最低生活保障制度全面建立，农村居民生存和温饱问题基本解决，探索出一条中国特色扶贫开发道路，为促进我国经济发展、政治稳定、民族团结、边疆巩固、社会和谐发挥了重要作用，为推动全球减贫事业发展作出了重大贡献。

（二）扶贫开发是长期历史任务。我国仍处于并将长期处于社会主义初级阶段。经济社会发展总体水平不高，区域发展不平衡问题突出，制约贫困地区发展的深层次矛盾依然存在。扶贫对象规模大，相对贫困问题凸显，返贫现象时有发生，贫困地区特别是集中连片特殊困难地区（以下简称连片特困地区）发展相对滞后，扶贫开发任务仍十分艰巨。同时，我国工业化、信息化、城镇化、市场化、国际化不断深入，经济发展方式加快转变，国民经济保持平稳较快发展，综合国力明显增强，社会保障体系逐步健全，为扶贫开发创造了有利环境和条件。我国扶贫开发已经从以解决温饱为主要任务的阶段转入巩固温饱成果、加快脱贫致富、改善生态环境、提高发展能力、缩小发展差距的新阶段。

（三）深入推进扶贫开发意义重大。扶贫开发事关巩固党的执政基础，事关国家长治久安，事关社会主义现代化大局。深入推进扶贫开发，是建设中国特色社会主义的重要任务，是深入贯彻落实科学发展观的必然要求，是坚持以人为本、执政为民的重要体现，是统筹城乡区域发展、保障和改善民生、缩小发展差距、促进全体人民共享改革发展成果的重大举措，是全面建设小康社会、构建社会主义和谐社会的迫切需要。必须以更大的决心、更强的力度、更有效的举措，打好新一轮扶贫开发攻坚战，确保全国人民共同实现全面小康。

一、总体要求

（四）指导思想。高举中国特色社会主义伟大旗帜，以邓小平理论和"三个代表"重要思想为指导，深入贯彻落实科学发展观，提高扶贫标准，加大投入力度，把连片特困地区作为主战场，把稳定解决扶贫对象温饱、尽快实现脱贫致富作为首要任务，坚持政府主导，坚持统筹发展，更加注重转变经济发展方式，更加注重增强扶贫对象自我发展能力，更加注重基本公共服务均等化，更加注重解决制约发展的突出问题，努力推动贫困地区经济社会更好更快发展。

（五）工作方针。坚持开发式扶贫方针，实行扶贫开发和农村最低生活保障制度有效衔接。把扶贫开发作为脱贫致富的主要途径，鼓励和帮助有劳动能力的扶贫对象通过自身努力摆脱贫困；把社会保障作为解决温饱问题的基本手段，逐步完善社会保障体系。

（六）基本原则

——政府主导，分级负责。各级政府对本行政区域内扶贫开发工作负总责，把扶贫开发纳入经济社会发展战略及总体规划。实行扶贫开发目标责任制和考核评价制度。

——突出重点，分类指导。中央重点支持连片特困地区。加大对革命老区、民族地区、边疆地区扶持力度。根据不同地区经济社会发展水平，因地制宜制定扶贫政策，实行有差异的扶持措施。

——部门协作，合力推进。各相关部门要根据国家扶贫开发战略部署，结合各自职能，在制定政策、编制规划、分配资金、安排项目时向贫困地区倾斜，形成扶贫开发合力。

——自力更生，艰苦奋斗。加强引导，更新观念，充分发挥贫困地区、扶贫对象的主动性和创造性，尊重扶贫对象的主体地位，提高其自我管理水平和发展能力，立足自身实现脱贫致富。

——社会帮扶，共同致富。广泛动员社会各界参与扶贫开发，完善机制，拓展领域，注重实效，提高水平。强化政策措施，鼓励先富帮后富，实现共同富裕。

——统筹兼顾，科学发展。坚持扶贫开发与推进城镇化、建设社会主义新农村相结合，与生态建设、环境保护相结合，充分发挥贫困地区资源优势，发展环境友好型产业，增强防灾减灾能力，提倡健康科学生活方式，促进经济社会发展与人口资源环境相协调。

——改革创新，扩大开放。适应社会主义市场经济要求，创新扶贫工作机制。扩大对内对外开放，共享减贫经验和资源。继续办好扶贫改革试验区，积极探索开放式扶贫新途径。

二、目标任务

（七）总体目标。到 2020 年，稳定实现扶贫对象不愁吃、不愁穿，保障其义务教育、基本医疗和住房。贫困地区农民人均纯收入增长幅度高于全国平均水平，基本公共服务主要领域指标接近全国平均水平，扭转发展差距扩大趋势。

（八）主要任务

——基本农田和农田水利。到 2015 年，贫困地区基本农田和农田水利设施有较大改善，保障人均基本口粮田。到 2020 年，农田基础设施建设水平明显提高。

——特色优势产业。到 2015 年，力争实现 1 户 1 项增收项目。到 2020 年，初步构建特色支柱产业体系。

——饮水安全。到 2015 年，贫困地区农村饮水安全问题基本得到解决。到 2020 年，农村饮水安全保障程度和自来水普及率进一步提高。

——生产生活用电。到 2015 年，全面解决贫困地区无电行政村用电问题，大幅度减少西部偏远地区和民族地区无电人口数量。到 2020 年，全面解决无电人口用电问题。

——交通。到 2015 年，提高贫困地区县城通二级及以上高等级公路比例，除西藏外，西部地区 80% 的建制村通沥青（水泥）路，稳步提高贫困地区农村客运班车通达率。到 2020 年，实现具备条件的建制村通沥青（水泥）路，推进村庄内道路硬化，实现村村通班车，全面提高农村公路服务水平和防灾抗灾能力。

——农村危房改造。到 2015 年，完成农村困难家庭危房改造 800 万户。到 2020 年，贫困地区群众的居住条件得到显著改善。

——教育。到 2015 年，贫困地区学前三年教育毛入园率有较大提高；巩固提高九年义务教育水平；高中阶段教育毛入学率达到 80%；保持普通高中和中等职业学校招生规模大体相当；提高农村实用技术和劳动力转移培训水平；扫除青壮年文盲。到 2020 年，基本普及学前教育，义务教育水平进一步提高，普及高中阶段教育，加快发展远程继续教育和社区教育。

——医疗卫生。到 2015 年，贫困地区县、乡、村三级医疗卫生服务网基本健全，县级医院的能力和水平明显提高，每个乡镇有 1 所政府举办的卫生院，每个行政村有卫生室；新型农村合作医疗参合率稳定在 90% 以上，门诊统筹全覆盖基本实现；逐步提高儿童重大疾病的保障水平，重大传染病和地方病得到有效控制；每个乡镇卫生院有 1 名全科医生。到 2020 年，贫困地区群众获得公共卫生和基本医疗服务更加均等。

——公共文化。到 2015 年，基本建立广播影视公共服务体系，实现已通电 20 户以下自然村广播电视全覆盖，基本实现广播电视户户通，力争实现每个县拥有 1 家数字电影院，每个行政村每月放映 1 场数字电影；行政村基本通宽带，自然村和交通沿线通信信号基本覆盖。到 2020 年，健全完善广播影视公共服务体系，全面实现广播电视户户通；自然村基本实现通宽带；健全农村公共文化服务体系，基本实现每个国家扶贫开发工作重点县（以下简称重点县）有图书馆、文化馆，乡镇有综合文化站，行政村有文化活动室。以公共文化建设促进农村廉政文化建设。

——社会保障。到 2015 年，农村最低生活保障制度、五保供养制度和临时救助制度进一步完善，实现新型农村社会养老保险制度全覆盖。到 2020 年，农村社会保障和服务水平进一步提升。

——人口和计划生育。到 2015 年，力争重点县人口自然增长率控制在 8‰以内，妇女总和生育率在 1.8 左右。到 2020 年，重点县低生育水平持续稳定，逐步实现人口均衡发展。

——林业和生态。到 2015 年，贫困地区森林覆盖率比 2010 年底增加 1.5 个百分点。到 2020 年，森林覆盖率比 2010 年底增加 3.5 个百分点。

三、对象范围

（九）扶贫对象。在扶贫标准以下具备劳动能力的农村人口为扶贫工作主要对象。建立健全扶贫对象识别机制，做好建档立卡工作，实行动态管理，确保扶贫对象得到有效扶持。逐步提高国家扶贫标准。各省（自治区、直辖市）可根据当地实际制定高于国家扶贫标准的地区扶贫标准。

（十）连片特困地区。六盘山区、秦巴山区、武陵山区、乌蒙山区、滇桂黔石漠化区、滇西边境山区、大兴安岭南麓山区、燕山－太行山区、吕梁山区、大别山区、罗霄山区等区域的连片特困地区和已明确实施特殊政策的西藏、四省藏区、新疆南疆三地州是扶贫攻坚主战场。加大投入和支持力度，加强对跨省片区规划的指导和协调，集中力量，分批实施。各省（自治区、直辖市）对所属连片特困地区负总责，在国家指导下，以县为基础制定和实施扶贫攻坚工程规划。国务院各部门、地方各级政府要加大统筹协调力度，集中实施一批教育、卫生、文化、就业、社会保障等民生工程，大力改善生产生活条件，培育壮大一批特色优势产业，加快区域性重要基础设施建设步伐，加强生态建设和环境保护，着力解决制约发展的瓶颈问题，促进基本公共服务均等化，从根本上改变连片特困地区面貌。各省（自治区、直辖市）可自行确定若干连片特困地区，统筹资源给予重点扶持。

（十一）重点县和贫困村。要做好连片特困地区以外重点县和贫困村的扶贫工作。原定重点县支持政策不变。各省（自治区、直辖市）要制定办法，采取措施，根据实际情况进行调整，实现重点县数量逐步减少。重点县减少的省份，国家的支持力度不减。

四、专项扶贫

（十二）易地扶贫搬迁。坚持自愿原则，对生存条件恶劣地区扶贫对象实行易地扶贫搬迁。引导其他移民搬迁项目优先在符合条件的贫困地区实施，加强与易地扶贫搬迁项目的衔接，共同促进改善贫困群众的生产生活环境。充分考虑资源条件，因地制宜，有序搬迁，改善生存与发展条件，着力培育和发展后续产业。有条件的地方引导向中小城镇、工业园区移民，创造就业机会，提高就业能力。加强统筹协调，切实解决搬迁群众在生产生活等方面的困难和问题，确保搬得出、稳得住、能发展、可致富。

（十三）整村推进。结合社会主义新农村建设，自下而上制定整村推进规划，分期分批实施。发展特色支柱产业，改善生产生活条件，增加集体经济收入，提高自我发展能力。以县为平台，统筹各类涉农资金和社会帮扶资源，集中投入，实施水、电、路、气、房和环境改善"六到农家"工程，建设公益设施较为完善的农村社区。加强整村推进后续管理，健全新型社区管理和服务体制，巩固提高扶贫开发成果。贫困村相对集中的地方，可实行整乡推进、连片开发。

（十四）以工代赈。大力实施以工代赈，有效改善贫困地区耕地（草场）质量，稳步增加有效灌溉面积。加强乡村（组）道路和人畜饮水工程建设，开展水土保持、小流域治理和片区综合开发，增强抵御自然灾害能力，夯实发展基础。

（十五）产业扶贫。充分发挥贫困地区生态环境和自然资源优势，推广先进实用技术，培植壮大特色支柱产业，大力推进旅游扶贫。促进产业结构调整，通过扶贫龙头企业、农民专业合作社和互助资金组织，带动和帮助贫困农户发展生产。引导和支持企业到贫困地区投资兴业，带动贫困农户增收。

（十六）就业促进。完善雨露计划。以促进扶贫对象稳定就业为核心，对农村贫困家庭未继续升学的应届初、高中毕业生参加劳动预备制培训，给予一定的生活费补贴；对农村贫困家庭新成长劳动力接受中等职业教育给予生活费、交通费等特殊补贴。对农村贫困劳动力开展实用技术培训。加大对农村贫困残疾人就业的扶持力度。

（十七）扶贫试点。创新扶贫开发机制，针对特殊情况和问题，积极开展边境地区扶贫、地方病防治与扶贫开发结合、灾后恢复重建以及其他特困区域和群体扶贫试点，扩大互助资金、连片开发、彩票公益金扶贫、科技扶贫等试点。

（十八）革命老区建设。国家对贫困地区的革命老区县给予重点扶持。

五、行业扶贫

（十九）明确部门职责。各行业部门要把改善贫困地区发展环境和条件作为本行业发展规划的重要内容，在资金、项目等方面向贫困地区倾斜，并完成本行业国家确定的扶贫任务。

（二十）发展特色产业。加强农、林、牧、渔产业指导，发展各类专业合作组织，完善农村社会化服务体系。围绕主导产品、名牌产品、优势产品，大力扶持建设各类批发市场和边贸市场。按照全国主体功能区规划，合理开发当地资源，积极发展新兴产业，承接产业转移，调整产业结构，增强贫困地区发展内生动力。

（二十一）开展科技扶贫。积极推广良种良法。围绕特色产业发展，加大科技攻关和科技成果转化力度，推动产业升级和结构优化。培育一批科技型扶贫龙头企业。建立完善符合贫困地区实际的新型科技服务体系，加快科技扶贫示范村和示范户建设。继续选派科技扶贫团、科技副县（市）长和科技副乡（镇）长、科技特派员到重点县工作。

（二十二）完善基础设施。推进贫困地区土地整治，加快中低产田改造，开展土地平整，提高耕地质量。推进大中型灌区续建配套与节水改造和小型农田水利建设，发展高效节水灌溉，扶持修建小微型水利设施，抓好病险水库（闸）除险加固工程和灌溉排水泵站更新改造，加强中小河流治理、山洪地质灾害防治及水土流失综合治理。积极实施农村饮水安全工程。加大牧区游牧民定居工程实施力度。加快贫困地区通乡、通村道路建设，积极发展农村配送物流。继续推进水电新农村电气化、小水电代燃料工程建设和农村电网改造升级，实现城乡用电同网同价。普及信息服务，优先实施重点县村村通有线电视、电话、互联网工程。加快农村邮政网络建设，推进电信网、广电网、互联网三网融合。

（二十三）发展教育文化事业。推进边远贫困地区适当集中办学，加快寄宿制学校建设，加大对边远贫困地区学前教育的扶持力度，逐步提高农村义务教育家庭经济困难寄宿生生活补助标准。免除中等职业教育学校家庭经济困难学生和涉农专业学生学费，继续落实国家助学金政策。在民族地区全面推广国家通用语言文字。推动农村中小学生营养改善工作。关心特殊教育，加大对各级各类残疾学生扶助力度。继续实施东部地区对口支援中西部地区高等学校计划和招生协作计划。贫困地区劳动力进城务工，输出地和输入地要积极开展就业培训。继续推进广播电视村村通、农村电影放映、文化信息资源共享和农家书屋等重大文化惠民工程建设。加强基层文化队伍建设。

（二十四）改善公共卫生和人口服务管理。提高新型农村合作医疗和医疗救助保障水平。进一步健全贫困地区基层医疗卫生服务体系，改善医疗与康复服务设施条件。加强妇幼保健机构能力建设。加大重大疾病和地方病防控力度。继续实施万名医师支援农村卫生工程，组织城市医务人员在农村开展诊疗服务、临床教学、技术培训等多种形式的帮扶活动，提高县医院和乡镇卫生院的技术水平和服务能力。加强贫困地区人口和计划生育工作，进一步完善农村计划生育家庭奖励扶助制度、"少生快富"工程和计划生育家庭特别扶助制度，加大对计划生育扶贫对象的扶持力度，加强流动人口计划生育服务管理。

（二十五）完善社会保障制度。逐步提高农村最低生活保障和五保供养水平，切实保障没有劳动能力和生活常年困难农村人口的基本生活。健全自然灾害应急救助体系，完善受灾群众生活救助政策。加快新型农村社会养老保险制度覆盖进度，支持贫困地区加强社会保障服务体系建设。加快农村养老机构和服务设施建设，支持贫困地区建立健全养老服务体系，解决广大老年人养老问题。加快贫困地区社区建设。做好村庄规划，扩大农村危房改造试点，帮助贫困户解决基本住房安全问题。完善农民工就业、社会保障和户籍制度改革等政策。

（二十六）重视能源和生态环境建设。加快贫困地区可再生能源开发利用，因地制宜发展小水电、太阳能、风能、生物质能，推广应用沼气、节能灶、固体成型燃料、秸秆气化集中供气站等生态能源建设项目，带动改水、改厨、改厕、改圈和秸秆综合利用。提高城镇生活污水和垃圾无害化处理率，加大农村环境综合整治力度。加强草原保护和建设，加强自然保护区建设和管理，大力支持退牧还草工程。采取禁牧、休牧、轮牧等措施，恢复天然草原植被和生态功能。加大泥石流、山体滑坡、崩塌等地质灾害防治力度，重点抓好灾害易发区内的监测预警、搬迁避让、工程治理等综合防治措施。

六、社会扶贫

（二十七）加强定点扶贫。中央和国家机关各部门各单位、人民团体、参照公务员法管理的事业单位和国有大型骨干企业、国有控股金融机构、国家重点科研院校、军队和武警部队，要积极参加定点扶贫，承担相应的定点扶贫任务。支持各民主党派中央、全国工商联参与定点扶贫工作。积极鼓励、引导、支持和帮助各类非公有制企业、社会组织承担定点扶贫任务。定点扶贫力争对重点县全覆盖。各定点扶贫单位要制定帮扶规划，积极筹措资金，定期选派优秀中青年干部挂职扶贫。地方各级党政机关和有关单位要切实做好定点扶贫工作，发挥党政领导定点帮扶的示范效应。

（二十八）推进东西部扶贫协作。东西部扶贫协作双方要制定规划，在资金支持、产业发展、干部交流、人员培训以及劳动力转移就业等方面积极配合，发挥贫困地区自然资源和劳动力资源优势，做好对口帮扶工作。国家有关部门组织的行业对口帮扶，应与东西部扶贫协作结对关系相衔接。积极推进东中部地区支援西藏、新疆经济社会发展，继续完善对口帮扶的制度和措施。各省（自治区、直辖市）要根据实际情况，在当地组织开展区域性结对帮扶工作。

（二十九）发挥军队和武警部队的作用。坚持把地方扶贫开发所需与部队所能结合起来。部队应本着就地就近、量力而行、有所作为的原则，充分发挥组织严密、突击力强和人才、科技、装备等优势，积极参与地方扶贫开发，实现军地优势互补。

（三十）动员企业和社会各界参与扶贫。大力倡导企业社会责任，鼓励企业采取多种方式，推进集体经济发展和农民增收。加强规划引导，鼓励社会组织和个人通过多种方式参与扶贫开发。积极倡导扶贫志愿者行动，构建扶贫志愿者服务网络。鼓励工会、共青团、妇联、科协、侨联等群众组织以及海外华人华侨参与扶贫。

七、国际合作

（三十一）开展国际交流合作。通过走出去、引进来等多种方式，创新机制，拓宽渠道，加强国际反贫困领域交流。借鉴国际社会减贫理论和实践，开展减贫项目合作，共享减贫经验，共同促进减贫事业发展。

八、政策保障

（三十二）政策体系。完善有利于贫困地区、扶贫对象的扶贫战略和政策体系。发挥专项扶贫、行业扶贫和社会扶贫的综合效益。实现开发扶贫与社会保障的有机结合。对扶贫工作可能产生较大影响的重大政策和项目，要进行贫困影响评估。

（三十三）财税支持。中央和地方财政逐步增加扶贫开发投入。中央财政扶贫资金的新增部分主要用于连片特困地区。加大中央和省级财政对贫困地区的一般性转移支付力度。加大中央集中彩票公益金支持扶贫开发事业的力度。对贫困地区属于国家鼓励发展的内外资投资项目和中西部地区外商投资优势产业项目，进口国内不能生产的自用设备，以及按照合同随设备进口的技术及配件、备件，在规定范围内免征关税。企业用于扶贫事业的捐赠，符合税法规定条件的，可按规定在所得税税前扣除。

（三十四）投资倾斜。加大贫困地区基础设施建设、生态环境和民生工程等投入力度，加大村级公路建设、农业综合开发、土地整治、小流域与水土流失治理、农村水电建设等支持力度。国家在贫困地区安排的病险水库除险加固、生态建设、农村饮水安全、大中型灌区配套改造等公益性建设项目，取消县以下（含县）以及西部地区连片特困地区配套资金。各级政府都要加大对连片特困地区的投资支持力度。

（三十五）金融服务。继续完善国家扶贫贴息贷款政策。积极推动贫困地区金融产品和服务方式创新，鼓励开展小额信用贷款，努力满足扶贫对象发展生产的资金需求。继续实施残疾人康复扶贫贷款项目。尽快实现贫困地区金融机构空白乡镇的金融服务全覆盖。引导民间借贷规范发展，多方面拓宽贫困地区融资渠道。鼓励和支持贫困地区县域法人金融机构将新增可贷资金70%以上留在当地使用。积极发展农村保险事业，鼓励保险机构在贫困地区建立基层服务网点。完善中央财政农业保险保费补贴政策。针对贫困地区特色主导产业，鼓励地方发展特色农业保险。加强贫困地区农村信用体系建设。

（三十六）产业扶持。落实国家西部大开发各项产业政策。国家大型项目、重点工程和新兴产业要优先向符合条件的贫困地区安排。引导劳动密集型产业向贫困地区转移。加强贫困地区市场建设。支持贫困地区资源合理开发利用，完善特色优势产业支持政策。

（三十七）土地使用。按照国家耕地保护和农村土地利用管理有关制度规定，新增建设用地指标要优先满足贫困地区易地扶贫搬迁建房需求，合理安排小城镇和产业聚集区建设用地。加大土地整治力度，在项目安排上，向有条件的重点县倾斜。在保护生态环境的前提下支持贫困地区合理有序开发利用矿产资源。

（三十八）生态建设。在贫困地区继续实施退耕还林、退牧还草、水土保持、天然林保护、防护林体系建设和石漠化、荒漠化治理等重点生态修复工程。建立生态补偿机制，并重点向贫困地区倾斜。加大重点生态功能区生态补偿力度。重视贫困地区的生物多样性保护。

（三十九）人才保障。组织教育、科技、文化、卫生等行业人员和志愿者到贫困地区服务。制定大专院校、科研院所、医疗机构为贫困地区培养人才的鼓励政策。引导大中专毕业生到贫困地区就业创业。对长期在贫困地区工作的干部要制定鼓励政策，对各类专业技术人员在职务、职称等方面实行倾斜政策，对定点扶贫和东西部扶贫协作挂职干部要关心爱护，妥善安排他们的工作、生活，充分发挥他们的作用。发挥创业人才在扶贫开发中的作用。加大贫困地区干部和农村实用人才的培训力度。

（四十）重点群体。把对少数民族、妇女儿童和残疾人的扶贫开发纳入规划，统一组织，同步实施，同等条件下优先安排，加大支持力度。继续开展兴边富民行动，帮助人口较少民族脱贫致富。推动贫困家庭妇女积极参与全国妇女"双学双比"活动，关注留守妇女和儿童的贫困问题。制定实施农村残疾人扶贫开发纲要（2011～2020 年），提高农村残疾人生存和发展能力。

九、组织领导

（四十一）强化扶贫开发责任。坚持中央统筹、省负总责、县抓落实的管理体制，建立片为重点、工作到村、扶贫到户的工作机制，实行党政一把手负总责的扶贫开发工作责任制。各级党委和政府要进一步提高认识，强化扶贫开发领导小组综合协调职能，加强领导，统一部署，加大省县统筹、资源整合力度，扎实推进各项工作。进一步完善对有关党政领导干部、工作部门和重点县的扶贫开发工作考核激励机制，各级组织部门要积极配合。东部地区各省（直辖市）要进一步加大对所属贫困地区和扶贫对象的扶持力度。鼓励和支持有条件的地方探索解决城镇化进程中的贫困问题。

（四十二）加强基层组织建设。充分发挥贫困地区基层党组织的战斗堡垒作用，把扶贫开发与基层组织建设有机结合起来。选好配强村级领导班子，以强村富民为目标，以强基固本为保证，积极探索发展壮大集体经济、增加村级集体积累的有效途径，拓宽群众增收致富渠道。鼓励和选派思想好、作风正、能力强、愿意为群众服务的优秀年轻干部、退伍军人、高校毕业生到贫困村工作，帮助建班子、带队伍、抓发展。带领贫困群众脱贫致富有突出成绩的村干部，可按有关规定和条件优先考录为公务员。

（四十三）加强扶贫机构队伍建设。各级扶贫开发领导小组要加强对扶贫开发工作的指导，研究制定政策措施，协调落实各项工作。各省（自治区、直辖市）扶贫开发领导小组每年要向国务院扶贫开发领导小组报告工作。要进一步强化各级扶贫机构及其职能，加强队伍建设，改善工作条件，提高管理水平。贫困程度深的乡镇要有专门干部负责扶贫开发工作。贫困地区县级领导干部和县以上扶贫部门干部的培训要纳入各级党政干部培训规划。各级扶贫部门要大力加强思想、作风、廉政和效能建设，提高执行能力。

（四十四）加强扶贫资金使用管理。财政扶贫资金主要投向连片特困地区、重点县和贫困村，集中用于培育特色优势产业、提高扶贫对象发展能力和改善扶贫对象基本生产生活条件，逐步增加直接扶持到户资金规模。创新扶贫资金到户扶持机制，采取多种方式，使扶贫对象得到直接有效扶持。使用扶贫资金的基础设施建设项目，要确保扶贫对象优先受益，产业扶贫项目要建立健全带动贫困户脱贫增收的利益联接机制。完善扶贫资金和项目管理办法，开展绩效考评。建立健全协调统一的扶贫资金管理机制。全面推行扶贫资金项目公告公示制，强化审计监督，拓宽监管渠道，坚决查处挤占挪用、截留和贪污扶贫资金的行为。

（四十五）加强扶贫研究和宣传工作。切实加强扶贫理论和政策研究，对扶贫实践进行系统总结，逐步完善中国特色扶贫理论和政策体系。深入实际调查研究，不断提高扶贫开发决策水平和实施能力。把扶贫纳入基本国情教育范畴，作为各级领导干部和公务员教育培训的重要内容、学校教育的参考材料。继续加大扶贫宣传力度，广泛宣传扶贫开发政策、成就、经验和典型事迹，营造全社会参与扶贫的良好氛围。同时，向国际社会展示我国政府保障人民生存权、发展权的努力与成效。

（四十六）加强扶贫统计与贫困监测。建立扶贫开发信息系统，开展对连片特困地区的贫困监测。进一步完善扶贫开发统计与贫困监测制度，不断规范相关信息的采集、整理、反馈和发布工作，更加及时客观反映贫困状况、变化趋势和扶贫开发工作成效，为科学决策提供依据。

（四十七）加强法制化建设。加快扶贫立法，使扶贫工作尽快走上法制化轨道。

（四十八）各省（自治区、直辖市）要根据本纲要，制定具体实施办法。

（四十九）本纲要由国家扶贫开发工作机构负责协调并组织实施。

国务院关于开展城镇居民社会养老保险试点的指导意见

（国发〔2011〕18 号　2011 年 6 月 7 日）

各省、自治区、直辖市人民政府，国务院各部委、各直属机构：

根据党的十七大精神和《中华人民共和国国民经济和社会发展第十二个五年规划纲要》、《中华人民共和国社会保险法》的规定，国务院决定，从 2011 年起开展城镇居民社会养老保险（以下简称城镇居民养老保险）试点。现就试点工作提出以下指导意见：

一、基本原则

城镇居民养老保险工作要高举中国特色社会主义伟大旗帜，以邓小平理论和"三个代表"重要思想为指导，深入贯彻落实科学发展观，按照加快建立覆盖城乡居民的社会保障体系的要求，逐步解决城镇无养老保障居民的老有所养问题。城镇居民养老保险试点的基本原则是"保基本、广覆盖、有弹性、可持续"。一是从城镇居民的实际情况出发，低水平起步，筹资标准和待遇标准要与经济发展及各方面承受能力相适应；二是个人（家庭）和政府合理分担责任，权利与义务相对应；三是政府主导和居民自愿相结合，引导城镇居民普遍参保；四是中央确定基本原则和主要政策，地方制定具体办法，城镇居民养老保险实行属地管理。

二、任务目标

建立个人缴费、政府补贴相结合的城镇居民养老保险制度，实行社会统筹和个人账户相结合，与家庭养老、社会救助、社会福利等其他社会保障政策相配套，保障城镇居民老年基本生活。2011 年 7 月 1 日启动试点工作，实施范围与新型农村社会养老保险（以下简称新农保）试点基本一致，2012 年基本实现城镇居民养老保险制度全覆盖。

三、参保范围

年满 16 周岁（不含在校学生）、不符合职工基本养老保险参保条件的城镇非从业居民，可以在户籍地自愿参加城镇居民养老保险。

四、基金筹集

城镇居民养老保险基金主要由个人缴费和政府补贴构成。

（一）个人缴费。参加城镇居民养老保险的城镇居民应当按规定缴纳养老保险费。缴费标准目前设为每年 100 元、200 元、300 元、400 元、500 元、600 元、700 元、800 元、900 元、1000 元 10 个档次，地方人民政府可以根据实际情况增设缴费档次。参保人自主选择档次缴费，多缴多得。国家依据经济发展和城镇居民人均可支配收入增长等情况适时调整缴费档次。

（二）政府补贴。政府对符合待遇领取条件的参保人全额支付城镇居民养老保险基础养老金。其中，中央财政对中西部地区按中央确定的基础养老金标准给予全额补助，对东部地区给予 50% 的补助。

地方人民政府应对参保人员缴费给予补贴，补贴标准不低于每人每年 30 元；对选择较高档次标准缴费的，可给予适当鼓励，具体标准和办法由省（区、市）人民政府确定。对城镇重度残疾人等缴费困难群体，地方人民政府为其代缴部分或全部最低标准的养老保险费。

（三）鼓励其他经济组织、社会组织和个人为参保人缴费提供资助。

五、建立个人账户

国家为每个参保人员建立终身记录的养老保险个人账户。个人缴费、地方人民政府对参保人的缴费补贴及其他来源的缴费资助，全部记入个人账户。个人账户储存额目前每年参考中国人民银行公布的金融机构人民币一年期存款利率计息。

六、养老金待遇

养老金待遇由基础养老金和个人账户养老金构成，支付终身。

中央确定的基础养老金标准为每人每月 55 元。地方人民政府可以根据实际情况提高基础养老金标准，对于长期缴费的城镇居民，可适当加发基础养老金，提高和加发部分的资金由地方人民政府支出。

个人账户养老金的月计发标准为个人账户储存额除以 139（与现行职工基本养老保险及新农保个人账户养老金计发系数相同）。参保人员死亡，个人账户中的资金余额，除政府补贴外，可以依法继承；政府补贴余额用于继续支付其他参保人的养老金。

七、养老金待遇领取条件

参加城镇居民养老保险的城镇居民，年满 60 周岁，可按月领取养老金。

城镇居民养老保险制度实施时，已年满 60 周岁，未享受职工基本养老保险待遇以及国家规定的其他养老待遇的，不用缴费，可按月领取基础养老金；距领取年龄不足 15 年的，应按年缴费，也允许补缴，累计缴费不超过 15 年；距领取年龄超过 15 年的，应按年缴费，累计缴费不少于 15 年。

要引导城镇居民积极参保、长期缴费，长缴多得；引导城镇居民养老保险待遇领取人员的子女按规定参保缴费。具体办法由省（区、市）人民政府规定。

八、待遇调整

国家根据经济发展和物价变动等情况，适时调整全国城镇居民养老保险基础养老金的最低标准。

九、基金管理

建立健全城镇居民养老保险基金财务会计制度。城镇居民养老保险基金纳入社会保障基金财政专户，实行收支两条线管理，单独记账、核算，按有关规定实现保值增值。试点阶段，城镇居民养老保险基金暂以试点县（区、市、旗，以下简称试点县）为单位管理，随着试点扩大和推开，逐步提高管理层次；有条件的地方也可直接实行省级管理。

十、基金监督

各级人力资源社会保障部门要切实履行城镇居民养老保险基金的监管职责，制定完善城镇居民养老保险各项业务管理规章制度，规范业务程序，建立健全内控制度和基金稽核制度，对基金的筹集、上解、划拨、发放进行监控和定期检查，并定期披露城镇居民养老保险基金筹集和支付信息，做到公开透明，加强社会监督。财政、监察、审计部门按各自职责实施监督，严禁挤占挪用，确保基金安全。试点地区社会保险经办机构和居委会每年在社区范围内对城镇居民的待遇领取资格进行公示，接受群众监督。

十一、经办管理服务

开展城镇居民养老保险试点的地区，要认真记录城镇居民参保缴费和领取待遇情况，建立参保档案，长期妥善保存；建立全国统一的城镇居民养老保险信息管理系统，与职工基本养老保险、新农保信息管理系统整合，纳入社会保障信息管理系统（"金保工程"）建设，并与其他公民信息管理系统实现信息资源共享；要大力推行社会保障卡，方便参保人持卡缴费、领取待遇和查询本人参保信息。试点地区要按照精简效能原则，整合现有社会保险经办管理资源，建立健全统一的新农保与城镇居民养老保险经办机构，加强经办能力建设。城镇居民养老保险工作经费纳入同级财政预算，不得从城镇居民养老保险基金中开支。

十二、相关制度衔接

有条件的地方，城镇居民养老保险应与新农保合并实施。其他地方应积极创造条件将两项制度合并实施。城镇居民养老保险与职工基本养老保险等其他养老保险制度的衔接办法，由人力资源社会保障部会同财政部制定。要妥善做好城镇居民养老保险制度与城镇居民最低生活保障、社会优抚等政策制度的配套衔接工作，具体办法由人力资源社会保障部、财政部会同有关部门研究制定。

十三、加强组织领导

城镇居民养老保险试点工作由国务院新型农村和城镇居民社会养老保险试点工作领导小组（以下简称国务院试点工作领导小组）统一领导，组织实施。国务院试点工作领导小组研究制定相关政策并督促检查政策的落实情况，总结评估试点工作，协调解决试点工作中出现的问题。

地方各级人民政府要充分认识开展城镇居民养老保险试点工作的重大意义，将其列入当地经济社会发展规划和年度目标管理考核体系，切实加强组织领导。各级人力资源社会保障部门要切实履行城镇居民养老保险工作行政主管部门的职责，会同有关部门做好城镇居民养老保险的统筹规划、政策制定、统一管理、综合协调等工作。试点地区试点工作领导小组负责本地区试点工作。

十四、制定具体办法和试点实施方案

各省（区、市）人民政府要根据本指导意见，结合本地区实际情况，制定试点具体实施办法，并报国务院试点工作领导小组备案；要在充分调研、多方论证、周密测算的基础上，提出切实可行的试点实施方案，按要求选择试点地区，报国务院试点工作领导小组审定。试点县的试点实施方案由各省（区、市）人民政府批准后实施，并报国务院试点工作领导小组备案。

十五、做好舆论宣传工作

建立城镇居民养老保险制度是深入贯彻落实科学发展观、加快建设覆盖城乡居民社会保障体系的重大决策，是调整收入分配结构、扩大国内消费需求的重大举措，是统筹城乡发展、推进基本公共服务均等化的重要政策，是实现广大城镇居民老有所养，促进家庭和睦、社会和谐的重大民生工程。

各地区和有关部门要坚持正确的舆论导向，加强对试点工作重要意

义、基本原则和各项政策的宣传，使这项惠民政策深入人心，引导符合条件的城镇居民积极参保。同时，要弘扬中华民族敬老、养老的美德，引导子女依法履行赡养老人的义务。

各地要注意研究试点过程中出现的新情况、新问题，积极探索和总结解决问题的办法和经验，妥善处理改革、发展和稳定的关系，把好事办好。重要情况要及时向国务院试点工作领导小组报告。

财政部　国家税务总局关于证券机构技术和制度准备完成后个人转让上市公司限售股有关个人所得税问题的通知

（财税〔2011〕108 号　2011 年 12 月 30 日）

各省、自治区、直辖市、计划单列市财政厅（局）、地方税务局，宁夏、西藏、青海省（自治区）国家税务局，新疆生产建设兵团财务局，上海、深圳证券交易所，中国证券登记结算公司，各证券公司：

根据《财政部　国家税务总局　证监会关于个人转让上市公司限售股所得征收个人所得税有关问题的通知》（财税〔2009〕167 号）和《财政部　国家税务总局　证监会关于个人转让上市公司限售股所得征收个人所得税有关问题的补充通知》（财税〔2010〕70 号）有关规定，为进一步完善个人转让上市公司限售股所得征收个人所得税办法，现就有关问题通知如下：

一、自 2012 年 3 月 1 日起，网上发行资金申购日在 2012 年 3 月 1 日（含）之后的首次公开发行上市公司（以下简称新上市公司）按照证券登记结算公司业务规定做好各项资料准备工作，在向证券登记结算公司申请办理股份初始登记时一并申报由个人限售股股东提供的有关限售股成本原值详细资料，以及会计师事务所或税务师事务所对该资料出具的鉴证报告。

限售股成本原值，是指限售股买入时的买入价及按照规定缴纳的有关税费。

二、新上市公司提供的成本原值资料和鉴证报告中应包括但不限于以下内容：证券持有人名称、有效身份证照号码、证券账户号码、新上市公司全称、持有新上市公司限售股数量、持有新上市公司限售股每股成本原值等。

　　新上市公司每位持有限售股的个人股东应仅申报一个成本原值。个人取得的限售股有不同成本的，应对所持限售股以每次取得股份数量为权重进行成本加权平均以计算出每股的成本原值，即：

$$
\begin{aligned}
\text{分次取得限售股的加权平均成本} &= \left(\text{第一次取得限售股的每股成本原值} \times \text{第一次取得限售股的股份数量} + \cdots \right.\\
&\quad \left. + \text{第 n 次取得限售股的每股成本原值} \times \text{第 n 次取得限售股的股份数量} \right)\\
&\quad \div \text{累计取得限售股的股份数量}
\end{aligned}
$$

　　三、证券登记结算公司收到新上市公司提供的相关资料后，应及时将有关成本原值数据植入证券结算系统。个人转让新上市公司限售股的，证券登记结算公司根据实际转让收入和植入证券结算系统的标的限售股成本原值，以实际转让收入减去成本原值和合理税费后的余额，适用20%税率，直接计算需扣缴的个人所得税额。

　　合理税费是指转让限售股过程中发生的印花税、佣金、过户费等与交易相关的税费。

　　四、新上市公司在申请办理股份初始登记时，确实无法提供有关成本原值资料和鉴证报告的，证券登记结算公司在完成股份初始登记后，将不再接受新上市公司申报有关成本原值资料和鉴证报告，并按规定以实际转让收入的15%核定限售股成本原值和合理税费。

　　五、个人在证券登记结算公司以非交易过户方式办理应纳税未解禁限售股过户登记的，受让方所取得限售股的成本原值按照转让方完税凭证、《限售股转让所得个人所得税清算申报表》等材料确定的转让价格进行确定；如转让方证券账户为机构账户，在受让方再次转让该限售股时，以受让方实际转让收入的15%核定其转让限售股的成本原值和合理税费。

　　六、对采取自行纳税申报方式的纳税人，其个人转让限售股不需要纳税或应纳税额为零的，纳税人应持经主管税务机关审核确认并加盖受理印章的《限售股转让所得个人所得税清算申报表》原件，到证券登记结算公司办理限售股过户手续。未提供原件的，证券登记结算公司不予办理过户手续。

　　七、对于个人持有的新上市公司未解禁限售股被司法扣划至其他个人证券账户，如国家有权机关要求强制执行但未能提供完税凭证等材料，证券登记结算公司在履行告知义务后予以协助执行，并在受让方转让该限售股时，以其实际转让收入的15%核定其转让限售股的成本原值和合理税费。

八、证券公司应将每月所扣个人所得税款，于次月 15 日内缴入国库，并向当地主管税务机关报送《限售股转让所得扣缴个人所得税报告表》及税务机关要求报送的其他资料。

九、对个人转让新上市公司限售股，按财税〔2010〕70 号文件规定，需纳税人自行申报纳税的，继续按照原规定以及本通知第六、七条的相关规定执行。

请遵照执行。

财政部　国家发展改革委关于公布取消 253 项涉及企业行政事业性收费的通知

（财综〔2011〕127 号　2011 年 12 月 30 日）

国务院各部委、各直属机构，各省、自治区、直辖市、计划单列市财政厅（局）、发展改革委、物价局，新疆生产建设兵团财务局、发展改革委，有关中央管理企业：

为切实减轻企业和社会负担，优化企业生产经营环境，促进经济平稳较快发展，按照国务院有关要求，我们对各省、自治区、直辖市涉及企业的行政事业性收费项目进行了全面清理，决定取消部分涉及企业的行政事业性收费。现将有关事项通知如下：

一、自 2012 年 2 月 1 日起，取消 253 项各省、自治区、直辖市设立的涉及企业的行政事业性收费（具体项目见附件）。

此前，按照《财政部　国家发展改革委关于取消部分涉企行政事业性收费的通知》（财综〔2011〕9 号）规定取消的运营车辆二级维护检测收费、运营车辆综合性能技术等级评定（检测）收费，有关地方仍作为经营服务性收费收取的，应一律取消。

二、取消上述行政事业性收费后，有关部门和单位依法履行管理职能所需相关经费，由同级财政预算予以保障。其中，财政补助事业单位的经费支出，通过部门预算予以安排；自收自支事业单位的经费支出，通过安排其上级主管部门项目支出予以解决。各级财政部门要按照上述要求，妥善安排有关部门和单位预算，确保其工作正常开展。

三、有关执收部门和单位应按规定到原核发《收费许可证》的价格主管部门办理《收费许可证》注销手续，并到原核发财政票据的财政部门办理票据缴销手续。有关行政事业性收费的清欠收入，应按照财政部门规定渠道全额上缴国库。

四、各地区和有关部门及单位要严格执行本通知规定，对公布取消的行政事业性收费项目，不得以任何理由拖延或拒绝执行，不得以其他名目或转为经营服务性收费方式变相继续收费。各级财政、价格主管部门要按照职责分工加强对落实本通知情况的监督检查，对不按规定取消收费项目的，按有关规定给予处罚，并追究责任人员的行政责任。

五、切实加强涉及企业行政事业性收费的审批管理。各省、自治区、直辖市新设立企业直接负担的行政事业性收费项目和标准，要严格按照《中共中央、国务院关于治理向企业乱收费、乱罚款和各种摊派等问题的决定》（中发〔1997〕14 号）的规定，分别报财政部和国家发展改革委审核同意，并在发布实施的文件中予以注明。各省、自治区、直辖市新设立企业直接负担的行政事业性收费项目和标准，凡未经财政部和国家发展改革委审核同意的，企业可以拒绝缴纳。

民政部　国家发展和改革委员会关于印发《民政事业发展第十二个五年规划》的通知（节选）

（民发〔2011〕209 号　2011 年 12 月 20 日）

各省、自治区、直辖市民政厅（局）、发展改革委，各计划单列市民政局、发展改革委，新疆生产建设兵团民政局、发展改革委：

……

第二章　保障基本民生

……

第二节　社会救助

完善最低生活保障、农村五保供养、医疗救助、流浪乞讨人员救助制度，全面建立临时救助制度，协同开展住房救助、教育救助、司法援助，努力实现城乡社会救助精确管理和全覆盖。

（一）最低生活保障。完善城乡最低生活保障制度，巩固动态管理下的应保尽保。落实社会救助和保障标准与物价上涨挂钩的联动机制，实行物价短期波动发放补贴、持续上涨调整标准。规范最低生活保障标准制定和调整工作，确保救助标准年均增幅不低于同期城乡居民人均生活消费支出增幅。坚持分类施保，合理提高老年人、残疾人、未成年人和重病患者保障水平。规范最低生活保障申请、调查、评议、审核、审批、公示等程序和操作、管理、监督、考评等环节。加强最低生活保障与最低工资、养老保险、失业保险、农村扶贫开发等政策的配套衔接。

（二）农村五保供养。贯彻《农村五保供养工作条例》，强化政府供养责任，完善供养政策，落实供养资金，以不低于当地农村居民平均生活水平的原则确定五保供养标准。建立"农村五保供养服务设施建设霞光计划"长效机制，加强农村五保供养服务设施建设，改善散居五保户居住条件。坚持集中供养与分散供养相结合，稳步提高集中供养率。推动有条件的农村敬老院扩大养老服务范围，建立农村互助养老机构。

（三）医疗救助。适当扩大医疗救助覆盖面，将重度残疾人、低收入家庭成员等特殊困难人员纳入救助范围。在试点基础上，逐步建立重特大疾病医疗救助制度。推广诊疗费用即时结算的"一站式"服务方式，逐步降低或取消医疗救助起付线。加强医疗救助与新型农村合作医疗制度、城市居民基本医疗保险制度的衔接。

（四）流浪乞讨人员救助。加强流浪精神病人、智障人员、危重病人救助管理，减少反复流浪现象。健全流浪未成年人救助保护体系，完善流浪未成年人救助保护、教育矫治、回归家庭和妥善安置政策，加强重点县（市）流浪未成年人救助保护机构和区域性中心城市救助安置中心能力建设。开展"接送流浪儿童回家"专项行动，基本实现城市街面无流浪儿童的目标。鼓励和规范社会力量参与流浪乞讨人员救助服务。推进救助管理机构规范化建设和等级评定工作。

（五）临时救助。全面建立临时救助制度，对因病、因灾等特殊原因造成生活暂时困难的家庭，以及收入略高于最低生活保障标准但生活确有困难的低收入家庭实施阶段性生活救助。加强临时救助与最低生活保障之间的衔接，合理确定临时救助标准。

（六）低收入家庭认定。推动建立全国低收入家庭经济状况核定体系，加快建设跨部门、多层次、分类别的居民家庭经济状况信息核对平台，逐步完善申请社会救助家庭收入财产核查办法，提高社会救助对象认定的科学性、准确性。

第三节　社会福利

大力发展以扶老、助残、救孤、济困为重点的社会福利事业，逐步拓展社会福利保障范围，着力推动社会福利由补缺型向适度普惠型转变，稳步提高国民福利水平。

（一）老年福利。积极应对人口老龄化，全面落实《中国老龄事业发展"十二五"规划》和《社会养老服务体系建设规划（2011～2015年)》。统筹发展居家养老、社区养老和机构养老服务，全面建立困难老年人基本养老服务补贴制度和高龄老人津（补）贴制度，探索建立失能、半失能老人辅具配置制度，培育壮大老龄服务事业和产业。完善和落实税费减免、土地供应等优惠政策，建立健全财政补贴、融资贷款等扶持政策，加强社会养老服务设施建设。推行公办民营、民办公助，引导和支持社会力量举办养老服务。建立公平、规范、透明的社会养老服务市场准入标准，加强社会养老服务行业监督管理。培育发展养老服务新型业态，培养壮大职业化养老护理员队伍。

（二）儿童福利。完善和落实孤儿基本生活、教育、医疗、就业、住房等保障制度安排。实行集中养育、家庭领养、模拟家庭照顾、助养、代养、寄养相结合的多种孤儿养育方式。合理确定并落实孤儿养育标准，探索建立儿童津贴制度。建立健全"儿童福利机构建设蓝天计划"长效机制，加强儿童福利设施建设，制定儿童福利机构基本规范，推动儿童福利机构向社区和家庭提供辐射服务。发挥"残疾孤儿手术康复明天计划"长效机制作用。建立困境儿童分类保障制度，逐步将受艾滋病影响儿童、重病、重残、罕见病儿童和在押服刑人员子女等事实上无人抚养儿童纳入保障范围。加强孤残儿童护理员职业化建设。

（三）残疾人福利。落实《中国残疾人事业"十二五"发展纲要》。推动有条件的地方建立困难残疾人生活补贴和重度残疾人护理补贴制度。完善和落实福利企业税收优惠政策，推动福利企业健康发展，促进残疾人集中就业。加强康复辅具研究和产品开发，开展假肢、矫形器生产装配企业资格认定，以及假肢、矫形器制作师执业资格考试和注册。改善智障、肢残和精神病患者福利院服务设施，逐步建立精神病患者社区服务体系。

（四）福利彩票。贯彻《彩票管理条例》，加强福利彩票管理与发行工作，保持福利彩票安全运营、健康发展。推进以公益、慈善、健康、快乐、创新为核心的福彩文化建设，发挥福彩文化引领作用。建立健全福利彩票现代营销网络，创新福利彩票销售方式，加强彩票品种和游戏研发，树立品牌特色和优势。提高风险防范意识，增强突发性危机事件处理能力。完善福利彩票公益金管理，加强福利彩票公益金资助项目评估研究，加大福利彩票公益金使用效果宣传力度。

第四节　慈善事业

实施《中国慈善事业发展指导纲要（2011～2015 年）》，构建法律规范、政府推动、民间运作、全民参与的慈善事业发展格局，提高公益慈善组织的社会公信力，发挥慈善事业在保障民生中的重要作用。

（一）慈善组织。推进公益慈善组织孵化基地建设，培育发展公益慈善组织，推动公益慈善组织覆盖到乡村、社区，开展经常性社会捐助活动。创新公益慈善组织服务形式，依托社区构建以"慈善超市"和社会捐助接收站（点）为平台的慈善服务网络体系。推动公益慈善组织建立健全内部管理制度，引导公益慈善组织依据章程开展活动。

（二）慈善捐助。探索建立募捐管理制度，规范募捐主体和行为。以恤孤、助残、安老、赈灾、扶贫等项目为重点，鼓励具备募捐资格的慈善组织开展形式多样、富有成效的慈善募捐活动。完善和落实公益性捐赠的税收优惠政策。支持富有活力的慈善品牌建设。

（三）慈善监管。完善慈善信息统计和公开制度，加强慈善信息统计和公开平台建设，健全捐赠款物使用的查询、追踪、反馈和公示机制，及时发布慈善数据和报告。以信息披露、财务报表和重大活动监管为重点，加强公益慈善组织年检和评估工作。推动形成法律监督、行政监管、舆论监督、公众监督、行业自律相结合的监管机制。依法查处慈善活动中的违法违规行为。

（四）志愿服务。弘扬"我为人人、人人为我"的志愿服务理念。建立面向全社会的志愿者动员系统。完善志愿者绩效评估、风险保障、激励表彰等政策。推行志愿者注册制度。推动建立公民志愿服务记录制度。开展志愿者队伍建设示范活动。

财政部　国家税务总局关于小型微利企业所得税优惠政策有关问题的通知

（财税〔2011〕117 号　2011 年 11 月 29 日）

为了进一步支持小型微利企业发展，经国务院批准，现就小型微利企业所得税政策通知如下：

一、自 2012 年 1 月 1 日至 2015 年 12 月 31 日，对年应纳税所得额低于 6 万元（含 6 万元）的小型微利企业，其所得减按 50% 计入应纳税所得额，按 20% 的税率缴纳企业所得税。

二、本通知所称小型微利企业，是指符合《中华人民共和国企业所得税法》及其实施条例，以及相关税收政策规定的小型微利企业。

请遵照执行。

财政部　国家税务总局关于印发《营业税改征增值税试点方案》的通知

（财税〔2011〕110 号　2011 年 11 月 16 日）

各省、自治区、直辖市、计划单列市财政厅（局）、国家税务局、地方税务局，新疆生产建设兵团财务局：

《营业税改征增值税试点方案》已经国务院同意，现印发你们，请遵照执行。

附件：营业税改征增值税试点方案

营业税改征增值税试点方案

根据党的十七届五中全会精神，按照《中华人民共和国国民经济和社会发展第十二个五年规划纲要》确定的税制改革目标和 2011 年《政府工作报告》的要求，制定本方案。

一、指导思想和基本原则

（一）指导思想。

建立健全有利于科学发展的税收制度，促进经济结构调整，支持现代服务业发展。

（二）基本原则。

1. 统筹设计、分步实施。正确处理改革、发展、稳定的关系，统筹兼顾经济社会发展要求，结合全面推行改革需要和当前实际，科学设计，稳步推进。

2. 规范税制、合理负担。在保证增值税规范运行的前提下，根据财政承受能力和不同行业发展特点，合理设置税制要素，改革试点行业总体税负不增加或略有下降，基本消除重复征税。

3. 全面协调、平稳过渡。妥善处理试点前后增值税与营业税政策的衔接、试点纳税人与非试点纳税人税制的协调，建立健全适应第三产业发展的增值税管理体系，确保改革试点有序运行。

二、改革试点的主要内容

（一）改革试点的范围与时间。

1. 试点地区。综合考虑服务业发展状况、财政承受能力、征管基础条件等因素，先期选择经济辐射效应明显、改革示范作用较强的地区开展试点。

2. 试点行业。试点地区先在交通运输业、部分现代服务业等生产性服务业开展试点，逐步推广至其他行业。条件成熟时，可选择部分行业在全国范围内进行全行业试点。

3. 试点时间。2012 年 1 月 1 日开始试点，并根据情况及时完善方案，择机扩大试点范围。

（二）改革试点的主要税制安排。

1. 税率。在现行增值税 17% 标准税率和 13% 低税率基础上，新增 11% 和 6% 两档低税率。租赁有形动产等适用 17% 税率，交通运输业、建筑业等适用 11% 税率，其他部分现代服务业适用 6% 税率。

2. 计税方式。交通运输业、建筑业、邮电通信业、现代服务业、文化体育业、销售不动产和转让无形资产，原则上适用增值税一般计税方法。金融保险业和生活性服务业，原则上适用增值税简易计税方法。

3. 计税依据。纳税人计税依据原则上为发生应税交易取得的全部收入。对一些存在大量代收转付或代垫资金的行业，其代收代垫金额可予以合理扣除。

4. 服务贸易进出口。服务贸易进口在国内环节征收增值税，出口实行零税率或免税制度。

（三）改革试点期间过渡性政策安排。

1. 税收收入归属。试点期间保持现行财政体制基本稳定，原归属试点地区的营业税收入，改征增值税后收入仍归属试点地区，税款分别入库。因试点产生的财政减收，按现行财政体制由中央和地方分别负担。

2. 税收优惠政策过渡。国家给予试点行业的原营业税优惠政策可以延续，但对于通过改革能够解决重复征税问题的，予以取消。试点期间针对具体情况采取适当的过渡政策。

3. 跨地区税种协调。试点纳税人以机构所在地作为增值税纳税地点，其在异地缴纳的营业税，允许在计算缴纳增值税时抵减。非试点纳税人在试点地区从事经营活动的，继续按照现行营业税有关规定申报缴纳营业税。

4. 增值税抵扣政策的衔接。现有增值税纳税人向试点纳税人购买服务取得的增值税专用发票，可按现行规定抵扣进项税额。

三、组织实施

（一）财政部和国家税务总局根据本方案制定具体实施办法、相关政策和预算管理及缴库规定，做好政策宣传和解释工作。经国务院同意，选择确定试点地区和行业。

（二）营业税改征的增值税，由国家税务局负责征管。国家税务总局负责制定改革试点的征管办法，扩展增值税管理信息系统和税收征管信息系统，设计并统一印制货物运输业增值税专用发票，全面做好相关征管准备和实施工作。

人力资源和社会保障部办公厅关于做好当前新型农村和城镇居民社会养老保险试点工作的通知

（人社厅发〔2011〕98 号　2011 年 10 月 19 日）

各省、自治区、直辖市人力资源和社会保障厅（局），新疆生产建设兵团劳动保障局：

2011 年 7 月，按照国务院的总体部署，第三批扩大新农保试点和首批城镇居民养老保险试点工作启动后，各地高度重视，加强领导，积极推动，认真落实，两项试点取得了明显成效。但各地工作不平衡，少数地方进展缓慢。为做好当前试点工作，现就有关事项通知如下：

一、认真做好第三批扩大新农保试点工作。第三批新农保试点县数多，覆盖面大，老少边穷地区比较多，基层经办能力和基础条件比较薄弱。各地要加强组织领导、宣传动员和业务指导工作，充实基层经办力量，在机制、人员、经费上提供必要的保障，确保试点工作顺利推进。各新增试点地区要确保新农保养老金按时足额发放，力争在 2011 年 10 月 31 日前将符合条件的农村老年居民新农保养老金发放到位；要尽快启动适龄农村居民参保工作，争取在 2011 年 12 月 31 日前完成今年参保登记和缴费工作。

二、扎实做好前两批新农保试点参保续保工作。已经开展新农保试点的地区，在确保新农保养老金按时足额发放的同时，要向适龄参保农村居民深入宣传按规定早参保、勤续保、多缴费的好处，认真做好参保和续保工作。在坚持自愿的条件下，争取做到应保尽保，不停不断，并引导有缴费能力的参保人逐步提高缴费档次。

三、妥善处理新老农保衔接问题。开展过老农保工作的地区，要按照《国务院关于开展新型农村社会养老保险试点的指导意见》（国发〔2009〕32 号）的相关规定，根据民政部和原劳动保障部有关政策文件，从当地实际出发，制定新老农保衔接办法。在具体实施时，要做好说服解释工作，实现新老制度平稳过渡。

四、积极推进首批城镇居民养老保险试点工作。各地要在总结借鉴新农保试点经验的基础上，认真调查研究城镇居民与农村居民的不同特点，创新政策宣传和工作方式，充分利用电视、广播、报纸、网络等手段进行政策宣传，发挥基层干部和居民积极分子的作用，深入社区，解疑释惑，引导符合条件的城镇非从业居民积极自愿参保。要结合职工基本养老保险参保情况，做好城镇老年居民参保资格认证和登记等工作，确保在 2011 年 10 月 31 日前将符合条件的城镇居民基础养老金发放到位，尽快组织未参保城镇适龄非从业居民参保缴费。

五、提前谋划明年两项制度全覆盖准备工作。根据国务院的部署，2012 年将实现两项制度全覆盖。所有未开展试点的地区要尽早准备，安排力量，摸清底数，做好预算，打好基础，确保明年全部启动两项试点工作时开展养老金发放和参保缴费工作。

六、全面开展两项试点督导工作。近期，国务院试点工作领导小组办公室将开展 2011 年新型农村和城镇居民养老保险试点督导工作，检查指导各地试点工作。各省、自治区、直辖市和新疆生产建设兵团人力资源和社会保障部门要加强对各试点地区的督促指导，确保各项试点工作的落实到位。

人力资源和社会保障部将在明年对两项试点工作进行全面检查评估，总结经验，树立典型，表彰先进。各级人力资源和社会保障部门要争取将两项试点的主要工作指标纳入政府工作考核体系，在参保缴费、养老金发放、基金管理、业务经办、信息系统建设等方面进行考核，进一步加强指导，逐步使工作规定化、标准化。

财政部　国家税务总局关于金融机构与小型微型企业签订借款合同免征印花税的通知

（财税〔2011〕105 号　2011 年 10 月 17 日）

各省、自治区、直辖市、计划单列市财政厅（局）、地方税务局，新疆生产建设兵团财务局：

经国务院批准，为鼓励金融机构对小型、微型企业提供金融支持，促进小型、微型企业发展，自 2011 年 11 月 1 日起至 2014 年 10 月 31 日止，对金融机构与小型、微型企业签订的借款合同免征印花税。

上述小型、微型企业的认定，按照《工业和信息化部　国家统计局　国家发展和改革委员会　财政部关于印发中小企业划型标准规定的通知》（工信部联企业〔2011〕300 号）的有关规定执行。

民政部　财政部关于调整部分优抚对象等人员抚恤和生活补助标准的通知

（民发〔2011〕159 号　2011 年 9 月 27 日）

各省、自治区、直辖市民政厅（局）、财政厅（局），新疆生产建设兵团民政局、财务局：

经研究，决定从 2011 年 10 月 1 日起调整部分优抚对象等人员抚恤和生活补助标准，现就有关问题通知如下：

一、提高残疾军人（含伤残人民警察、伤残国家机关工作人员、伤残民兵民工）的残疾抚恤金、烈属（含因公牺牲军人遗属、病故军人遗属）的定期抚恤金、在乡退伍红军老战士（含在乡西路军红军老战士、红军失散人员）的生活补助标准，调整后的标准见附表。

二、各地要按照《军人抚恤优待条例》规定，适当提高在乡老复员军人的生活补助标准，使其生活达到当地农村居民平均生活水平。中央财政在现行补助标准的基础上，每人每月增加 60 元。

三、各地要按照每人每月不低于 250 元、不高于十级残疾军人抚恤金标准的原则，调整带病回乡退伍军人生活补助标准，每人每月提高标准不低于 30 元。中央财政对北京、天津、上海、江苏、浙江、福建、广东、山东、辽宁等 9 个省（直辖市），补助标准调整为每人每月 100 元；对河北、山西、吉林、黑龙江、安徽、江西、河南、湖北、湖南、海南等 10 个省，补助标准调整为每人每月 150 元；对内蒙古、广西、重庆、四川、贵州、云南、西藏、陕西、甘肃、青海、宁夏、新疆等 12 个省（自治区、直辖市），补助标准调整为每人每月 200 元；对新疆生产建设兵团补助标准调整为每人每月 250 元。

四、对在农村的和城镇无工作单位且家庭生活困难的参战退役人员提高生活补助标准，每人每月提高 30 元，达到每人每月 250 元。中央财政对北京、天津、上海、江苏、浙江、福建、广东、山东、辽宁等 9 个省（直辖市），补助标准调整为每人每月 100 元；对河北、山西、吉林、黑龙江、安徽、江西、河南、湖北、湖南、海南等 10 个省，补助标准调整为每人每月 150 元；对内蒙古、广西、重庆、四川、贵州、云南、西藏、陕西、甘肃、青海、宁夏、新疆等 12 个省（自治区、直辖市），补助标准调整为每人每月 200 元；对新疆生产建设兵团补助标准调整为每人每月 250 元。

五、对不符合评残和享受带病回乡退伍军人生活补助条件，但患病或生活困难的农村和城镇无工作单位的原 8023 部队退役人员，以及其他参加核试验军队退役人员提高生活补助标准，每人每月提高 30 元，达到每人每月 250 元。中央财政对北京、天津、上海、江苏、浙江、福建、广东、山东、辽宁等 9 个省（直辖市），补助标准调整为每人每月 100 元；对河北、山西、吉林、黑龙江、安徽、江西、河南、湖北、湖南、海南等 10 个省，补助标准调整为每人每月 150 元；对内蒙古、广西、重庆、四川、贵州、云南、西藏、陕西、甘肃、青海、宁夏、新疆等 12 个省（自治区、直辖市），补助标准调整为每人每月 200 元；对新疆生产建设兵团补助标准调整为每人每月 250 元。

六、对建国前加入中国共产党的农村老党员和未享受离退休待遇的城镇老党员调整生活补贴标准，每人每月提高 30 元，补助标准调整为：1937 年 7 月 6 日前入党，达到每人每月 420 元；1937 年 7 月 7 日至 1945 年 9 月 2 日入党的，达到每人每月 360 元；1945 年 9 月 3 日至 1949 年 9 月 30 日入党的，达到每人每月 280 元。已享受优抚对象抚恤补助的老党员，不执行上述补贴标准，仍按每人每月 50 元标准发给生活补贴。已对老党员实行定额补贴的地方，补贴标准低于上述标准的，按照补差原则发给补贴；补贴标准高于上述标准的，仍按原补贴标准发给补贴。中央对北京、天津、上海、江苏、浙江、福建、广东等 7 省（直辖市），按上述补助标准的 25% 安排补助资金；对其他省（自治区、直辖市）按上述补助标准的 50% 安排补助资金。

七、此次调整所需中央补助经费，由中央财政核拨专款另行下达。地方各级民政、财政部门要认真落实地方应安排的资金，切实加强资金管理，保证及时、准确、足额地把抚恤金和生活补助费发放到优抚对象等人员手中。

教育部关于切实做好 2011 年普通高等学校家庭经济困难新生入学"绿色通道"等资助工作的通知

（教财〔2011〕8 号　2011 年 8 月 5 日）

各省、自治区、直辖市教育厅（教委），各计划单列市教育局，新疆生产建设兵团教育局，部属各高等学校：

2011 年全国普通高等学校招生录取工作即将结束，新学期即将开始。为确保 2011 年普通高等学校家庭经济困难新生顺利入学，现就切实做好"绿色通道"等各项资助工作通知如下：

一、高度重视家庭经济困难学生资助工作

2011 年是中国共产党建党 90 周年，是"十二五"规划的开局之年，也是全面落实《教育规划纲要》和全国教育工作会议精神的关键一年。切实做好新形势下高校家庭经济困难学生资助工作，是促进教育公平、办好人民满意教育的具体体现。各地教育部门、各高校要根据《教育规划纲要》和全国教育工作会议要求，进一步统一思想，高度重视，切实加强领导，健全工作机制，采取有效措施，把家庭经济困难学生资助工作作为重要的全局性工作抓实抓好，确保家庭经济困难学生"应助尽助"。

二、认真做好秋季学期开学前后有关工作

1. 确保资助经费到位。各地教育部门要会同当地财政部门，严格按照国家政策规定，足额落实各项资助经费，科学合理地及时逐级分解下达预算，务必保证应分担的资助专项资金在开学前及时到位。各高校应严格按照国家政策规定，从事业收入中按比例足额提取经费用于资助家庭经济困难学生，不得提而不支、多提少支或直接列支。要采取有效措施，鼓励社会各界捐资助学，拓宽经费来源渠道。要切实加强对各项资助经费的管理，不得以任何形式、任何理由截留、挤占、挪用资助资金。

2. 确保"绿色通道"畅通。"绿色通道"是确保高校家庭经济困难新生顺利入学的最直接、最有效的措施。今年各公办和民办普通高校在招生录取工作结束后，要尽快全面了解录取新生的家庭经济状况，有针对性地提前做好家庭经济困难新生入学工作预案。要进一步加强对"绿色通道"工作的组织和领导，主管校领导要亲自抓，校内各有关部门要密切配合，分工明确，细化工作程序，明确责任人，在新生报到现场设立专门的"绿色通道"区域，保证提出申请且符合条件的家庭经济困难新生都能通过"绿色通道"顺利入学。

3. 确保国家助学金及时发放。各地教育部门、各高校要切实关心家庭经济困难学生。秋季学期开学后，要及时向家庭经济困难学生发放国家助学金，并通过多种方式帮助解决基本生活费用，确保家庭经济困难新生入学后的正常生活和学习。

4. 确保"应贷尽贷"目标。各地教育部门要积极配合当地财政、银监等部门和有关金融机构，加大工作力度，进一步推进生源地信用助学贷款。县级学生资助管理机构是做好生源地信用助学贷款工作的关键，要配合具体经办银行切实做好组织申请、信息录入、审核批准等相关工作；在暑假集中办理期间，要组织更多的人力，提供必要场所，加强政策宣传和解读工作，合理安排办理批次，为家庭经济困难学生及其法定监护人提供周到服务，严防因工作不到位而引发群体性事件。秋季学期开学后，各高校要配合县级学生资助管理机构和经办银行做好生源地信用助学贷款有关工作，同时，继续做好校园地国家助学贷款工作，并加强对助学贷款学生的诚信教育和征信知识宣传。

5. 确保反映渠道畅通。各地教育部门、各高校要开通学生和社会各界的反映渠道，接受有关政策咨询和问题投诉，并对投诉的问题及时进行核查处理。对于影响面大、敏感程度高的投诉问题，要及时向上级教育主管部门报告。今年 8 月 15 日至 9 月 15 日，我部将继续开通高校学生资助工作热线电话。请各省级教育部门和各部属高校于 8 月 10 日前，将本地高校学生资助工作热线电话的号码和开通时间报送全国学生资助管理中心（联系人：尹华扬、山兰蝶，联系电话：010 – 66092157，传真：010 – 66092141）。

6. 确保政策宣传到位。各地教育部门、各高校要进一步加大国家资助政策及成效的宣传力度，努力扩大宣传的覆盖范围，把党和国家对家庭经济困难学生的关心和爱护带入千家万户。宣传工作要积极利用当地受众广、影响大的网络、广播、电视等新闻媒体，充分运用广大人民群众和学生喜闻乐见的形式，全方位、多角度、深层次地将政策宣传辐射到所有城市和农村尤其是偏远地区，不留死角，确保资助政策入校、入村、入户。要注意政策宣传的时效性，重点把握招生录取和新生入学两个关键的时间节点。各高校在向新生发放录取通知书时，必须按照要求一并寄送《高等学校学生资助政策简介》宣传手册，务必做到人手一册。

　　三、强化监督检查，确保工作实效

　　请各省级教育部门速将本通知转发至本行政区域内所有公办和民办全日制普通高等学校，并按照通知要求认真做好组织落实和监督检查工作，确保各项资助政策落实到位，确保所有家庭经济困难新生都能按时入学。秋季学期开学前后，我部将会同有关部门组成检查组，对各地、各高校的落实情况进行专项检查，对拒绝家庭经济困难学生入学等严重违规行为将从严查处。各省级教育部门和各部属高校要及时总结工作情况，于9月底前将总结报告以传真方式报送全国学生资助管理中心。

国家税务总局关于贯彻执行修改后的个人
所得税法有关问题的公告

（国家税务总局公告 2011 年第 46 号　2011 年 7 月 29 日）

　　《全国人民代表大会常务委员会关于修改〈中华人民共和国个人所得税法〉的决定》（中华人民共和国主席令第 48 号）（以下简称税法）将自 2011 年 9 月 1 日起施行。根据税法修改的相应条款，现就贯彻执行的有关具体问题公告如下：

　　一、工资、薪金所得项目减除费用标准和税率的适用问题

　　（一）纳税人 2011 年 9 月 1 日（含）以后实际取得的工资、薪金所得，应适用税法修改后的减除费用标准和税率表（见附件一），计算缴纳个人所得税。

　　（二）纳税人 2011 年 9 月 1 日前实际取得的工资、薪金所得，无论税款是否在 2011 年 9 月 1 日以后入库，均应适用税法修改前的减除费用标准和税率表，计算缴纳个人所得税。

　　二、个体工商户的生产、经营所得项目应纳税额的计算问题

　　个体工商户、个人独资企业和合伙企业的投资者（合伙人）2011 年 9

月 1 日（含）以后的生产经营所得，应适用税法修改后的减除费用标准和税率表（见附件二）。按照税收法律、法规和文件规定，先计算全年应纳税所得额，再计算全年应纳税额。其 2011 年度应纳税额的计算方法如下：

$$前8个月应纳税额 = \left(全年应纳税所得额 \times 税法修改前的对应税率 - 速算扣除数 \right) \times 8/12$$

$$后4个月应纳税额 = \left(全年应纳税所得额 \times 税法修改后的对应税率 - 速算扣除数 \right) \times 4/12$$

$$全年应纳税额 = 前8个月应纳税额 + 后4个月应纳税额$$

纳税人应在年度终了后的 3 个月内，按照上述方法计算 2011 年度应纳税额，进行汇算清缴。

三、对企事业单位的承包经营、承租经营所得应纳税额的计算比照本公告第二条规定执行。

四、本公告自 2011 年 9 月 1 日起执行。《国家税务总局关于印发〈征收个人所得税若干问题的规定〉的通知》（国税发〔1994〕089 号）所附"税率表一"和"税率表二"同时废止。

特此公告。

附件一：

税率表一

（工资、薪金所得适用）

级数	全月应纳税所得额		税率（%）	速算扣除数
	含税级距	不含税级距		
1	不超过 1500 元的	不超过 1455 元的	3	0
2	超过 1500 元至 4500 元的部分	超过 1455 元至 4155 元的部分	10	105
3	超过 4500 元至 9000 元的部分	超过 4155 元至 7755 元的部分	20	555
4	超过 9000 元至 35000 元的部分	超过 7755 元至 27255 元的部分	25	1005
5	超过 35000 元至 55000 元的部分	超过 27255 元至 41255 元的部分	30	2755
6	超过 55000 元至 80000 元的部分	超过 41255 元至 57505 元的部分	35	5505
7	超过 80000 元的部分	超过 57505 元的部分	45	13505

注：1. 本表所列含税级距与不含税级距，均为按照税法规定减除有关费用后的所得额；

2. 含税级距适用于由纳税人负担税款的工资、薪金所得；不含税级距适用于由他人（单位）代付税款的工资、薪金所得。

附件二：

税率表二

（个体工商户的生产、经营所得和对企事业单位的承包经营、承租经营所得适用）

级数	全年应纳税所得额		税率（%）	速算扣除数
	含税级距	不含税级距		
1	不超过 15000 元的	不超过 14250 元的	5	0
2	超过 15000 元至 30000 元的部分	超过 14250 元至 27750 元的部分	10	750
3	超过 30000 元至 60000 元的部分	超过 27750 元至 51750 元的部分	20	3750
4	超过 60000 元至 100000 元的部分	超过 51750 元至 79750 元的部分	30	9750
5	超过 100000 元的部分	超过 79750 元的部分	35	14750

注：1. 本表所列含税级距与不含税级距，均为按照税法规定以每一纳税年度的收入总额减除成本、费用以及损失后的所得额；

2. 含税级距适用于个体工商户的生产、经营所得和由纳税人负担税款的对企事业单位的承包经营、承租经营所得；不含税级距适用于由他人（单位）代付税款的对企事业单位的承包经营、承租经营所得。

民政部　财政部关于给部分农村籍退役士兵发放老年生活补助的通知

（民发〔2011〕110 号　2011 年 7 月 27 日）

各省、自治区、直辖市民政厅（局）、财政厅（局），新疆生产建设兵团民政局、财务局：

经国务院批准，从 2011 年 8 月 1 日起，给部分农村籍退役士兵发放老年生活补助。现就有关问题通知如下：

一、部分农村籍退役士兵是指从 1954 年 11 月 1 日试行义务兵役制后至《退役士兵安置条例》实施前入伍、年龄在 60 周岁以上（含 60 周岁）、未享受到国家定期抚恤补助的农村籍退役士兵。

二、补助标准为每服一年义务兵役（不满一年的按一年计算），每人每月发给10元。国家将根据经济社会发展情况，适时适当提高标准。

三、中央财政对中西部地区实行全额补助；对北京、天津、辽宁、上海、江苏、浙江、福建、山东、广东等9个省（直辖市）按50%补助。具体发放由民政部门负责。

四、各级民政、财政部门要按照统一部署和要求，结合本地实际，周密制定实施方案，切实加大工作力度，保障工作经费，确保政策及时落实到位。对享受老年生活补助后生活仍有特殊困难的，各地要加大救助力度，帮助解决实际困难。

国家税务总局关于企业所得税若干问题的公告

（国家税务总局公告2011年第34号　2011年6月9日）

根据《中华人民共和国企业所得税法》（以下简称税法）以及《中华人民共和国企业所得税法实施条例》（以下简称《实施条例》）的有关规定，现就企业所得税若干问题公告如下：

一、关于金融企业同期同类贷款利率确定问题

根据《实施条例》第三十八条规定，非金融企业向非金融企业借款的利息支出，不超过按照金融企业同期同类贷款利率计算的数额的部分，准予税前扣除。鉴于目前我国对金融企业利率要求的具体情况，企业在按照合同要求首次支付利息并进行税前扣除时，应提供"金融企业的同期同类贷款利率情况说明"，以证明其利息支出的合理性。

"金融企业的同期同类贷款利率情况说明"中，应包括在签订该借款合同当时，本省任何一家金融企业提供同期同类贷款利率情况。该金融企业应为经政府有关部门批准成立的可以从事贷款业务的企业，包括银行、财务公司、信托公司等金融机构。"同期同类贷款利率"是指在贷款期限、贷款金额、贷款担保以及企业信誉等条件基本相同下，金融企业提供贷款的利率。既可以是金融企业公布的同期同类平均利率，也可以是金融企业对某些企业提供的实际贷款利率。

二、关于企业员工服饰费用支出扣除问题

企业根据其工作性质和特点，由企业统一制作并要求员工工作时统一着装所发生的工作服饰费用，根据《实施条例》第二十七条的规定，可

以作为企业合理的支出给予税前扣除。

三、关于航空企业空勤训练费扣除问题

航空企业实际发生的飞行员养成费、飞行训练费、乘务训练费、空中保卫员训练费等空勤训练费用，根据《实施条例》第二十七条规定，可以作为航空企业运输成本在税前扣除。

四、关于房屋、建筑物固定资产改扩建的税务处理问题

企业对房屋、建筑物固定资产在未足额提取折旧前进行改扩建的，如属于推倒重置的，该资产原值减除提取折旧后的净值，应并入重置后的固定资产计税成本，并在该固定资产投入使用后的次月起，按照税法规定的折旧年限，一并计提折旧；如属于提升功能、增加面积的，该固定资产的改扩建支出，并入该固定资产计税基础，并从改扩建完工投入使用后的次月起，重新按税法规定的该固定资产折旧年限计提折旧，如该改扩建后的固定资产尚可使用的年限低于税法规定的最低年限的，可以按尚可使用的年限计提折旧。

五、投资企业撤回或减少投资的税务处理

投资企业从被投资企业撤回或减少投资，其取得的资产中，相当于初始出资的部分，应确认为投资收回；相当于被投资企业累计未分配利润和累计盈余公积按减少实收资本比例计算的部分，应确认为股息所得；其余部分确认为投资资产转让所得。

被投资企业发生的经营亏损，由被投资企业按规定结转弥补；投资企业不得调整减低其投资成本，也不得将其确认为投资损失。

六、关于企业提供有效凭证时间问题

企业当年度实际发生的相关成本、费用，由于各种原因未能及时取得该成本、费用的有效凭证，企业在预缴季度所得税时，可暂按账面发生金额进行核算；但在汇算清缴时，应补充提供该成本、费用的有效凭证。

七、本公告自2011年7月1日起施行。本公告施行以前，企业发生的相关事项已经按照本公告规定处理的，不再调整；已经处理，但与本公告规定处理不一致的，凡涉及需要按照本公告规定调减应纳税所得额的，应当在本公告施行后相应调减2011年度企业应纳税所得额。

特此公告。

人力资源社会保障部关于印发人力资源和社会保障事业发展"十二五"规划纲要的通知（节选）

（人社部发〔2011〕71 号 2011 年 6 月 2 日）

各省、自治区、直辖市人力资源社会保障厅（局），福建省公务员局，新疆生产建设兵团人事局、劳动保障局，各副省级市人力资源社会保障（人事、劳动保障）局：

……

人力资源和社会保障事业发展"十二五"规划纲要

人力资源和社会保障事业发展"十二五"规划纲要，根据《中华人民共和国国民经济和社会发展第十二个五年规划纲要》编制，主要阐明"十二五"时期人力资源和社会保障事业发展的总体思路、发展目标、主要任务和重大政策措施，是未来五年人力资源和社会保障工作的重要指导性文件。

第一章 民生为本人才优先 开创事业发展新局面

……

第三节 主要目标

未来五年人力资源和社会保障事业发展的主要目标是：

——努力实现充分就业。就业规模持续扩大，就业结构进一步优化，就业局势保持稳定。五年城镇新增就业 4500 万人，转移农业劳动力 4000 万人，城镇登记失业率控制在 5% 以内。

——基本实现人人享有社会保险。社会保险覆盖范围进一步扩大，新型农村社会养老保险和城镇居民社会养老保险实现制度全覆盖，城镇职工和居民参加基本养老保险人数达到 3.57 亿人，农村居民参保人数达到 4.5 亿人。城乡基本医疗保险参保人数达到 13.2 亿人，其中，城镇职工基本医疗保险参保人数达到2.6亿人。失业保险参保人数达到1.6亿人。工伤保险参保人数达到2.1亿人。生育保险参保人数达到1.5亿人。社会保障水平稳步提高，企业退休人员基本养老金稳定增长，60岁以上农村居民和城镇非就业居民普遍享受政府提供的基础养老金待遇，并逐步提高待遇水平。职工医保、居民医保和新农合在政策范围内住院医疗费用支付比例分别达到75%、70%、70%。全国统一的社会保障卡发放数量达到8亿张，覆盖60%人口。

......

——加快形成合理有序的工资收入分配格局。符合机关、事业单位和企业不同特点的工资收入分配制度进一步完善，企业工资正常增长机制和支付保障机制逐步健全，机关、事业单位工资水平决定和调整机制不断完善。职工工资水平合理较快增长，遏制并逐步缩小不合理的工资差距。最低工资标准年均增长13%以上，绝大多数地区最低工资标准达到当地城镇从业人员平均工资的40%以上。

——劳动关系更加和谐稳定。各类企业全面实施劳动合同制度，集体协商和集体合同制度普遍建立，企业劳动合同签订率达到90%，集体合同签订率达到80%。中国特色的协调劳动关系三方机制进一步完善。劳动标准体系更加健全。劳动人事争议处理机制更加完善，基层劳动争议调解组织和仲裁院实体化基本建设取得明显进展，劳动人事争议案件得到及时有效处理，劳动人事争议仲裁结案率达到90%。劳动保障监察执法体系更加完善，以网格化、网络化管理为基础的预防预警机制基本建立，劳动者权益得到有效维护。

——公共服务能力明显提升。人力资源和社会保障基本公共服务机构比较健全、设施设备更加完善、信息网络互联互通、服务流程科学规范、服务队伍素质优良、服务水平显著提高，为广大人民群众提供规范、便捷、高效的公共服务。

专栏2："十二五"时期主要指标

指标		2010年基数	2015年目标	属性
一、就业	1. 城镇新增就业人数（万人）	[5771]	[4500]	预期性
	2. 城镇登记失业率（%）	4.1	<5	预期性
	3. 转移农业劳动力（万人）	[4500]	[4000]	预期性

续表

指标		2010 年基数	2015 年目标	属性
二、社会保障	4. 城镇基本养老保险参保人数（亿人）	2.57	3.57[1]	约束性
	5. 新型农村社会养老保险参保人数（亿人）	1	4.5	预期性
	6. 城乡基本医疗保险参保人数（亿人）	12.6	13.2	约束性
	7. 失业保险参保人数（亿人）	1.34	1.6	约束性
	8. 工伤保险参保人数（亿人）	1.62	2.1	约束性
	9. 生育保险参保人数（亿人）	1.23	1.5	约束性
	10. 社会保障卡发卡数量（亿张）	1	8	预期性
三、人才队伍建设	11. 人才资源总量（亿人）	1.14[2]	1.56	预期性
	12. 专业技术人才总量（万人）	4686[3]	6800	预期性
	13. 高、中、初级专业技术人才比例		10:38:52	预期性
	14. 高技能人才总量（万人）	2863	3400	预期性
四、工资和劳动关系	15. 最低工资标准年均增长率（%）	12.5	>13	预期性
	16. 企业劳动合同签订率（%）	65	90	预期性
	17. 企业集体合同签订率（%）	50	80	预期性
	18. 劳动人事争议仲裁结案率（%）	80	90	预期性

注：[ ] 表示五年累计数；①3.57 亿人包括城镇职工基本养老保险和城镇居民社会养老保险参保人数；②、③为 2008 年末数据。

第二章 实施就业优先战略 努力实现充分就业

坚持把促进就业放在经济社会发展的优先位置，健全劳动者自主择业、市场调节就业、政府促进就业相结合的机制，创造平等就业机会，提高就业质量，努力实现充分就业。

第一节 实施更加积极的就业政策

实行更加有利于促进就业的产业、贸易、财政、税收、金融等政策，完善促进就业的综合政策体系。建立健全政府投资和重大项目建设带动就业机制，在推进战略性新兴产业发展中开拓就业新领域，在经济结构调整中拓展就业空间，形成经济发展与扩大就业良性互动的长效机制。大力发展劳动密集型产业、服务业和小型微型企业，千方百计扩大就业和创业规模。鼓励发展家庭服务业，充分发挥家庭服务业对促进就业的作用，推动一批中小型家庭服务企业做专做精，树立一批知名家庭服务品牌。完善税费减免、岗位补贴、培训补贴、社会保险补贴、技能鉴定补贴等政策，支持劳动者自谋职业和自主创业，鼓励企业吸纳重点群体人员就业。实施鼓励劳动者多渠道、多形式灵活就业的扶持政策。

第二节　促进创业带动就业

完善和落实小额担保贷款、财政贴息、税费减免、场地安排等鼓励自主创业政策，优化创业政策环境。进一步健全创业培训体系，加强创业培训，不断提高劳动者创业能力。健全创业服务体系，为创业者提供项目信息、政策咨询、开业指导、融资服务、人力资源服务和跟踪扶持。充分利用现有资源，建设一批示范性创业孵化基地和创业园区，推进创业型城市建设。弘扬创业精神，树立一批创业典型，营造良好的创业舆论环境。

第三节　促进重点群体就业

积极促进青年就业，将高校毕业生就业放在就业工作的首位，加强对高校毕业生就业服务和政策扶持，破除影响毕业生流动就业的制度性障碍，畅通大学生到城乡基层、中西部地区和中小企业就业及自主创业的渠道。继续组织实施高校毕业生"三支一扶"计划。支持高校毕业生参加就业见习和职业培训，加大对就业困难高校毕业生的援助力度。多渠道促进农业劳动力转移就业，促进农民工融入城市。加强就业信息引导，搭建劳务信息对接平台，加强企业用工指导和职业培训，努力缓解就业结构性矛盾，促进农业劳动力平稳有序外出务工。完善就业援助政策，多渠道开发公益性岗位，形成及时有效帮助城镇就业困难人员和零就业家庭就业的长效机制。全面推进充分就业社区建设，为部分地区率先实现充分就业奠定基础。进一步加强妇女、少数民族、退役士兵、残疾人等群体就业工作，消除就业歧视，营造公平就业的社会环境。

第四节　构建就业和失业调控机制

完善就业失业登记管理办法，形成全国统一的就业失业管理制度。建立覆盖全国的就业信息监测制度，实现各类劳动者就业状况、享受政策和接受服务信息的全国共享。建立失业统计报告制度，完善城镇调查失业率统计。健全失业监测预警制度，开展就业需求预测。加强危机情况下失业风险的预防和有效调控，鼓励企业切实履行稳定就业的社会责任，缩短失业周期。完善就业与社会保障联动机制，增强就业的稳定性，提高就业质量。

专栏3：促进充分就业行动计划

01 扩大城乡就业规模。城镇年均新增就业900万人，年均转移农业劳动力800万人。

02 免费公共就业服务。为城乡劳动者免费提供就业信息、就业政策咨询、职业介绍、就业指导、就业失业登记、创业指导、劳动人事争议调解仲裁等服务。

03 加大就业援助力度。为就业困难人员和零就业家庭提供就业援助，实行精细化、长效化的优先扶持和重点帮助。开发更多社区服务、交通协管、保洁、绿化等公益性岗位。

04 促进创业带动就业。推进创业型城市建设，鼓励有条件的城市建设创业孵化基地。

05 就业失业信息监测。加强就业公共服务网络建设，实现就业信息全国联网。建立全国就业信息监测制度，开展就业需求预测。开展重大政策出台对就业影响的评估。建立健全失业监测预警制度，适时发布失业预警信息。

06 大力发展家庭服务业。重点发展家政服务、养老服务、社区照料服务、病患陪护等家庭服务业。推进家庭服务业公益性信息服务平台建设。实施家庭服务从业人员定向培训工程。开展千户百强家庭服务企业创建活动。

07 促进统筹城乡就业。统筹规划和管理城乡就业工作，推动建立城乡一体化的人力资源市场，健全保障城乡劳动者平等就业的制度，促进城乡劳动者充分就业和平等就业。

第五节 大力加强职业培训

健全面向全体劳动者的职业培训制度，建立覆盖对象广泛、培训形式多样、管理运作规范、保障措施健全的职业培训工作新机制。加强职业技能培训能力建设，统筹利用各类职业培训资源，建立以职业院校、企业和各类职业培训机构为载体的职业培训体系。落实职业培训和职业技能鉴定补贴政策，大力开展就业技能培训、岗位技能提升培训和创业培训，加快构建劳动者终身职业培训体系。面向城乡各类有就业要求和培训愿望的劳动者开展多种形式的就业技能培训，使他们达到上岗要求或掌握初级以上职业技能，着力提高培训后的就业率。进一步健全企业职工培训制度，鼓励企业通过多种形式开展在岗职工技能提升培训。鼓励有创业要求和培训愿望、具备一定创业条件的城乡各类劳动者，以及处于创业初期的创业者参加创业培训，提高受培训者的创业能力。"十二五"期间，力争使新进入人力资源市场的劳动者都有机会接受相应的职业培训，使企业技能岗位的职工得到至少一次技能提升培训，使每个有培训愿望的创业者都参加一次创业培训。

专栏4：职业培训促就业计划

01　开展就业技能培训。对农村转移就业劳动者和城镇登记失业人员，重点开展初级技能培训；对城乡未继续升学的应届初高中毕业生等新成长劳动力开展劳动预备制培训；对企业新录用人员开展岗前培训；对退役士兵开展免费职业技能培训。

02　开展岗位技能提升培训。通过在岗培训、脱产培训、业务研修、技能竞赛等多种形式，提升企业在岗职工的技能水平。

03　开展创业培训。开展创业意识教育、创业项目指导和企业经营管理培训。

04　加强职业培训基础能力建设。支持职业技能实训基地建设和职业技能鉴定机构建设。完善职业分类制度，加快国家职业技能标准和鉴定题库的开发与更新。加强职业培训教材和师资队伍建设。开展职业技能竞赛。

05　完善职业培训补贴政策。对参加就业技能培训或创业培训的，按规定给予职业培训补贴和职业技能鉴定补贴。城乡未继续升学的应届初高中毕业生参加劳动预备制培训，对其中农村学员和城市家庭经济困难学员给予一定生活费补贴。

第六节　健全统一规范灵活的人力资源市场

充分发挥市场机制在促进就业和配置人力资源中的基础性作用。完成劳动力市场与人才市场的统一和改革，健全人力资源市场运行机制和监管体系。整合人力资源市场管理职能，统一市场管理法规和政策制度，消除人力资源市场城乡分割、身份分割和地区分割。整合公共职业介绍和人才交流服务机构，完善覆盖城乡的公共就业和人才服务体系。全面推进就业服务的制度化、专业化、标准化和信息化，健全城乡均等的公共就业和人才服务制度，全面落实对劳动者的免费公共就业和人才服务、对困难人员的就业援助和对特定群体的专项服务。加强公共就业和人才服务信息网络建设，加强人力资源供求信息采集和发布，促进信息资源共享。

第七节　发展人力资源服务业

加快建立专业化、信息化、产业化、国际化的人力资源服务体系，实现基本公共服务充分保障、市场经营性服务产业逐步壮大、高端服务业务快速发展、人力资源开发配置和服务就业能力明显提升。以产业引导、政策扶持和环境营造为重点，规范发展人事代理、人才推荐、人员培训、劳务派遣等人力资源服务，构建多层次、多元化的人力资源服务机构集群。实施人力资源服务品牌推进战略，打造一批知名的人力资源服务品牌。推动人力资源服务产业园区发展，完善人力资源服务链，形成集聚效应。推进人力资源服务创新，提升服务供给能力和水平。加快政府所属人力资源服务机构体制改革，积极稳妥地推进公共服务与经营性服务分离。鼓励人力资源服务机构走出国门，为我国企业开拓国际市场提供人力资源服务。

专栏 5：人力资源服务业发展推进计划

01 建设人力资源服务产业园区。在中心城市建立人力资源服务业集聚发展的平台，通过优惠政策引导人力资源服务机构入驻，发挥园区培育、孵化、展示、交易的功能。

02 培育人力资源服务品牌。通过人力资源服务博览会、机构等级评定、行业发展报告等方式，加大人力资源服务机构和服务新产品的推介力度，培育本土人力资源服务品牌。

03 发展行业性、专业性人力资源服务机构。围绕国家战略和区域产业发展战略，推进行业性、专业性人力资源服务发展，形成产业人才信息集散平台。

04 加快推进政府所属人力资源服务机构改革。实现公共服务与经营性服务的分离，转变政府职能，为行业发展创造良好环境。

第三章 健全社会保障体系 基本实现人人享有

社会保障坚持广覆盖、保基本、多层次、可持续方针，加快推进覆盖城乡居民的社会保障体系建设，稳步提高保障水平，为全面建设小康社会构建水平适度、持续稳定的社会保障网。

第一节 完善社会保险制度

新型农村社会养老保险制度和城镇居民社会养老保险制度，在试点的基础上全面实施，实现制度全覆盖。完善城镇职工养老保险制度，进一步做实基本养老保险个人账户。推动机关事业单位养老保险制度改革。完善基本医疗保险制度。强化失业保险制度保障生活、预防失业、促进就业功能。建立健全工伤预防、经济补偿、职业康复相结合的工伤保险制度体系。完善生育保险制度。制定优惠鼓励政策，发展企业年金、职业年金和补充医疗保险。鼓励商业保险公司等社会机构提供与社会保险相衔接的产品和服务。

第二节　扩大社会保险覆盖范围

继续扩大各项社会保险覆盖范围，将符合条件的各类群体纳入相应的社会保险制度，重点做好城乡居民、农民工、非公有制经济组织从业人员、灵活就业人员的参保工作。将大学生全部纳入城镇居民基本医疗保险制度。完善和落实被征地农民的社会保障政策。制定激励政策，引导和鼓励各类人员及早参保、长期参保和连续参保。继续解决体制转轨的历史遗留问题，将各类关闭破产企业退休人员和困难企业职工纳入基本医疗保障体系，将未参保集体企业退休人员纳入基本养老保险制度，将企业"老工伤人员"全部纳入工伤保险统筹管理。积极推进城乡残疾人和各类困难群体参加社会保险。

专栏6：社会保险扩面计划

01　新农保实现制度全覆盖。新农保试点范围逐步扩大，覆盖所有县市及绝大部分农村人口。

02　建立城镇居民养老保险制度。启动城镇居民社会养老保险制度试点，覆盖大部分未就业无养老保险的城镇居民。

03　扩大城镇职工基本养老保险覆盖面。城镇职工基本养老保险参保人数进一步增加。将未参保集体企业退休人员纳入基本养老保险保障范围。推动事业单位养老保险制度改革。探索机关公务员养老保险制度改革。

04　医疗保险基本覆盖城乡人口。职工基本医疗保险、城镇居民基本医疗保险、新型农村合作医疗三项基本医疗保险参保人数新增6000万人以上，实现全民享有基本医疗保障。

05　扩大失业、工伤、生育保险覆盖面。失业保险参保人数达到1.6亿人。将企业老工伤人员全部纳入工伤保险统筹管理，工伤保险参保人数达到2.1亿人。生育保险参保人数达到1.5亿人。

第三节　稳步提高社会保险待遇水平

根据经济社会发展情况和各方面承受能力，统筹提高各项社会保险待遇水平。继续提高企业退休人员基本养老金水平，建立基本养老金正常调整机制。普遍开展居民医保、新农合门诊医疗费用统筹，逐步将门诊常见病、多发病纳入保障范围。逐步提高基本医疗保险最高支付限额和住院费用支付比例，均衡职工医保、居民医保、新农合的待遇水平。扩大失业保险基金支付范围，健全失业保险金正常调整机制。推进以职业康复为重点的工伤康复工作，提高工伤职工重返就业岗位的比例。

专栏 7：改善社会保险待遇计划

01　养老保险。企业退休人员基本养老金稳定增长。60 岁以上农村居民和城镇非就业居民享受基础养老金待遇。提高新农保和城镇居民养老保险基础养老金水平。

02　医疗保险。财政对城镇居民基本医疗保险和新农合的补助标准逐步提高，政策范围内居民和新农合的住院医疗费用支付比例提高到 70% 以上，城乡居民普遍开展门诊医疗费用统筹，政策范围内职工医保住院医疗费用支付比例提高到 75%。

03　失业、工伤、生育保险。适当扩大失业保险基金支出范围，健全失业保险待遇正常调整机制。适当提高工伤保险和生育保险待遇水平。加强工伤预防和工伤康复工作。

04　补充保险。积极发展企业年金、职业年金和补充医疗保险，完善多层次社会保障体系。

第四节　加快城乡社会保障统筹

制定和完善城乡社会保险制度衔接办法，统筹城乡居民社会养老保险和基本医疗保险政策，完善各项社会保险关系跨区域转移接续办法。探索建立统筹城乡的社会保障管理体制，逐步推进城乡居民养老、医疗保险统一经办管理。稳步提高各项社会保险统筹层次，全面落实城镇职工基本养老保险省级统筹，实现基础养老金全国统筹。新农保和城镇居民养老保险实现省级管理。全面实现医疗、失业、工伤、生育保险地市级统筹，逐步建立省级调剂金制度，积极推进省级统筹。

第五节　强化社会保险基金监督管理

建立健全社会保险基金预决算制度，健全行政监督与社会监督相结合的监管体系，提升社会保险基金监管技术和能力。完善社会保险反欺诈制度，建立医疗费用全国异地协查机制，实现对社会保险基金征收、管理、支付和运营全程监管，加大社会保险基金非现场监督力度，确保基金安全。积极稳妥开展养老保险基金投资运营，实现保值增值。

第六节　提升社会保险管理服务

加强社会保险经办机构能力建设，推进社会保险经办服务规范化、信息化、专业化建设，健全管理体制，整合经办资源，科学核定人员编制，加强经办机构服务设施建设，规范服务流程，提升管理手段。全面推进基本医疗费用即时结算，加快实现异地就医结算。全面建立公民社会保险登记制度，发放社会保障卡。健全社会保险社会化管理服务体系，将80%的企业离退休人员纳入社区管理。

……

第六章　深化工资制度改革　形成合理有序的收入分配格局

坚持和完善按劳分配为主体、多种分配方式并存的分配制度，正确处理效率与公平的关系，加快形成合理有序的工资收入分配格局，促进提高居民收入在国民收入分配中的比重、劳动报酬在初次分配中的比重，努力实现劳动报酬增长和劳动生产率提高同步。

第一节　完善企业工资收入分配制度

按照市场机制调节、企业自主分配、平等协商确定、政府监督指导的原则，形成反映劳动力市场供求关系和企业经济效益的工资决定机制和增长机制。积极稳妥扩大工资集体协商覆盖范围。改革国有企业工资总额管理办法，加强对部分行业工资总额和工资水平的双重调控，缩小行业间工资水平差距。进一步规范国有企业、国有控股金融机构负责人薪酬管理，使企业负责人薪酬结构合理、水平适当、管理规范。加强企业工资支付保障制度建设，在建设领域和容易发生工资拖欠的其他行业普遍建立工资保证金，在市县建立欠薪应急周转金，完善并落实工程总承包企业清偿欠薪负责制、解决工资拖欠问题属地政府负责制、劳动保障监察执法和刑事司法联动打击恶意欠薪机制，基本实现职工工资特别是农民工工资无拖欠。

第二节　完善机关事业单位　工资收入分配制度

完善机关事业单位工作人员工资正常调整机制。继续推进规范公务员津贴补贴工作，研究实施地区附加津贴制度，建立健全职务职级并行制度，加大向基层和艰苦边远地区倾斜力度，逐步提高基层和艰苦边远地区工资收入水平。根据事业单位改革总体要求，深化事业单位工作人员收入分配制度改革。巩固义务教育学校、公共卫生与基层医疗卫生事业单位实施绩效工资成效，按照"分类指导、分步实施、因地制宜、稳慎推进"要求，落实其他事业单位实施绩效工资。加大对高层次人才的激励力度，加强对事业单位主要负责人收入分配的监督管理，制定工作人员兼职兼薪管理办法。

第三节　加强工资收入分配宏观调控和指导

完善最低工资制度，逐步提高最低工资标准。进一步完善工资指导线制度，探索发布全国企业职工工资增长指导意见，引导企业合理进行工资分配。完善人力资源市场工资指导价位制度和行业人工成本信息指导制度，建立统一规范的企业薪酬调查和信息发布制度，为企业和劳动者开展工资集体协商提供参考依据。建立公务员和企业相当人员工资水平调查比较制度，为机关、事业单位工作人员工资正常调整提供科学依据。实行有利于促进劳动密集型小企业提高职工工资收入的财税扶持政策。

第七章　构建和谐劳动关系　维护劳动者合法权益

加强劳动关系工作体系建设，加快健全劳动关系协调机制、劳动争议调处机制和劳动保障监察执法机制，切实维护劳动者和企业双方的合法权益，逐步建立规范有序、公正合理、互利共赢、和谐稳定的社会主义新型劳动关系。

第一节　全面推行劳动合同制度

巩固大中型企业劳动合同签订率，提高小企业和农民工劳动合同签订率。全面推进劳动用工备案制度建设，建立全国统一的劳动用工数据库，加强对企业劳动用工的动态管理。健全劳务派遣规定，加强对劳务派遣用工的规范引导。完善企业裁员机制，规范企业规模裁员行为。在经济结构调整和国有企业改革中，妥善处理劳动关系，维护劳动者合法权益。

第二节　大力推行集体协商和集体合同制度

完善集体协商机制，以企业集体协商为主体，以行业性、区域性集体协商为补充，努力扩大集体合同制度覆盖面，提高集体协商的实效性。加强集体协商代表培训，提高协商能力。推进企业民主管理。

第三节　改善劳动条件

加快劳动标准体系建设。适时修订工作时间、休息休假、女职工和未成年工特殊劳动保护标准。推动劳动定额定员国家标准、行业标准的制修订工作，指导企业制定实施科学合理的劳动定额、计件单价。推进企业改善劳动条件，促进劳动者实现体面劳动。

第四节　健全协调劳动关系三方机制

加强和创新三方机制组织建设，完善三方机制职能，充分发挥政府、工会和企业方面代表在拟订劳动标准、调节收入分配、促进集体协商等方面的重要作用，努力形成企业和职工利益共享机制。完善依托三方机制及时介入和有效协调处理集体协商争议的办法。开展和谐劳动关系创建活动。

专栏10：构建和谐劳动关系计划

01　提高劳动合同和集体合同签订率。企业劳动合同签订率达到90%，集体合同签订率达到80%。

02　开展和谐劳动关系创建活动。以中小企业和非公企业为重点，在全国各类企业、工业园区和乡镇、街道（社区）普遍开展和谐劳动关系创建活动，参加创建活动的企业覆盖面达到85%。加强基层劳动关系协调员队伍建设。

03　制修订劳动标准。完善劳动标准体系，制修订劳动定额国家标准和一批重点行业劳动定额标准。

04　劳动人事争议仲裁院建设。加强劳动人事争议处理服务设施建设，支持建设一批劳动人事争议仲裁院。加强基层劳动人事争议调解仲裁队伍建设。

05　劳动保障监察网格化管理。在全国逐步建立网格化管理体制，形成覆盖城乡的劳动用工监控网。建立监察协管员队伍，加强劳动保障监察服务设施建设，改善劳动保障监察执法条件，支持建设一批示范性劳动保障监察网格管理服务中心。第五节加强劳动人事争议处理效能建设坚持"预防为主、基层为主、调解为主"的方针，指导企业建立健全内部劳动争议协商解决机制。建立健全重大集体劳动人事争议应急调处机制。加快基层调解组织建设步伐，加强市、县劳动人事争议仲裁院建设，充实基层调解人员和仲裁办案辅助人员。完善仲裁办案制度，规范办案程序，提高争议处理效能和专业化水平。

第五节　加强劳动保障监察工作体系建设

加大对用人单位和人力资源市场的监管力度，全面推进网格化、网络化管理，实现监察执法向主动预防和统筹城乡转变。建立完善劳动保障监察、拖欠工资刑事案件移送等监察法规制度，健全违法行为预防预警和多部门综合治理机制，及时查处违法案件，有效处置劳动保障违法行为引发的群体性事件，切实维护劳动者合法权益和社会稳定。加强基层监察机构队伍建设和监察服务设施建设，实现监察机构标准化、执法规范化、人员专业化。

第六节 加强农民工权益保护

大力加强农民工工作，建立促进农民工进入城镇落户的政策体系和工作机制。改善农民工公共服务，促进农民工融入城市，推动解决农民工在就业、培训、社会保障、住房、医疗、子女教育、文化生活、权益保护等方面平等享受基本公共服务。

专栏 11：农民工权益保障计划

01 促进农业富余劳动力转移就业。加强就业信息引导，开展劳务输出对接，加强劳务品牌培育和推介，建设一批特色劳务基地。促进农民工就近就地转移就业，鼓励扶持农民工返乡创业。

02 加强农民工职业技能培训。推进农村中等职业教育免费进程，重点培养技能适用型和技术熟练型农民工，提高农民工就业能力。建立农民工基本培训补贴制度，推进农民工培训资金省级统筹。

03 维护农民工合法权益。促进城乡劳动者平等就业，提高农民工工资水平，促进农民工与城镇就业人员同工同酬。提高农民工劳动合同签订率。将与企业建立稳定劳动关系的农民工纳入城镇职工基本养老和医疗保险，推动企业和农民工依法参加工伤保险和失业保险，提高社会保险参保率。

04 加强农民工公共服务基础能力建设。在农业富余劳动力流动较为集中的中心城市建立农民工综合服务中心，为农民工有序融入城市创造良好环境和有利条件。

第八章 加强基础能力建设 提升公共服务水平

适应人力资源和社会保障事业快速发展的形势，健全完善人力资源和社会保障公共服务体系，加强公共就业、社会保险、调解仲裁和劳动保障监察等服务设施建设，推行社会保障一卡通，全面提高公共服务能力和水平，为广大人民群众提供规范、便捷、高效的公共服务。

第一节 加强公共服务设施建设

坚持统筹规划、因地制宜、整合资源、适度集中的原则，大力推进人力资源和社会保障公共服务设施建设。加强省级、地市级人力资源市场建设，主要提供公共就业、人力资源市场、劳动关系协调、劳动人事争议调解仲裁、劳动保障监察等服务功能。加强省级、地市级社会保障服务中心建设，主要提供各项社会保险参保缴费、社会保险关系转移、异地就医结算等服务功能。加强省级、地市级职业技能实训基地建设，主要包括就业实训基地、技能培训中心、技能鉴定中心等，不断改善职业培训能力。加强国家级和区域性工伤康复示范中心建设，实现分层次、相互衔接、特色互补的工伤康复服务格局。

重点加强县及县以下劳动就业和社会保障综合服务中心建设。以公共就业服务、职业技能培训、人力资源服务、社会保险经办、劳动关系协调、劳动人事争议调解仲裁、劳动保障监察等功能为重点，整合资源，建立一站式公共服务平台，形成布局合理、设施完善、功能齐全、管理规范、流程科学的服务体系，全面提升基层服务能力和水平，满足人民群众日益增长的公共服务需求。

专栏 12：基层劳动就业和社会保障综合服务中心建设工程

"十二五"期间，建设一批县级、乡镇（街道）级劳动就业和社会保障综合服务中心，争取全国所有街道、乡镇都建立劳动就业和社会保障服务中心，所有社区、行政村都设立劳动就业和社会保障服务站。国家对基础设施建设给予适当补贴。

第二节　加快推进信息化建设

以推行社会保障一卡通为重点，实施人力资源和社会保障信息化建设工程。完善各级人力资源社会保障数据中心功能，建成覆盖全国、联通城乡、安全可靠的信息网络。建设统一的跨地区信息交换和结算平台，支持各级各类业务协同办理，提升信息化服务水平。加快发行全国统一的社会保障卡，实现社会保障卡在养老、医疗、失业、工伤、生育五项社会保险中的应用，并逐步拓展到就业服务、劳动关系、人才服务、人力资源开发、人事管理等领域。

专栏 13：人力资源和社会保障信息化建设工程（金保工程二期）

01　完善中央、省、市三级数据中心。推进中央、省、市三级网络互联，推动数据中心与各类经办服务机构联网，并将网络向街道、社区、乡镇等各类基层服务网点延伸。

02　建设统一的社会保险管理信息系统、就业服务管理信息系统、人事人才管理信息系统、劳动关系管理信息系统。完善基金监督应用系统和宏观决策支持系统。加强各业务领域间数据共享和系统整合，推进与相关部门的信息交换与共享。

03　全面发行社会保障卡，积极推进社会保障卡应用，发卡数量达到 8 亿张，覆盖60%人口。

04　完善联网数据采集系统，扩展数据采集业务范围。

05　加快12333电话咨询服务中心建设，实现各级12333电话咨询服务联动。完善基层信息平台建设，推动社会保障卡信息服务延伸到城乡社区。

06　建设统一的网络安全信任体系，建设中央和省级灾备中心。

第三节　推进公共服务标准化建设

建立健全人力资源和社会保障公共服务标准体系，开展公共就业服务、社会保险服务、人事人才管理、劳动关系、调解仲裁和劳动保障监察等领域标准的制修订，科学确定人力资源和社会保障公共服务范围、服务内容、服务流程，以及提供服务所需的设施设备、人员配备、经费保障等标准，努力提高服务水平。开展标准化试点，加强标准体系宣传贯彻，充分发挥标准化对事业的技术支撑和基础保障作用。

第四节　加强系统队伍建设

加强人力资源和社会保障系统队伍建设。科学合理配置工作人员，严把人员"入口关"，通过公开招聘等形式，吸纳高校毕业生充实基层劳动就业和社会保障公共服务队伍，优化人员结构。加强干部队伍能力建设，完善分级分类的干部教育培训体系，大规模开展系统干部培训，探索经办人员持证上岗制度。加强干部队伍作风建设，深入开展创建优质服务窗口活动，增强服务意识，规范服务行为，提高服务水平。努力建设一支政治坚定、业务精湛、作风过硬、人民满意的干部队伍，为人力资源和社会保障事业发展提供坚强的人才保障。

专栏14：人力资源和社会保障系统人才培养计划

01　培训3000名县级人力资源和社会保障局长。

02　社会保险经办机构"百千万"人才培养工程，培养造就100名左右精湛掌握社会保险政策、精通业务管理的领导人才；培养1000名左右社会保险经办相关专业领域的业务专家；培养10000名左右岗位管理能手和业务标兵。

03　加强人力资源和社会保障培训基地、教材、师资、网络建设，提升培训能力。

……

民政部　国家发展改革委　财政部　国家统计局
关于进一步规范城乡居民最低生活
保障标准制定和调整工作的指导意见

（民发〔2011〕80 号　2011 年 5 月 11 日）

各省、自治区、直辖市民政厅（局）、发展改革委（物价局）、财政厅（局）、统计局，新疆生产建设兵团民政局、发展改革委、财务局、统计局，国家统计局各调查总队：

为进一步规范城乡居民最低生活保障（以下简称城乡低保）标准的制定和调整工作，根据《城市居民最低生活保障条例》（国务院令第 271 号，以下简称《条例》）和《国务院关于在全国建立农村最低生活保障制度的通知》（国发〔2007〕19 号，以下简称《通知》）有关规定，结合各地的实践经验和做法，提出以下指导意见：

一、深刻认识规范城乡低保标准制定和调整工作的重要意义

低保标准是城乡低保制度的关键环节，是界定低保范围、核定低保对象、确定补助水平以及安排补助资金的重要依据。近年来，各地按照《条例》和《通知》要求，在科学制定和调整低保标准方面不断探索完善，取得了一定成效。但是，从全国情况看，城乡低保标准的制定和调整工作还存在一些需要规范的问题。如，一些地方缺乏必要论证和科学测算，简单参照扶贫标准或全国平均低保标准来制定和调整低保标准，难以真实反映当地居民的基本生活需求，甚至导致保障面过宽而影响了低保对象劳动就业的积极性；还有一些地方没有及时根据经济社会发展水平和财政承受能力，随着生活必需品的价格变化和人民生活水平的提高而适时调整低保标准，影响了低保制度实施效果和困难群众基本生活保障力度。为确保城乡低保制度平稳运行，真正发挥好最后一道社会安全网的保障作用，各地要统一思想，提高认识，将规范城乡低保标准制定和调整工作作为当前健全完善城乡低保制度的一项重要任务，加强领导，精心组织，切实抓紧、抓实、抓好。

二、准确把握城乡低保标准制定和调整的指导思想和基本原则

（一）指导思想。进一步规范城乡低保标准制定和调整工作，要深入贯彻落实科学发展观，按照党的十七届五中全会关于"努力实现居民收入增长和经济发展同步，低收入者收入明显增加"和"实现城乡社会救助全覆盖"的总体要求，以《条例》和《通知》为根本依据，以确保困难群众基本生活为核心目标，不断提高城乡低保标准制定和调整的科学化、精细化和规范化水平。

（二）基本原则。进一步规范城乡低保标准制定和调整工作，必须结合当地社会救助事业发展实际，不断完善和创新机制。要坚持科学性原则，以维持当地居民基本生活所必需的消费品支出数据为基础，科学测算，充分论证；坚持合理性原则，统筹考虑困难群众基本生活保障需要、当地经济社会发展水平和财力状况，使城乡低保标准与失业保险、最低工资、扶贫开发等政策标准合理衔接；坚持动态性原则，建立和完善城乡低保标准与物价上涨挂钩的联动机制，并随着当地居民生活必需品价格变化和人民生活水平的提高定期调整城乡低保标准；坚持规范性原则，制定和调整城乡低保标准要严格遵循有关政策规定和程序规范，确保公开、公正和透明。

三、科学确定城乡低保标准制定和调整的方法

各地在制定和调整城乡低保标准时，可以采用基本生活费用支出法、恩格尔系数法或消费支出比例法。

（一）基本生活费用支出法。

城乡低保标准根据当地居民基本生活费用支出确定，包括必需食品消费支出和非食品类生活必需品支出两部分。用公式表示为：

城乡低保标准＝必需食品消费支出＋非食品类生活必需品支出

其中，必需食品消费支出通过市场调查确定当地食品必需品消费清单（即标准食物清单）、根据中国营养学会推荐的能量摄入量（见附件 1）、相应食物摄入量（见附件 2）以及食物的市场价格计算得出；非食品类生活必需品支出根据调查数据确定维持基本生活所必需的衣物、水电、燃煤（燃气）、公共交通、日用品等消费清单测算支出数额。

为确保城乡低保标准的制定和调整符合当地实际，各地可以参考当地上年度城乡居民人均消费支出、城镇居民人均可支配收入、农民人均纯收入、城乡低收入居民基本生活费用，以及经济发展水平、财政状况等因素对测算得出的低保标准予以适当调整。

（二）恩格尔系数法。

城乡低保标准根据当地居民必需食品消费支出和上年度最低收入家庭恩格尔系数确定。用公式表示为：

城乡低保标准＝必需食品消费支出/上年度最低收入家庭恩格尔系数

其中，必需食品消费支出的确定方法同基本生活费用支出法，即通过市场调查确定当地食品必需品消费清单（即标准食物清单）、根据中国营养学会推荐的能量摄入量（见附件1）、相应食物摄入量（见附件2）以及食物的市场价格计算得出。

为确保城乡低保标准的制定和调整符合当地实际，各地可以参考当地上年度城乡居民人均消费支出、城镇居民人均可支配收入、农民人均纯收入、城乡低收入居民基本生活费用，以及经济发展水平、财政状况等因素对测算得出的低保标准予以适当调整。

（三）消费支出比例法。

已按基本生活费用支出法或恩格尔系数法测算出城乡低保标准的地区，可将此数据与当地上年度城乡居民人均消费支出进行比较，得出低保标准占上年度城乡居民人均消费支出的比例。在今后一定时期内再次计算城乡低保标准时，可直接用当地上年度城乡居民人均消费支出乘以此比例。用公式表示为：

$$\text{城乡低保标准} = \text{当地上年度城乡居民人均消费支出} \times \text{低保标准占上年度城乡居民人均消费支出的比例}$$

四、认真做好城乡低保标准的制定和调整工作

（一）精心组织。各地要按照《条例》和《通知》规定的城乡低保标准制定权限，成立由民政、财政、发展改革（价格）、统计（调查队）等部门组成的城乡低保标准制定和调整工作小组（以下简称工作小组），制定工作方案，明确工作方法、步骤和时间表。工作小组各成员单位要明确职责，相互配合，共同做好城乡低保标准制定和调整工作。

（二）科学测算。工作小组要综合使用统计数据、监测数据和调查数据，运用"基本生活费用支出法"、"恩格尔系数法"或"消费支出比例法"，科学测算当地城乡低保标准。其中，统计数据是指当地统计部门通过调查所得，并已向社会公布的数据，主要包括上年度城乡居民人均消费支出、上年度城镇居民人均可支配收入、农民人均纯收入、城乡最低收入家庭恩格尔系数等；监测数据是指价格主管部门监测的基本生活必需品消费清单所涉及的商品市场价格；调查数据是指未纳入当地统计和监测，需要工作小组通过抽样调查获得的数据。

（三）规范程序。城乡低保标准测算完成后，要由工作小组或其成员单位联合报请本级人民政府审批。按照《条例》和《通知》规定，需要备案的，要同时报上一级地方人民政府备案。根据本级人民政府的批复，工作小组或民政部门要通过网站、报纸等媒体以适当方式，将新的城乡低保标准向社会公告，并按批复要求的时间执行。

（四）加强指导。省级人民政府民政部门、财政部门要发挥好指导和调控作用，注意引导经济社会发展水平相近地区逐步缩小地区间城乡低保标准差距。条件成熟的地方，也可试行由省级人民政府民政部门会同财政、发展改革（价格）、统计（调查总队）等部门，根据区域经济社会发展状况，制定本辖区内相对统一的区域城乡低保标准。

附件：

1. 中国居民膳食能量推荐摄入量

2. 中国居民不同能量水平建议食物摄入量

附件1：

中国居民膳食能量推荐摄入量（千卡/日）

分类＼性别	男	女
轻体力活动	2400	2100
中体力活动	2700	2300
重体力活动	3200	2700

资料来源：中国营养学会编著：《中国居民膳食营养素参考摄入量》，中国轻工业出版社2001年版，第18页。有关说明：

（1）表中所列为18～49岁成年人膳食能量推荐摄入量；

（2）综合考虑轻体力活动男、女膳食能量推荐摄入量，建议以2200千卡作为测算城乡低保标准时的参考数据。

附件2：

中国居民不同能量水平建议食物摄入量（克/日）

类别＼能量	1600千卡	1800千卡	2000千卡	2200千卡	2400千卡	2600千卡	2800千卡
谷类	225	250	300	300	350	400	450
大豆类	30	30	40	40	40	50	50
蔬菜	300	300	350	400	450	500	500

能量 / 类别	1600 千卡	1800 千卡	2000 千卡	2200 千卡	2400 千卡	2600 千卡	2800 千卡
水果	200	200	300	300	400	400	500
肉类	50	50	50	75	75	75	75
乳类	300	300	300	300	300	300	300
蛋类	25	25	25	50	50	50	50
水产品	50	50	75	75	75	100	100
烹调油	20	25	25	25	30	30	30
食盐	6	6	6	6	6	6	6

资料来源：中国营养学会编著：《中国居民膳食指南》，西藏人民出版社2007年版，第176页。

国家税务总局关于切实加强高收入者个人所得税征管的通知

（国税发〔2011〕50号　2011年4月15日）

各省、自治区、直辖市和计划单列市国家税务局、地方税务局：

2010年5月，国家税务总局下发了《关于进一步加强高收入者个人所得税征收管理的通知》（国税发〔2010〕54号），各级税务机关采取有效措施，认真贯彻落实，取得积极成效。根据党的十七届五中全会通过的《中共中央关于制定国民经济和社会发展第十二个五年规划的建议》（以下简称《建议》）和十一届全国人大四次会议批准的《中华人民共和国国民经济和社会发展第十二个五年规划纲要》（以下简称《纲要》）对税收调节收入分配的有关要求，现就进一步做好高收入者个人所得税征管工作通知如下：

一、充分认识新形势下加强高收入者个人所得税征管的重要意义

党中央、国务院对收入分配问题高度重视，强调要合理调整收入分配关系。税收具有调节收入分配的重要功能，《建议》要求"加强税收对收入分配的调节作用，有效调节过高收入"。《纲要》提出要"完善个人所得税征管机制"，"加大对高收入者的税收调节力度"。做好高收入者个人所得税征管工作，对于有效地发挥税收调节收入分配的职能作用，促进社会公平正义与和谐稳定，具有重要意义。各级税务机关要认真贯彻落实党中央、国务院的部署和要求，将加强高收入者个人所得税征管作为当前和今后一个时期的一项重点工作，进一步强化征管基础，完善征管手段，创新管理和服务方式，为加快形成合理有序的收入分配格局做出积极努力。

二、不断完善高收入者主要所得项目的个人所得税征管

各级税务机关要继续贯彻落实国税发〔2010〕54 号文件规定，以非劳动所得为重点，依法进一步加强高收入者主要所得项目征管。

（一）加强财产转让所得征管

1. 完善自然人股东股权（份）转让所得征管。

（1）积极与工商行政管理部门合作，加强对个人转让非上市公司股权所得征管。重点做好平价或低价转让股权的核定工作，建立电子台账，记录股权转让的交易价格和税费情况，强化财产原值管理。

（2）加强个人对外投资取得股权的税源管理，重点监管上市公司在上市前进行增资扩股、股权转让、引入战略投资者等行为的涉税事项，防止税款流失。

（3）与相关部门密切配合，积极做好个人转让上市公司限售股个人所得税征管工作。

2. 加强房屋转让所得和拍卖所得征管。

（1）搞好与相关部门的配合，加强房屋转让所得征管，符合查实征收条件的，坚持实行查实征收；确实不符合查实征收条件的，按照有关规定严格核定征收。

（2）加强与本地区拍卖单位的联系，掌握拍卖所得税源信息，督促拍卖单位依法代扣代缴个人所得税。

3. 抓好其他形式财产转让所得征管。重点是加强个人以评估增值的非货币性资产对外投资取得股权（份）的税源管理，完善征管链条。

（二）深化利息、股息、红利所得征管

1. 加强企业分配股息、红利的扣缴税款管理，重点关注以未分配利润、盈余公积和资产评估增值转增注册资本和股本的征管，堵塞征管漏洞。

2. 对投资者本人及其家庭成员从法人企业列支消费支出和借款的，应认真开展日常税源管理和检查，对其相关所得依法征税。涉及金额较大的，应核实其费用凭证的真实性、合法性。

3. 对连续盈利且不分配股息、红利或者核定征收企业所得税的企业，其个人投资者的股息、红利等所得，应实施重点跟踪管理，制定相关征管措施。同时，加强企业注销时个人投资者税收清算管理。

4. 对企业及其他组织向个人借款并支付利息的，应通过核查相关企业所得税前扣除凭证等方式，督导企业或有关组织依法扣缴个人所得税。

（三）完善生产经营所得征管

1. 重点加强规模较大的个人独资、合伙企业和个体工商户的生产经营所得的查账征收管理；难以实行查账征收的，依法严格实行核定征收。对律师事务所、会计师事务所、税务师事务所、资产评估和房地产估价等鉴证类中介机构，不得实行核定征收个人所得税。

2. 对个人独资企业和合伙企业从事股权（票）、期货、基金、债券、外汇、贵重金属、资源开采权及其他投资品交易取得的所得，应全部纳入生产经营所得，依法征收个人所得税。

3. 将个人独资企业、合伙企业和个体工商户的资金用于投资者本人、家庭成员及其相关人员消费性支出和财产性支出的，严格按照相关规定计征个人所得税。

4. 加强个人独资、合伙企业和个体工商户注销登记管理，在其注销登记前，主管税务机关应主动采取有效措施处理好有关税务事项。

三、继续加强高收入行业和人群的个人所得税征管

（一）加强以非劳动所得为主要收入来源人群的征管

密切关注持有公司大量股权、取得大额投资收益以及从事房地产、矿产资源投资、私募基金、信托投资等活动的高收入人群，实行重点税源管理。

（二）做好高收入行业工薪所得征管工作

1. 深化高收入行业工薪所得扣缴税款管理。重点关注高收入行业企业的中高层管理人员各项工资、薪金所得，尤其是各类奖金、补贴、股票期权和限制性股票等激励所得。

2. 加强高收入行业企业扣缴个人所得税的工资、薪金所得总额与企业所得税申报表中工资费用支出总额的比对，强化企业所得税和个人所得税的联动管理。

3. 对以各种发票冲抵个人收入，从而偷逃个人所得税的行为，严格按照税收征管法的规定予以处罚。

（三）对纳税人从两处或两处以上取得工资、薪金所得，应通过明细申报数据等信息汇总比对，加强纳税人自行申报纳税管理。

（四）完善数额较大的劳务报酬所得征管

1. 督促扣缴义务人依法履行扣缴义务，与有关部门密切合作，及时获取相关劳务报酬支付信息，重点加强数额较大劳务报酬所得的征管。

2. 加强对个人从事影视表演、广告拍摄及形象代言等获取所得的源泉控管，重点做好相关人员通过设立艺人工作室、劳务公司及其他形式的企业或组织取得演出收入的所得税征管工作。

（五）加强高收入外籍个人取得所得的征管

1. 进一步建立和充实外籍个人管理档案，掌握不同国家、不同行业、不同职位的薪酬标准，加强来源于中国境内、由境外机构支付所得的管理。充分利用税收情报交换和对外支付税务证明审核等信息，加强在中国境内无住所但居住超过 5 年的个人境外所得税收征管。

2. 加强外籍个人提供非独立劳务取得所得的征管，抓好对由常设机构或固定基地负担外籍个人报酬的监管，防范税收协定滥用。

四、建立健全高收入者应税收入监控体系

加强税务机关内部和外部涉税信息的获取与整合应用。通过各类涉税信息的分析、比对，掌握高收入者经济活动和税源分布特点、收入获取规律等情况，有针对性地加强高收入者个人所得税征管。

（一）强化税源管理基础

1. 按照税务总局的统一部署和要求，通过推广应用个人所得税管理信息系统等手段，加强扣缴义务人全员全额扣缴明细申报管理，建立健全个人纳税档案。

2. 推进年所得 12 万元以上纳税人自行纳税申报常态化管理，不断提高申报数据质量，加强申报补缴税款管理。

3. 逐步建立健全自行纳税申报和全员全额扣缴申报信息交叉稽核机制，完善高收入者税源管理措施。

4. 国税局和地税局密切配合，健全信息传递和反馈机制，形成征管工作合力。

（二）建立协税护税机制

1. 根据税收征管法的规定，加强税务机关与公安、工商、银行、证券、房管、外汇管理、人力资源和社会保障等相关部门与机构的协作，共享涉税信息，完善配套措施。

2. 积极争取地方政府的支持，建立健全政府牵头的涉税信息共享机制，明确相关部门协税护税的责任和义务。

五、深入开展纳税服务、纳税评估和专项检查

各级税务机关要通过改进纳税服务，深化纳税评估，加强专项检查，促进纳税人依法诚信纳税。

（一）不断优化纳税服务

积极为纳税人提供多渠道、便捷化的申报纳税服务。了解纳税人的涉税诉求，提高咨询回复质量和效率。有针对性地对高收入者进行税法宣传和政策辅导，引导其主动申报、依法纳税。认真贯彻落实税务总局有关工作要求，继续做好为纳税人开具完税证明工作。严格执行为纳税人收入和纳税信息保密的有关规定，维护纳税人合法权益。

（二）切实加强日常税源管理和评估

坚持开展高收入者个人所得税日常税源管理，充分利用相关信息，科学设定评估指标，创新评估方法，积极开展纳税评估。对纳税评估发现的疑点，应进行跟踪核查、约谈；发现纳税人涉嫌税收违法行为的，应及时移交稽查部门立案检查。

（三）扎实做好个人所得税专项检查工作

按照税务总局的统一部署，认真开展个人所得税专项检查。同时，结合本地征管实际，选取部分高收入者比较集中的行业，切实搞好专项检查。加强税政、征管、稽查等部门的协调配合，及时提供违法线索，依法严厉查处。

各级税务机关要加强组织领导，认真做好高收入者个人所得税征管工作，并将其作为税收工作考核的重要内容。主动向地方政府汇报，加强与相关部门的沟通，争取各方面的支持和配合。根据本通知精神，结合实际制定具体实施方案。进一步研究强化基础工作、创新管理方式、完善征管手段、搞好税法宣传的有效措施，不断提高个人所得税征管水平。

国家发展改革委　民政部　财政部　人力资源和社会保障部　统计局关于建立社会救助和保障标准与物价上涨挂钩的联动机制的通知

（发改价格〔2011〕431号　2011年3月2日）

各省、自治区、直辖市人民政府办公厅、发展改革委（物价局）、民政厅（局）、财政厅（局）、人力资源和社会保障厅（局）、统计局，新疆生产建设兵团办公厅、发展改革委、民政局、财务局、人力资源和社会保障局、统计局，国家统计局各调查队：

党中央、国务院高度重视稳定物价和保障民生工作，党的十七届五中全会提出了"努力实现居民收入增长和经济发展同步、劳动报酬增长和劳动生产率提高同步，低收入者收入明显增加"的目标。国务院《关于稳定消费价格总水平保障群众基本生活的通知》（国发〔2010〕40号）对建立社会救助和保障标准与物价上涨挂钩的联动机制提出了明确要求。为做好低收入群众的生活保障工作，现就建立社会救助和保障标准与物价上涨挂钩的联动机制有关事项通知如下：

一、思路和原则

按照"明确责任、改善民生；短期波动、发放补贴；持续上涨、调整标准"的要求，建立社会救助和保障标准与物价上涨挂钩的联动机制。

（一）总体思路。发展经济的根本目的，在于满足人民群众日益增长的物质文化生活需求，在于不断提高广大人民群众的生活水平。建立联动机制，目的是要完善社会救助和保障体系，保障低收入群体生活不因物价上涨而降低，并逐步得到改善。

（二）基本原则。建立联动机制要与完善社会救助和保障标准正常调整机制相结合。在建立联动机制的同时，按照中央保障和改善民生的要求，完善正常调整机制，逐步实现各项社会救助和保障标准提高幅度与经济发展速度、居民收入增长水平基本同步的目标。

二、主要内容

（一）保障对象。联动机制保障对象主要包括优抚对象、城乡低保对象、农村五保供养对象和领取失业保险金人员。各地可以根据实际情况，扩大保障范围，但不得缩小保障范围。

（二）启动条件。以居民基本生活费用价格指数月度涨幅作为依据，确定联动机制启动和中止临界条件。尚未编制居民基本生活费用价格指数的地方，先以居民消费价格指数月度涨幅为依据；正式编制后，均要以居民基本生活费用价格指数月度涨幅为依据。启动联动机制的临界条件可参考各地政府每年提出的预期价格调控目标自行确定。

（三）联动措施。当居民基本生活费用价格指数（或居民消费价格指数）月度涨幅达到临界条件时，启动联动机制，发放价格临时补贴；连续一定时期回落至临界条件以下时，停止发放价格临时补贴。连续发放价格临时补贴一定时期以上时，要按照正常程序，提高城乡低保标准，自提高城乡低保标准之日起，停止发放价格临时补贴。具体时限由各地自行决定。各统筹地区要按照国发〔2010〕40号文件和《失业保险条例》规定，抓紧建立和完善失业保险金标准与物价上涨挂钩的联动机制。根据实际情况启动失业保险金标准调整程序，适当提高失业保险金标准。

（四）补贴标准。价格临时补贴按月发放。人均标准为：城市低保对象、优抚对象，按当地同期月均城市低保标准的一定比例发放；农村低保对象、农村五保供养对象，按当地同期月均农村低保标准的一定比例发放。当居民基本生活费用价格指数（或居民消费价格指数）月度涨幅大幅超过临界条件时，由各地有关部门研究提出补贴额增加标准。具体标准要保证不低于物价上涨对低收入群体生活的实际影响，由各地自行决定。

三、工作要求

（一）加强领导。各地要按照国发〔2010〕40 号文件建立的市场价格调控部门联席会议工作机制的要求，建立相应工作机制，由价格主管部门牵头，民政、财政、人力资源社会保障、统计部门参加，明确职能分工，做好建立联动机制的相关工作，确保在 2011 年底前全部建立起来，并及时报国务院办公厅和市场价格调控部际联席会议办公室（国家发展改革委价格司）备案。联席会议办公室按月度通报各地联动机制建立和价格临时补贴发放情况，并通过媒体、社会舆论等进行监督落实。

（二）分工合作。价格主管部门要密切关注、准确测算价格上涨对当地低收入群体生活的影响，及时提出启动和中止联动机制的建议，并组织好实施。民政部门要密切关注低收入群体生活状况，加强基本数据的收集、整理和分析，组织好价格临时补贴资金的发放。民政、人力资源社会保障和财政部门要做好调整最低生活保障和失业保险金标准的工作。财政部门要按相关规定积极安排补助资金，中央财政按现行渠道和有关政策规定对地方给予适当补助。统计部门要抓紧编制当地居民基本生活费用价格指数，并及时将指数数据提供相关部门，财政部门要按现行财政体制和预算程序给予经费保障。

各地要组织好宣传工作，大力宣传当地联动机制建设、实施的情况，及时解释相关政策。已经建立联动机制的省市，要按本通知要求进行完善。

以上，请按照执行。

附录二

2011 年收入分配统计资料

表1 国内生产总值（按当年价格计算，亿元）

年份	国民总收入	国内生产总值	第一产业	第二产业	第三产业	人均GDP（元）
1978	3645.2	3645.2	1027.5	1745.2	872.5	381
1979	4062.6	4062.6	1270.2	1913.5	878.9	419
1980	4545.6	4545.6	1371.6	2192.0	982.0	463
1981	4889.5	4891.6	1559.5	2255.5	1076.6	492
1982	5330.5	5323.4	1777.4	2383.0	1163.0	528
1983	5985.6	5962.7	1978.4	2646.2	1338.1	583
1984	7243.8	7208.1	2316.1	3105.7	1786.3	695
1985	9040.7	9016.0	2564.4	3866.6	2585.0	858
1986	10274.4	10275.2	2788.7	4492.7	2993.8	963
1987	12050.6	12058.6	3233.0	5251.6	3574.0	1112
1988	15036.8	15042.8	3865.4	6587.2	4590.3	1366
1989	17000.9	16992.3	4265.9	7278.0	5448.4	1519
1990	18718.3	18667.8	5062.0	7717.4	5888.4	1644
1991	21826.2	21781.5	5342.2	9102.2	7337.1	1893
1992	26937.3	26923.5	5866.6	11699.5	9357.4	2311
1993	35260.0	35333.9	6963.8	16454.4	11915.7	2998
1994	48108.5	48197.9	9572.7	22445.4	16179.8	4044
1995	59810.5	60793.7	12135.8	28679.5	19978.5	5046
1996	70142.5	71176.6	14015.4	33835.0	23326.2	5846
1997	78060.9	78973.0	14441.9	37543.0	26988.1	6420
1998	83024.3	84402.3	14817.6	39004.2	30580.5	6796
1999	88479.2	89677.1	14770.0	41033.6	33873.4	7159
2000	98000.5	99214.6	14944.7	45555.9	38714.0	7858
2001	108068.2	109655.2	15781.3	49512.3	44361.6	8622
2002	119095.7	120332.7	16537.0	53896.8	49898.9	9398
2003	134977.0	135822.8	17381.7	62436.3	56004.7	10542

续表

年份	国民总收入	国内生产总值	第一产业	第二产业	第三产业	人均GDP（元）
2004	159453.6	159878.3	21412.7	73904.3	64561.3	12336
2005	183617.4	184937.4	22420.0	87598.1	74919.3	14185
2006	215904.4	216314.4	24040.0	103719.5	88554.9	16500
2007	266422.0	265810.3	28627.0	125831.4	111351.9	20169
2008	316030.3	314045.4	33702.0	149003.4	131340.0	23708
2009	340320.0	340902.8	35226.0	157638.8	148038.0	25608
2010	399759.5	401512.8	40533.6	187383.2	173596.0	30015
2011	472115.0	472881.6	47486.2	220412.8	204982.5	35181

　　注：1. 1980年以后国民总收入（原称国民生产总值）与国内生产总值的差额为国外净要素收入。

　　2. 2011年为初步核实数据。

表2　　　　　　　　各种价格指数（以上年为100）

年份	居民消费价格指数	城市居民消费价格指数	农村居民消费价格指数	商品零售价格指数
1978	100.7	100.7		100.7
1980	107.5	107.5		106.0
1985	109.3	111.9	107.6	108.8
1989	118.0	116.3	119.3	117.8
1990	103.1	101.3	104.5	102.1
1991	103.4	105.1	102.3	102.9
1992	106.4	108.6	104.7	105.4
1993	114.7	116.1	113.7	113.2
1994	124.1	125.0	123.4	121.7
1995	117.1	116.8	117.5	114.8
1996	108.3	108.8	107.9	106.1
1997	102.8	103.1	102.5	100.8
1998	99.2	99.4	99.0	97.4
1999	98.6	98.7	98.5	97.0
2000	100.4	100.8	99.9	98.5
2001	100.7	100.7	100.8	99.2
2002	99.2	99.0	99.6	98.7
2003	101.2	100.9	101.6	99.9
2004	103.9	103.3	104.8	102.8

年份	居民消费 价格指数	城市居民消费 价格指数	农村居民消费 价格指数	商品零售 价格指数
2005	101.8	101.6	102.2	100.8
2006	101.5	101.5	101.5	101.0
2007	104.8	104.5	105.4	103.8
2008	105.9	105.6	106.5	105.9
2009	99.3	99.1	99.7	98.8
2010	103.3	103.2	103.6	103.1
2011	105.4	105.3	105.8	104.9

注：从2011年起工业品出厂价格指数改为工业生产者出厂价格指数，原材料、燃料、动力购进价格指数改为工业生产者购进价格指数。

表3   **国家财政收支总额及增长速度**

年份	财政收入 （亿元）	财政支出 （亿元）	收支差额 （亿元）	财政收入增长速度（%）		财政收入占国内生产 总值的比重（%）
				财政收入	财政支出	
1978	1132.26	1122.09	10.17	29.5	33.0	31.1
1979	1146.38	1281.79	-135.41	1.2	14.2	28.2
1980	1159.93	1228.83	-68.90	1.2	-4.1	25.5
1981	1175.79	1138.41	37.38	1.4	-7.5	24.0
1982	1212.33	1229.98	-17.65	3.1	8.0	22.8
1983	1366.95	1409.52	-42.57	12.8	14.6	22.9
1984	1642.86	1701.02	-58.16	20.2	20.7	22.8
1985	2004.82	2004.25	0.57	22.0	17.8	22.2
1986	2122.01	2204.91	-82.90	5.8	10.0	20.7
1987	2199.35	2262.18	-62.83	3.6	2.6	18.2
1988	2357.24	2491.21	-133.97	7.2	10.1	15.7
1989	2664.90	2823.78	-158.88	13.1	13.3	15.7
1990	2937.10	3083.59	-146.49	10.2	9.2	15.7
1991	3149.48	3386.62	-237.14	7.2	9.8	14.5
1992	3483.37	3742.20	-258.83	10.6	10.5	12.9
1993	4348.95	4642.30	-293.35	24.8	24.1	12.3
1994	5218.10	5792.62	-574.52	20.0	24.8	10.8
1995	6242.20	6823.72	-581.52	19.6	17.8	10.3
1996	7407.99	7937.55	-529.56	18.7	16.3	10.4
1997	8651.14	9233.56	-582.42	16.8	16.3	11.0
1998	9875.95	10798.18	-922.23	14.2	16.9	11.7

续表

年份	财政收入（亿元）	财政支出（亿元）	收支差额（亿元）	财政收入增长速度（%）财政收入	财政支出	财政收入占国内生产总值的比重（%）
1999	11444.08	13187.67	-1743.59	15.9	22.1	12.8
2000	13395.23	15886.50	-2491.27	17.0	20.5	13.5
2001	16386.04	18902.58	-2516.54	22.3	19.0	14.9
2002	18903.64	22053.15	-3149.51	15.4	16.7	15.7
2003	21715.25	24649.95	-2934.70	14.9	11.8	16.0
2004	26396.47	28486.89	-2090.42	21.6	15.6	16.5
2005	31649.29	33930.28	-2280.99	19.9	19.1	17.1
2006	38760.20	40422.73	-1662.53	22.5	19.1	17.9
2007	51321.78	49781.35	1540.43	32.4	23.2	19.3
2008	61330.35	62592.66	-1262.31	19.5	25.7	19.5
2009	68518.30	76299.93	-7781.63	11.7	21.9	20.1
2010	83101.51	89874.16	-6772.65	21.3	17.8	20.7
2011	103874.43	109247.79	-5373.36	25.0	21.6	22.0

注：1. 在国家财政收支中，价格补贴1985年以前冲减财政收入，1986年以后列为财政支出。为了可比，本表将1985年以前冲减财政收入的价格补贴改列在财政支出中。

2. 财政收入中不包括国内外债务收入。

3. 从2000年起，财政支出中包括国内外债务付息支出。

表4　　　　　　　　各项税收　　　　　　　单位：亿元

年份	合计	国内增值税	国内消费税	营业税	企业所得税	个人所得税	关税
1978	519.28						28.76
1979	537.82						26.00
1980	571.70						33.53
1981	629.89						54.04
1982	700.02						47.46
1983	775.59						53.88
1984	947.35						103.07
1985	2040.79	147.70		211.07	696.06		205.21
1986	2090.73	232.19		261.07	692.40		151.62
1987	2140.36	254.20		302.00	664.71		142.67
1988	2390.47	384.37		397.92	676.04		155.02
1989	2727.40	430.83		487.30	700.43		181.54

续表

年份	合计	国内增值税	国内消费税	营业税	企业所得税	个人所得税	关税
1990	2821.86	400.00		515.75	716.00		159.01
1991	2990.17	406.36		564.00	731.13		187.28
1992	3296.91	705.93		658.67	720.78		212.75
1993	4255.30	1081.48		966.09	678.60		256.47
1994	5126.88	2308.34	487.40	670.02	708.49		272.68
1995	6038.04	2602.33	541.48	865.56	878.44		291.83
1996	6909.82	2962.81	620.23	1052.57	968.48		301.84
1997	8234.04	3283.92	678.70	1324.27	963.18		319.49
1998	9262.80	3628.46	814.93	1575.08	925.54		313.04
1999	10682.58	3881.87	820.66	1668.56	811.41	413.66	562.23
2000	12581.51	4553.17	858.29	1868.78	999.63	659.64	750.48
2001	15301.38	5357.13	929.99	2064.09	2630.87	995.26	840.52
2002	17636.45	6178.39	1046.32	2450.33	3082.79	1211.78	704.27
2003	20017.31	7236.54	1182.26	2844.45	2919.51	1418.03	923.13
2004	24165.68	9017.94	1501.90	3581.97	3957.33	1737.06	1043.77
2005	28778.54	10792.11	1633.81	4232.46	5343.92	2094.91	1066.17
2006	34804.35	12784.81	1885.69	5128.71	7039.60	2453.71	1141.78
2007	45621.97	15470.23	2206.83	6582.17	8779.25	3185.58	1432.57
2008	54223.79	17996.94	2568.27	7626.39	11175.63	3722.31	1769.95
2009	59521.59	18481.22	4761.22	9013.98	11536.84	3949.35	1483.81
2010	73210.79	21093.48	6071.55	11157.91	12843.54	4837.27	2027.83
2011	89738.39	24266.63	6936.21	13679.00	16769.64	6054.11	2559.12

注：1. 企业所得税 2001 年以前只包括国有及集体企业所得税，从 2001 年起，企业所得税还包括除国有企业和集体企业外的其他所有制企业所得税，与以前各年不可比。

2. 国内增值税不包括进口产品增值税；国内消费税不包括进口产品消费税。

表5　　　　　　　　城乡居民人民币储蓄存款　　　　单位：亿元

年份	年底余额			年增加额		
	总计	定期	活期	总计	定期	活期
1978	210.6	128.9	81.7	29.0	17.2	11.8
1980	395.8	304.9	90.9	114.8	138.5	−23.7
1985	1622.6	1225.2	397.4	407.9	324.3	83.6
1989	5196.4	4215.4	981	1374.2	1366.9	7.3

年份	年底余额			年增加额		
	总计	定期	活期	总计	定期	活期
1990	7119.6	5909.4	1210.2	1935.1	1700.9	234.2
1991	9244.9	7634.9	1610.0	2125.3	1725.5	399.8
1992	11757.3	9445.0	2312.3	2512.4	1810.1	702.3
1993	15203.5	12108.3	3095.2	3446.2	2663.3	782.9
1994	21518.8	16838.7	4680.1	6315.3	4730.4	1584.9
1995	29662.3	23778.3	5884.1	8143.5	6939.6	1203.9
1996	38520.8	30873.2	7647.6	8858.6	7095.0	1763.6
1997	46279.8	36226.7	10053.1	7759.0	5353.5	2405.4
1998	53407.5	41791.6	11615.9	7127.7	5564.8	1562.8
1999	59621.8	44955.1	14666.7	6214.4	3163.5	3050.8
2000	64332.4	46141.7	18190.7	4710.6	1186.6	3524.0
2001	73762.4	51434.9	22327.6	9430.1	5293.2	4136.9
2002	86910.7	58788.9	28121.7	13148.2	7354.1	5794.1
2003	103617.7	68498.7	35119.0	16707.0	9709.7	6997.3
2004	119555.4	78138.9	41416.5	15937.7	9640.2	6297.6
2005	141051.0	92263.5	48787.5	21495.6	14124.7	7370.9
2006	161587.3	103011.4	58575.9	20544.0	10777.3	9766.7
2007	172534.2	104934.5	67599.7	10946.9	1923.1	9023.8
2008	217885.4	139300.2	78585.2	45351.2	34365.7	10985.5
2009	260771.7	160230.4	100541.3	42886.3	20930.2	21956.1
2010	303302.5	178413.9	124888.6	42530.8	18183.5	24347.3
2011	343635.9			41656.6		

注：2011 年起，城乡居民人民币储蓄存款不再划分活期、定期存款。

表 6　　　　城镇单位就业人员工资总额和指数

年份（地区）	工资总额（亿元）				指数（上年＝100）			
	合计	国有单位	城镇集体单位	其他单位	合计	国有单位	城镇集体单位	其他单位
1995	8055.8	6172.6	1210.6	672.6	119.0	117.4	115.6	142.2
1996	8964.4	6893.3	1269.4	801.7	111.3	111.7	104.9	119.2
1997	9602.4	7323.9	1283.9	994.5	107.1	106.2	101.1	124.0
1998	9540.2	6934.6	1054.9	1550.7	99.4	94.7	82.2	155.9
1999	10155.9	7289.9	995.8	1870.1	106.5	105.1	94.4	120.6

年份 （地区）	工资总额（亿元）				指数（上年＝100）			
	合计	国有 单位	城镇集 体单位	其他 单位	合计	国有 单位	城镇集 体单位	其他 单位
2000	10954.7	7744.9	950.7	2259.1	107.9	106.2	95.5	120.8
2001	12205.4	8515.2	898.5	2791.7	111.4	109.9	94.5	123.6
2002	13638.1	9138.0	863.9	3636.2	111.7	107.3	96.1	130.3
2003	15329.6	9911.9	867.1	4550.6	112.4	108.5	100.4	125.1
2004	17615.0	11038.2	876.2	5700.6	114.9	111.4	101.0	125.3
2005	20627.1	12291.7	906.4	7429.0	117.1	111.4	103.3	130.3
2006	24262.3	13920.6	983.8	9357.9	117.6	113.3	108.5	126.0
2007	29471.5	16689.1	1108.1	11674.3	121.5	119.9	112.6	124.8
2008	35289.5	19487.9	1203.2	14598.4	119.7	116.8	108.6	125.0
2009	40288.2	21862.7	1273.3	17152.1	114.2	112.2	105.8	117.5
2010	47269.9	24886.4	1433.7	20949.7	117.3	113.8	112.6	122.1
2011	59954.7	28954.8	1737.4	29262.4	126.8	116.3	121.2	139.7
北京	5099.7	1460.2	66.9	3572.6	123.3	115.5	109.2	127.1
天津	1483.2	551.4	32.2	899.6	141.1	120.9	179.3	155.8
河北	1975.3	1152.9	56.1	766.2	121.2	109.3	97.0	148.1
山西	1598.9	885.7	66.4	646.8	124.3	115.1	129.9	138.8
内蒙古	1122.0	762.4	33.1	326.6	126.3	121.0	124.0	140.9
辽宁	2242.7	1206.6	86.9	949.3	125.5	120.1	137.6	132.0
吉林	940.3	581.9	24.5	333.9	121.1	116.8	105.2	131.1
黑龙江	1486.0	1055.0	44.0	387.0	116.3	112.2	99.7	132.1
上海	3735.5	1213.6	53.9	2468.1	143.1	115.0	140.4	162.7
江苏	3673.3	1606.2	111.1	1955.9	122.5	116.1	122.5	128.3
浙江	4440.1	1499.0	115.9	2825.3	126.2	113.1	114.9	135.1
安徽	1590.1	849.5	51.8	688.8	129.8	122.9	121.6	140.3
福建	2270.3	749.7	51.1	1469.0	141.7	122.0	118.5	155.6
江西	1080.6	656.4	43.6	380.6	129.1	109.4	176.5	179.5
山东	3956.1	1885.8	182.1	1888.2	124.9	112.0	123.8	141.3
河南	2775.3	1408.1	123.1	1244.0	125.4	115.8	121.3	138.8
湖北	2083.9	1132.5	47.7	903.7	130.1	116.8	94.8	155.5
湖南	1869.6	972.1	71.2	826.2	126.3	113.0	112.6	148.5
广东	5574.9	2272.4	154.5	3148.0	124.3	116.5	119.7	130.9
广西	1113.5	726.2	43.1	344.2	116.9	110.3	118.3	133.4
海南	306.1	199.6	8.7	97.8	122.4	117.7	115.9	134.1

年份 （地区）	工资总额（亿元）				指数（上年 = 100）			
	合计	国有 单位	城镇集 体单位	其他 单位	合计	国有 单位	城镇集 体单位	其他 单位
重庆	1298.8	565.4	30.3	703.0	144.7	123.9	121.4	168.9
四川	2268.9	1447.9	95.2	725.8	123.3	118.0	121.2	135.6
贵州	856.8	627.9	23.1	205.8	128.1	130.0	134.0	121.9
云南	1176.3	739.6	34.5	402.2	126.4	117.1	135.8	146.9
西藏	114.6	110.3	0.6	3.7	105.1	104.9	77.6	120.2
陕西	1537.0	1088.6	41.1	407.2	126.5	123.9	128.9	133.8
甘肃	643.3	488.9	21.0	133.4	113.1	110.0	134.8	122.3
青海	250.6	192.5	4.5	53.6	132.2	123.9	129.9	174.3
宁夏	266.4	156.4	4.3	105.7	117.9	119.0	117.8	116.4
新疆	1124.6	709.8	14.4	400.3	132.2	122.9	132.2	152.6

注：1995～2008 年的城镇单位就业人员工资总额即为原来的城镇单位就业人员劳动报酬总额。

表7 **城镇单位就业人员平均工资及指数**

年份 （地区）	平均工资				指数（上年 = 100）							
					平均工资				平均实际工资			
	合计	国有 单位	城镇集 体单位	其他 单位	合计	国有 单位	城镇集 体单位	其他 单位	合计	国有 单位	城镇集 体单位	其他 单位
1995	5348	5553	3934	7728	118.9	117.3	121.1	119.9	101.8	100.4	103.7	102.6
1996	5980	6207	4312	8521	111.8	111.8	109.6	110.3	102.8	102.7	100.7	101.3
1997	6444	6679	4516	9092	107.8	107.6	104.7	106.7	104.5	104.4	101.6	103.5
1998	7446	7579	5314	9241	115.5	113.5	117.7	101.6	116.2	114.2	118.4	102.3
1999	8319	8443	5758	10142	111.7	111.4	108.4	109.8	113.2	112.9	109.8	111.2
2000	9333	9441	6241	11238	112.2	111.8	108.4	110.8	111.3	110.9	107.5	109.9
2001	10834	11045	6851	12437	116.1	117.0	109.8	110.7	115.3	116.2	109.0	109.9
2002	12373	12701	7636	13486	114.2	115.0	111.5	108.4	115.4	116.2	112.6	109.5
2003	13969	14358	8627	14843	112.9	113.0	113.0	110.1	111.9	112.0	112.0	109.1
2004	15920	16445	9723	16519	114.0	114.5	112.7	111.3	110.3	110.7	109.1	107.7
2005	18200	18978	11176	18362	114.3	115.4	114.9	111.2	112.5	113.6	113.1	109.4
2006	20856	21706	12866	21004	114.6	114.4	115.1	114.4	112.9	112.7	113.4	112.7
2007	24721	26100	15444	24271	118.5	120.2	120.0	115.6	113.4	115.0	114.8	110.6
2008	28898	30287	18103	28552	116.9	116.0	117.2	117.6	110.7	109.8	111.0	111.4
2009	32244	34130	20607	31350	111.6	112.7	113.8	109.8	112.6	113.7	114.8	110.8

续表

年份（地区）	平均工资				指数（上年＝100）							
					平均工资				平均实际工资			
	合计	国有单位	城镇集体单位	其他单位	合计	国有单位	城镇集体单位	其他单位	合计	国有单位	城镇集体单位	其他单位
2010	36539	38359	24010	35801	113.3	112.4	116.5	114.2	109.8	108.9	112.9	110.7
2011	41799	43483	28791	41323	114.4	113.4	119.9	115.4	108.6	107.7	113.9	109.6
北京	75482	78270	32574	76251	115.8	116.1	122.1	115.1	110.0	110.3	116.0	109.3
天津	55658	64153	35213	52489	108.1	113.3	93.4	108.1	102.7	107.6	88.7	102.7
河北	35309	35872	24788	35575	112.3	112.2	113.6	111.3	106.6	106.5	107.9	105.7
山西	39230	36542	27038	45992	118.7	111.9	125.3	128.2	112.7	106.2	119.0	121.8
内蒙古	41118	43788	37382	36317	116.8	117.5	127.6	116.1	110.9	111.6	121.2	110.3
辽宁	38154	39910	23845	38116	110.8	112.4	119.9	108.3	105.2	106.7	113.8	102.9
吉林	33610	34230	25252	33366	115.9	113.3	149.6	115.6	110.1	108.1	142.1	109.7
黑龙江	31302	31693	24712	31200	112.9	111.7	126.1	113.6	107.2	106.1	119.8	107.9
上海	75591	83519	51422	72935	114.3	116.2	125.1	114.8	108.6	110.3	118.8	109.0
江苏	45487	55522	36085	40126	114.4	112.0	119.2	117.1	108.6	106.4	113.2	111.2
浙江	45162	67781	41039	38504	111.2	108.7	115.1	115.0	105.5	103.2	109.3	109.2
安徽	39352	39287	29539	40445	118.0	116.3	123.8	119.4	112.1	110.4	117.5	113.4
福建	38588	46846	33760	35568	119.3	116.9	126.7	122.7	113.3	111.0	120.3	116.6
江西	33239	35597	24403	30984	117.2	118.5	136.3	119.0	111.3	112.6	129.5	113.0
山东	37618	43469	29683	33931	112.9	112.9	115.8	115.7	107.2	107.3	110.0	109.9
河南	33634	35386	24220	33054	112.8	112.4	118.8	112.9	107.1	106.8	112.8	107.2
湖北	36128	39104	26536	33568	113.6	111.6	110.8	118.8	107.9	106.0	105.2	112.8
湖南	34586	35626	26066	34374	116.6	111.7	120.7	123.5	110.7	106.1	114.6	117.2
广东	45060	53976	25573	41651	111.4	110.1	113.9	113.2	105.8	104.6	108.2	107.5
广西	33032	34886	22123	31449	107.7	107.1	102.7	111.7	102.3	101.7	97.6	106.1
海南	36244	37562	24862	35165	117.8	118.9	121.7	115.1	111.8	112.9	115.5	109.3
重庆	39430	43617	28078	37206	113.5	117.3	117.9	112.0	107.8	111.4	112.0	106.4
四川	37330	42048	28342	31575	114.6	114.4	120.1	116.6	108.9	108.7	114.2	110.7
贵州	36102	37359	30894	33314	118.6	118.7	128.4	116.8	112.7	112.7	121.9	110.9
云南	34004	38684	32102	27932	116.5	116.7	132.6	120.1	110.6	110.9	125.9	114.1
西藏	49464	50770	15163	35405	99.1	98.7	93.6	105.2	94.1	93.8	88.9	99.9
陕西	38143	40349	26670	34591	114.3	116.9	130.7	106.6	108.5	111.0	124.2	101.2
甘肃	32092	32366	27826	31869	110.3	108.3	126.0	116.4	104.7	102.8	119.7	110.6
青海	41370	46936	23745	30327	114.5	113.3	117.0	130.9	108.8	107.6	111.1	124.3
宁夏	42703	41217	37143	45402	114.9	116.7	97.7	113.1	109.1	110.8	92.5	107.4
新疆	38238	36309	38944	42184	119.5	117.1	124.6	122.4	113.5	111.2	118.4	116.2

表8　　　　　　　　按行业分城镇单位就业人员平均工资　　　　单位：元

年份（地区）	合计	农、林、牧、渔业	采矿业	制造业	电力、燃气及水的生产和供应业	建筑业	交通运输、仓储和邮政业	信息传输、计算机服务和软件业	批发和零售业	住宿和餐饮业	金融业	房地产业	租赁和商务服务业	科学研究、技术服务和地质勘查业	水利、环境和公共设施管理业	居民服务和其他服务业	教育	卫生、社会保障和社会福利业	文化、体育和娱乐业	公共管理和社会组织
2003	13969	6884	13627	12671	18574	11328	15753	30897	10894	11198	20780	17085	17020	20442	11774	12665	14189	16185	17098	15355
2004	15920	7497	16774	14251	21543	12578	18071	33449	13012	12618	24299	18467	18723	23351	12884	13680	16085	18386	20522	17372
2005	18200	8207	20449	15934	24750	14112	20911	38799	15256	13876	29229	20253	21233	27155	14322	15747	18259	20808	22670	20234
2006	20856	9269	24125	18225	28424	16164	24111	43435	17796	15236	35495	22238	24510	31644	15630	18030	20918	23590	25847	22546
2007	24721	10847	28185	21144	33470	18482	27903	47700	21074	17046	44011	26085	27807	38432	18383	20370	25908	27892	30430	27731
2008	28898	12560	34233	24404	38515	21223	32041	54906	25818	19321	53897	30118	32915	45512	21103	22858	29831	32185	34158	32296
2009	32244	14356	38038	26810	41869	24161	35315	58154	29139	20860	60398	32242	35494	50143	23159	25172	34543	35662	37755	35326
2010	36539	16717	44196	30916	47309	27529	40466	64436	33635	23382	70146	35870	39566	56376	25544	28206	38968	40232	41428	38242
2011	41799	19469	52230	36665	52723	32103	47078	70918	40654	27486	81109	42837	46976	64252	28868	33169	43194	46206	47878	42062
北京	75482	34110	74247	56742	83059	52455	59540	116755	70711	37830	172621	57579	83007	97658	47630	34498	74161	82308	92617	66038
天津	55658	46948	74009	49203	86265	43161	64805	74804	48772	25290	97006	120379	34266	91848	48688	26054	70240	67192	59627	71673
河北	35309	12878	57900	32695	51664	27425	38548	46842	24449	21791	53190	30640	23881	59318	23982	40374	36128	33150	30311	31284
山西	39230	23573	64539	30182	50878	30399	44355	35697	23613	17239	55125	21937	24091	37549	19454	22575	35039	28405	29377	30012
内蒙古	41118	22939	51159	36330	52587	28612	47775	40857	28651	25385	55530	33144	37799	45750	31597	43476	50992	44996	44326	47346
辽宁	38154	11478	49014	36417	46134	30332	43728	60766	31952	26046	60859	32183	28859	54741	26725	28378	44795	40713	40272	39177
吉林	33610	19467	35981	35704	35601	26578	38722	38956	27082	21901	54512	27748	31161	46102	20112	27373	36211	33065	30467	31765
黑龙江	31302	15069	44726	31197	40677	26155	37930	45331	28649	23462	49143	26558	32841	47545	20115	35488	37095	36158	32918	34016
上海	75591	45858	95958	61491	101211	59603	65455	120196	82882	38462	170086	62340	76802	120307	48431	43413	82315	92619	81409	89882
江苏	45487	23319	47936	37720	74137	33549	44266	72919	37256	27236	86520	48591	33643	70982	35896	41160	54499	53117	52576	64229
浙江	45162	37570	35070	35363	82886	31590	54242	83493	45488	29056	112458	48153	39205	64799	36731	39230	66361	70101	61695	69421
安徽	39352	19443	65805	36355	47113	35319	36103	41378	30234	22511	52780	32958	37525	43177	25330	27929	37721	38420	34353	37899
福建	38588	22021	33539	33341	57728	36770	45761	59763	37998	26577	84296	43969	32928	49201	31336	35808	46832	50672	41715	47138
江西	33239	19765	36496	31158	43449	29175	46120	37676	29148	21290	47112	33475	32529	37628	21789	29392	34940	37542	32519	34013
山东	37618	28329	53767	32069	45874	31101	46016	52186	28807	25926	61416	32966	35000	52518	28827	45264	41988	43101	43492	39284
河南	33634	20492	52619	30012	40672	28170	37067	38208	26913	24604	47340	34062	28474	39277	27486	25338	36082	35216	31249	30691
湖北	36128	22045	35715	35824	46928	33600	40364	39229	29285	23169	58104	35569	30806	48816	24867	29296	35859	38436	35310	36364
湖南	34586	16878	31827	35652	39249	27890	39267	41330	33143	23623	56704	33394	27804	41841	22051	31027	35044	42073	38532	32611
广东	45060	16790	53944	35772	64475	32872	54890	72847	44000	28376	97916	45109	47537	78743	35804	33954	48342	57684	53259	57500
广西	33032	18387	33527	30206	42794	29311	38229	43143	29757	20310	64836	29253	25081	38626	21488	24978	32909	37358	31609	34830
海南	36244	21906	39104	30601	42392	31560	50691	65525	29966	22449	67337	33787	24530	37584	24340	23229	46225	43210	34700	43316
重庆	39430	31330	37703	36466	58756	32064	39819	63176	34675	24388	72277	40273	28146	65560	26411	28253	44029	51559	43786	44028

续表

年份(地区)	合计	农、林、牧、渔业	采矿业	制造业	电力、燃气及水的生产和供应业	建筑业	交通运输、仓储和邮政业	信息传输、计算机服务和软件业	批发和零售业	住宿和餐饮业	金融业	房地产业	租赁和商务服务业	科学研究、技术服务和地质勘查业	水利、环境和公共设施管理业	居民服务和其他服务业	教育	卫生、社会保障和社会福利业	文化、体育和娱乐业	公共管理和社会组织
四川	37330	26476	42399	33210	45953	27500	43533	46954	33453	26691	61242	35298	38967	63235	24661	29688	39139	45922	36444	39555
贵州	36102	23923	40914	35200	53096	32384	37864	45841	34528	23211	75169	28038	26900	34906	25628	26772	34678	33803	29999	33992
云南	34004	19612	33926	32923	48055	25233	44111	42088	31423	19476	76946	28992	27481	42284	23632	22660	36318	35618	32058	34402
西藏	49464	19685	43848	29796	50468	26048	48627	56135	40138	25857	91919	46730	42064	58791	29369	52616	54564	46421	55133	50336
陕西	38143	28159	52368	33385	47667	28993	41233	43008	27794	21626	53289	31770	30804	56784	26283	24562	42176	40075	33425	37033
甘肃	32092	20409	54103	36312	35797	25334	37272	25181	23676	19653	38163	26660	23143	34475	24072	22916	31635	28579	28503	29806
青海	41370	30407	45311	35208	45168	32352	50252	47356	30059	21874	54446	26309	46007	55466	31582	35573	49848	41696	42506	46408
宁夏	42703	24563	78338	35503	65983	29065	40967	52173	33774	22922	62587	33348	30124	46198	32260	25688	40455	35707	42154	37427
新疆	38238	22678	63085	39883	50591	35558	53243	48034	40300	28136	59732	31948	27185	45501	28561	30968	40697	38552	38062	39862

表9　城乡居民收入及恩格尔系数

年份	农村居民家庭人均纯收入		城镇居民家庭人均可支配收入		城乡居民收入差距	农村居民家庭恩格尔系数（%）	城镇居民家庭恩格尔系数（%）
	绝对数（元）	指数（1978=100）	绝对数（元）	指数（1978=100）			
1978	133.6	100.0	343.4	100.0	2.57	67.7	57.5
1980	191.3	139.0	477.6	127.0	2.50	61.8	56.9
1985	397.6	268.9	739.1	160.4	1.86	57.8	53.3
1989	601.5	305.7	1373.9	182.5	2.28	54.8	54.5
1990	686.3	311.2	1510.2	198.1	2.20	58.8	54.2
1991	708.6	317.4	1700.6	212.4	2.40	57.6	53.8
1992	784.0	336.2	2026.6	232.9	2.58	57.6	53.0
1993	921.6	346.9	2577.4	255.1	2.80	58.1	50.3
1994	1221.0	364.3	3496.2	276.8	2.86	58.9	50.0
1995	1577.7	383.6	4283.0	290.3	2.71	58.6	50.1
1996	1926.1	418.1	4838.9	301.6	2.51	56.3	48.8
1997	2090.1	437.3	5160.3	311.9	2.47	55.1	46.6
1998	2162.0	456.1	5425.1	329.9	2.51	53.4	44.7
1999	2210.3	473.5	5854.0	360.6	2.65	52.6	42.1
2000	2253.4	483.4	6280.0	383.7	2.79	49.1	39.4
2001	2366.4	503.7	6859.6	416.3	2.90	47.7·	38.2

续表

年份	农村居民家庭人均纯收入		城镇居民家庭人均可支配收入		城乡居民收入差距	农村居民家庭恩格尔系数（%）	城镇居民家庭恩格尔系数（%）
	绝对数（元）	指数（1978＝100）	绝对数（元）	指数（1978＝100）			
2002	2475.6	527.9	7702.8	472.1	3.11	46.2	37.7
2003	2622.2	550.6	8472.2	514.6	3.23	45.6	37.1
2004	2936.4	588.0	9421.6	554.2	3.21	47.2	37.7
2005	3254.9	624.5	10493.0	607.4	3.22	45.5	36.7
2006	3587.0	670.7	11759.5	670.7	3.28	43.0	35.8
2007	4140.4	734.4	13785.8	752.5	3.33	43.1	36.3
2008	4760.6	793.2	15780.8	815.7	3.31	43.7	37.9
2009	5153.2	860.6	17174.7	895.4	3.33	41.0	36.5
2010	5919.0	954.4	19109.4	965.2	3.23	41.1	35.7
2011	6977.3	1063.2	21809.8	1046.3	3.13	40.4	36.3

表 10　　各地区城镇居民平均每人全年家庭收入来源　　单位：元

地区	可支配收入	总收入	工资性收入	经营净收入	财产性收入	转移性收入
全国	21809.78	23979.20	15411.91	2209.74	648.97	5708.58
北京	32903.03	37124.39	25161.22	1191.29	696.64	10075.23
天津	26920.86	29916.04	18794.08	1059.29	462.28	9600.40
河北	18292.23	19591.91	11686.60	1836.45	318.43	5750.43
山西	18123.87	19666.10	13146.47	875.24	274.09	5370.29
内蒙古	20407.57	21890.19	14779.08	2320.36	513.36	4277.38
辽宁	20466.84	22879.77	13093.86	2285.41	333.55	7166.95
吉林	17796.57	19211.71	12217.09	1860.32	235.31	4898.99
黑龙江	15696.18	17118.49	10235.04	1529.14	141.26	5213.05
上海	36230.48	40532.29	28550.76	1994.12	633.12	9354.29
江苏	26340.73	28971.98	17761.58	3026.57	667.06	7516.76
浙江	30970.68	34264.38	20334.25	4383.89	1572.34	7973.91
安徽	18606.13	20751.11	12915.97	1874.45	569.96	5390.73
福建	24907.40	27378.11	17438.81	2991.66	1752.82	5194.82
江西	17494.87	18656.52	11654.36	1721.84	471.73	4808.59
山东	22791.84	24889.80	17629.40	2294.85	615.69	4349.86
河南	18194.80	19526.92	12039.24	2264.36	286.02	4937.30
湖北	18373.87	20193.27	12622.44	1906.73	357.15	5306.95

续表

地区	可支配收入	总收入	工资性收入	经营净收入	财产性收入	转移性收入
湖南	18844.05	20083.87	11550.09	2674.18	770.66	5088.95
广东	26897.48	30218.76	21092.14	3035.25	1242.95	4848.42
广西	18854.06	20846.11	13550.16	1699.84	844.91	4751.20
海南	18368.95	20094.18	12876.92	2158.62	715.40	4343.24
重庆	20249.70	21794.27	13827.72	1779.43	433.71	5753.42
四川	17899.12	19688.09	12687.29	1670.51	523.24	4807.05
贵州	16495.01	17598.87	10754.45	1614.67	356.41	4873.34
云南	18575.62	20255.13	12416.17	1785.61	1273.99	4779.36
西藏	16195.56	18115.76	15854.97	486.92	358.07	1415.80
陕西	18245.23	20069.87	14051.28	771.75	214.18	5032.65
甘肃	14988.68	16267.37	11195.26	914.30	161.66	3996.15
青海	15603.31	17794.98	11403.97	1054.60	78.64	5257.77
宁夏	17578.92	19654.59	12396.71	2367.47	198.48	4691.94
新疆	15513.62	17631.15	12653.43	1412.32	149.06	3416.35

表 11　　各地区按来源分农村居民家庭纯收入　　　单位：元

地区	纯收入	工资性收入	家庭经营纯收入	财产性收入	转移性收入
全国	6977.29	2963.43	3221.98	228.57	563.32
北京	14735.68	9578.85	1363.27	1537.01	2256.55
天津	12321.22	6829.24	3908.07	742.43	841.48
河北	7119.69	3423.95	3006.20	206.36	483.18
山西	5601.40	2684.87	2140.83	170.41	605.30
内蒙古	6641.56	1310.86	4217.50	337.59	775.62
辽宁	8296.54	3179.75	4270.99	244.61	601.19
吉林	7509.95	1469.19	4950.40	395.73	694.63
黑龙江	7590.68	1496.51	4784.08	545.24	764.85
上海	16053.79	10493.03	876.77	1244.05	3439.94
江苏	10804.95	5969.02	3490.26	414.30	931.37
浙江	13070.69	6721.32	4981.76	555.70	811.91
安徽	6232.21	2723.17	2986.07	105.96	417.00
福建	8778.55	3889.54	4094.78	291.47	502.75
江西	6891.63	2994.49	3421.42	111.52	364.19
山东	8342.13	3715.25	3935.24	246.45	445.19
河南	6604.03	2523.77	3601.12	108.14	370.99

续表

地区	纯收入	工资性收入	家庭经营纯收入	财产性收入	转移性收入
湖北	6897.92	2703.05	3731.34	84.45	379.08
湖南	6567.06	3240.81	2725.20	112.19	488.86
广东	9371.73	5854.68	2498.11	490.43	528.51
广西	5231.33	1820.37	3007.93	41.22	361.80
海南	6446.01	2004.63	3826.99	85.77	528.62
重庆	6480.41	2894.53	2748.25	139.67	697.96
四川	6128.55	2652.46	2761.69	140.38	574.02
贵州	4145.35	1713.52	1980.21	59.50	392.13
云南	4721.99	1138.55	2966.18	218.99	398.27
西藏	4904.28	1008.03	3142.62	113.60	640.03
陕西	5027.87	2395.45	2017.20	165.27	449.95
甘肃	3909.37	1561.97	1866.77	82.46	398.18
青海	4608.46	1775.39	2088.80	93.69	650.59
宁夏	5409.95	2164.24	2730.43	116.43	398.85
新疆	5442.15	804.73	3887.15	147.14	603.13